BEATA CHOMĄTOWSKA

PAŁAC

BIOGRAFIA INTYMNA

Wydawnictwo Znak
Kraków 2015

Opracowanie graficzne
Wojtek Kwiecień-Janikowski

Fotografia na okładce
Władysław Sławny/FORUM

Opieka redakcyjna
Daniel Lis

Adiustacja
Iwona Huchla / e-Dytor
Bogumiła Ziembla

Korekta
Barbara Gąsiorowska
Jadwiga Grellowa

Wybór ilustracji
Krzysztof Zieliński

Opracowanie kalendarium na podstawie
materiałów Pałacu Kultury i Nauki
Beata Chomątowska

Łamanie
EDYCJA

Pierwsze cztery rozdziały książki powstały w ramach stypendium
Ministerstwa Kultury i Dziedzictwa Narodowego.

ISBN 978-83-240-3494-9

znak
Książki z dobrej strony: www.znak.com.pl
Społeczny Instytut Wydawniczy Znak, 30-105 Kraków, ul. Kościuszki 37
Dział sprzedaży: tel. 12 619 95 69, e-mail: czytelnicy@znak.com.pl
Wydanie I, Kraków 2015. Printed in EU

Spis treści

„Budowa przez Związek Socjalistycznych Republik Radzieckich Pałacu Kultury i Nauki w stolicy Polski Ludowej w Warszawie jest wydarzeniem tak wielkim i tak głębokim, że niepodobna od razu przewidzieć wszystkich następstw, które ono wywoła".

Jan Minorski, *O projekcie szkicowym Pałacu Kultury i Nauki w Warszawie*, „Architektura" 1952, nr 7–8, s. 167.

MIR PAX

1. Łącznik

Braci było czterech, jak w baśniach z morałem.

Dwaj starsi – zdolni. Trzeci – zwyczajny, może dlatego że średni. Najmłodszy dopiero się zapowiadał.

Po starszych ślad zaginął. O środkowym zapomniano. Ostatni umiał się znaleźć.

Jeden myślał, że wybuduje w stalinowskiej Moskwie największy pałac na świecie. Rosjanie wyróżnili projekt, ale gdy przyjechał pracować na rzecz ich ojczyzny, uznali, że szpieg, i wsadzili do tiurmy. Potem rozstrzelali. Drugi za mundur polskiego oficera dostał od nich kulkę w potylicę. Wrzucono go razem z innymi do jamy w charkowskim lesie.

Najmłodszy we wrześniu trzydziestego dziewiątego pognał do punktu po broń. „Żydłaków nie potrzebujemy", prychnął do niego umundurowany patriota z komisji mobilizacyjnej. Gdyby się uparł, pewnie dostałby karabin. Bratu przecież dali. Ale on miał swój honor. Kilka lat wcześniej, gdy na politechnice koledzy z mieczykami w klapach marynarek usiłowali go zagnać do tylnej części sali, wywrzeszczał im na całe gardło: „Czuję się Polakiem! Ubliża mi, że nie mogę usiąść, gdzie chcę!".

Tym razem tylko obrócił się na pięcie.

Imiona jak z dobrej mieszczańskiej rodziny: Roman, Grzegorz, Aleksander i najmłodszy Józef, nazywany Kociem. Chłopaki wyrosły dorodne i krzepkie na kefirach wyrabianych przez babkę, która – jak głosiła rodzinna legenda – przywiozła do Warszawy z rodzinnego Putigorska recepturę i specjalne grzybki do fermentacji. Interes rozrósł się błyskawicznie – od kiosku w Ogrodzie Saskim, przez Pierwszy Specjalny Zakład Kefirowy Klaudii Sigaliny przy Królewskiej 31, wabiący klientów gipsowym modelem gór Kaukazu na wystawie, po pijalnię na Marszałkowskiej, róg Wilczej, i drugi zakład, przy Żelaznej, gdzie dla odmiany sprzedawano różne rodzaje mleka i śmietany.

Rodzina porządna, mieszkająca w eleganckiej części Śródmieścia, jak wiele podobnych – inteligenckich, zeświecczonych,. Tylko młodzi

Sigalinowie mogliby podśpiewywać w trakcie wspólnych zabaw, gdy nikt nie słyszał:

„Koci, koci łapci, pojedziem do babci,
Tylko ani słówka, bo babcia Żydówka".

Leczniczy kefir stał się słynny, kupowano go na potęgę w Warszawie, Łodzi, Otwocku, a nawet za granicą. Klaudia Sigalina miała dryg do reklamy. Jeszcze nim jej wyrób trafił na rynek, stworzyła wokół niego legendę. Plotkowano, że właścicielka zakładu wykradła kefirowe grzybki kaukaskiej szamance, więc towar pierwsza klasa, z gwarancją autentyczności.. By wzmocnić argumentację, babka Sigalina wydawała broszury, w których medyczne autorytety zachwalały zdrowotne właściwości firmowanych przez nią produktów. Rozważnie lokowała zyski – wiedziała, że nic nie zapewnia takiej stopy zwrotu jak odpowiednia edukacja kolejnych pokoleń. Syn Michał został dentystą, a choć praktyka w zawodzie interesowała go mniej niż kierowanie rodzinną firmą (już przy pierwszym pacjencie pojął, że jest zbyt wrażliwy, by uczestniczyć w tych mękach), wzorem matki nie żałował środków, by wykształcić własną szóstkę. Dwóch najstarszych zostało architektami, najmłodszy wybrał prawo, ale nie spodobało mu się tam i też postanowił zostać architektem. Były jeszcze dwie córki, Anna i Eugenia. Pierwsza z nich zniknęła rodzinie z oczu na zawsze gdzieś na trasie Umschlagplatz – Treblinka, którą jechała z matką. Eugenii udało się wylosować życie. Wyszła z getta i pod przybranym nazwiskiem ukrywała się na Saskiej Kępie . No i średni, absolwent wydziału chemii, ale ten, choć też przeżył, od początku niewiele znaczy w tej opowieści.

W baśniach z braćmi w roli głównej zwykle bywa tak, że los najhojniej obdarowuje nie tych starszych, zapobiegliwych i dobrze się zapowiadających, ci starsi bowiem, zapobiegliwi i dobrze się zapowiadający giną gdzieś po drodze, a los najhojniej obdarowuje najmłodszego. Choćby z początku nic na to nie wskazywało.

Wspólnicy

Roman i Grzegorz, urodzeni w odstępie roku, od dziecka trzymają się razem. Uchodzą za pracusiów – już na studiach próbowali zarabiać, przymierzali się do konkursów. Roman wiąże się zawodowo z nieco starszym

Przedsiębiorczość Klaudii Sigaliny w połączeniu z drygiem do reklamy szybko przyniosła owoce: kefirowe przedsięwzięcie rozrastało się, powstawały kolejne punkty sprzedaży. Warszawiacy stoją w ogonku do firmowego kiosku w Alejach Ujazdowskich, by nabyć słynne mleczne produkty marki Sigalin.

od siebie Jerzym Gelbardem, malarzem i architektem, także pochodzącym ze spolonizowanej żydowskiej rodziny z tradycjami. Gelbard wrócił do Warszawy po pobycie w Paryżu wyczulony na nowe tendencje w branży. Zakładają razem biuro projektowe. Jako pracownik dołącza Grzegorz. Na rajzbretach spółki Gelbard-Sigalin królują z początku gmachy użyteczności publicznej. Sypią się za nie nagrody, lecz trójka autorów dostrzega rosnącą koniunkturę na luksusowe budownictwo dla prywatnych inwestorów i celuje w ten segment, licząc, że okaże się pewniejszym źródłem zysków.

Ich specjalnością, opartą na paryskich doświadczeniach Gelbarda, stają się charakterystyczne trójboczne wykusze od frontu, często biegnące przez całą wysokość elewacji. Bogatym zleceniodawcom rozwiązanie od razu przypada do gustu, bo zwiększa przestrzeń przeznaczoną na wynajem i pozwala dodatkowo doświetlić mieszkania – rzecz nie bez znaczenia w zwartej śródmiejskiej zabudowie. Z początkiem lat trzydziestych intratne zlecenia dla spółki Gelbard-Sigalin (choć właściwiej byłoby mówić: Gelbard-Sigalinowie) sypią się już jak z rękawa. Ten, kto dysponuje odpowiednimi środkami, a chce udowodnić, że jest modny, zgłasza się do ich biura na Hożej 29. Ukoronowaniem kariery jest zlecenie na opracowanie wnętrz luksusowego lokalu rozrywkowego Adria, otwartego uroczyście 7 lutego 1931 roku. Sigalinowie brylują w towarzystwie, wśród ludzi biznesu i artystów. Warszawiacy pokazują ich sobie, gdy w towarzystwie Gelbarda i jego żony, ekscentrycznej Belli Hertz, krążą po mieście nowiutką tatrą – z premiery na raut, z przyjęcia na wystawę.

Z dwóch Sigalinów więcej splendorów spada na Romana, jako wspólnika Gelbarda, choć to Grzegorz jest uznawany za najzdolniejszego w rodzinie. Pora się przekonać, ile jest wart bez brata. Najlepiej za granicą. Ogłoszono właśnie konkurs na projekt Pałacu Rad – to doskonała okazja.

Wyzwanie

Pałac Grzegorza nie przypomina typowego pałacu. Na jednym ze szkiców, w podłużnym przekroju, wygląda raczej jak katowicki Spodek albo któraś z nieistniejących jeszcze wówczas konstrukcji inżyniera

Davida Geigera, posiadacza patentu pozwalającego wznosić podwieszane kopuły o dużych rozpiętościach. Także makieta zaskakuje: odwrócony eliptyczny stożek gra tu pierwszoplanową rolę, ale towarzyszy mu kilka innych budynków, w tym jeden wieżowiec oraz podłużny obiekt kojarzący się z wielopiętrowym garażem. Tylko patrzeć, jak cała grupa wzbije się w powietrze, orbitując wokół Ziemi, niczym planity z utopijnych pomysłów Kazimierza Malewicza.

Kosmiczna propozycja musiała się spodobać, skoro Rada Budowy Pałacu Rad oceniająca projekty gmachu, nadesłane na rozpisany w 1931 roku powtórny konkurs (pierwszego nie rozstrzygnięto), zakwalifikowała ją do ścisłego finału, a następnie zakupiła. W końcu Majakowski, poeta podziwiany przez Stalina, kilka lat wcześniej pisał: „wśród niebieskich sfer wiemy już że nie ma boga i wiara nic nie znaczy, każdy proletariusz powinien iść do planetarium"[1].

Ogłaszając konkurs na projekt Pałacu Rad, organizatorzy określili go nudnym mianem „centrum administracyjno-kongresowego przy Komitecie Centralnym Związku Socjalistycznych Republik Radzieckich". To, że chodzi o budynek zgoła innego kalibru, było jasne już w grudniu 1922 roku, gdy podczas Zjazdu Rad ZSRR zasłużony działacz bolszewicki Siergiej Kirow porwał zgromadzonych postulatem wzniesienia reprezentacyjnej budowli, która przyćmi rezydencje burżujów i arystokracji i pomieści delegatów wszystkich republik rozrastającego się państwa.

„Pałac Rad nawet zewnętrznie nie powinien mieć nic wspólnego z fasadami parlamentów odchodzącego świata. Powinien być zemstą władzy pogardzanych, zacofanych niegdyś robotników i chłopów nad burżuazyjnym Zachodem, budowlą, której nasi wrogowie nie mogliby sobie wyobrazić nawet we śnie. Ten gmach powinien stać się widomym znakiem przyszłej potęgi, triumfu komunizmu nie tylko u nas, ale i na Zachodzie. Pałac Rad trzeba zbudować po to, żeby właśnie tam wcielić w skład Związku Sowieckiego ostatnią republikę!"[2], mówił w uniesieniu, a towarzysze nagrodzili go oklaskami.

Decyzja, gdzie zbudować Pałac, zapada bez sporów. Wszyscy są zgodni, że symbolicznie najlepiej nadaje się przylegający do Kremla plac Czertopole z gigantyczną świątynią – cerkwią Chrystusa Zbawiciela, którą kazał wznieść car Aleksander I jako wotum dziękczynne za uratowanie

Radzieccy przywódcy partii podczas narady 2 czerwca 1931 zdecydowali, że cerkiew Chrystusa Zbawiciela musi ustąpić miejsca Pałacowi Rad. Dwa miesiące później, 18 sierpnia, zaczęto ją burzyć.

kraju przed Napoleonem. Teraz, zgodnie z wolą Stalina, duchowe centrum carskiej Rosji, określane z przekąsem jako „wielki samowar", musi ustąpić miejsca Pałacowi Rad, ośrodkowi państwa proletariuszy. Cerkiew, dekorowana przez najzdolniejszych artystów, była budowana przez czterdzieści cztery lata. W powietrze natomiast wyleciała w ciągu kilkudziesięciu sekund, choć nie poddała się bez walki – dopiero drugi wybuch rozwalił jej grube mury ogołocone wcześniej z wszystkiego, co miało jakąkolwiek wartość. Wywózka cegieł potrwa blisko rok.

Władze radzieckiej Rosji robią, co mogą, by wieść o konkursie rozniosła się po świecie i spotkała z należytym oddźwiękiem. Grzegorz Sigalin, architekt popularny w Warszawie, lecz zupełnie nieznany w świecie, musiał wiedzieć, na co się porywa. W rywalizacji o Pałac konkurentami będą już nie koledzy z prestiżowego Wydziału Architektury warszawskiej Politechniki, lecz międzynarodowa czołówka twórców. Żadnemu z nich nie przeszkadza, że w ten sposób mogą się przyczynić do światowego triumfu komunizmu. Grzegorz też specjalnie się tym nie zamartwia. W dwudziestym roku, gdy miał osiemnaście lat, chciał bić bolszewika i razem z bratem na ochotnika wstąpił do batalionu obrony przeciwlotniczej. Batalion czekał na bolszewików na Polu Mokotowskim, lecz ci nie dotarli do Warszawy. Jako dorosły, podobnie jak wielu zafascynowanych modernizmem architektów z kręgu stołecznej awangardy, sympatyzuje z lewicą.

Trojka

Nie porywa się jednak na Pałac sam. Autorów projektu jest trzech: wystąpili pod godłem Trojka i flagą francuską.

Ten drugi to bliski kolega Henryk Blum, na gruncie warszawskim konkurent po fachu, do spółki z Lucjanem Korngoldem projektujący luksusowe kamienice dla zamożnych inwestorów. Dla takiego wyzwania jednak warto połączyć siły, nie oglądając się na interesy na rynku krajowym.

Trzeci, Bertold Lubetkin, odgrywa w całym przedsięwzięciu rolę lidera. Zanim zaczął wznosić gmachy dla ludzi, zasłynął jako projektant budowli dla zwierząt – dzięki protekcji sir Juliana Huxleya, brata pisarza Aldousa, powierzono mu zaprojektowanie domku dla goryli w londyńskim zoo. Konstrukcję wzniesiono na planie koła – Lubetkin, mimo zapatrzenia w proste linie forsowane przez niedościgłego Le Corbusiera, uwielbia okrągłe kształty. Pochodził ze Wschodu, lecz szykował się do kariery na Zachodzie. Choć dopiero co przekroczył trzydziestkę, miał już swoje biuro architektoniczne w Londynie i mógł poszczycić się praktyką u samego Auguste'a Perreta oraz znajomością z Wilhelmem Worringerem, wpływowym historykiem sztuki, uchodzącym za głównego mentora Corbu. Najprawdopodobniej to właśnie któryś z tych patronów zachęcił młodego autora, by wziął udział w moskiewskich zmaganiach – nawet jeśli nie wygra, będzie mógł się sprawdzić, rywalizując z uznanymi architektami.

Urodzony w Tyflisie (dziś Tbilisi) w zasymilowanej zamożnej żydowskiej rodzinie Lubetkin łatwo znajduje wspólny język ze swoim rówieśnikiem Grzegorzem Jakubem Aaronem Sigalinem, potomkiem Klaudii, przedsiębiorczej kobiety z Kaukazu. Znają się z czasów studiów: pielgrzymujący po europejskich uczelniach i pracowniach Bertold spędził dwa lata na Politechnice Warszawskiej. Poza tym też czuje się komunistą. Gorąco wierzy, że projektowany budynek powinien być narzędziem naprawy społecznej, środkiem do stworzenia państwa, w którym – jak mawia Bill Haywood, doradca bolszewików – „nic nie jest za dobre dla zwykłych ludzi"[3].

Wśród gwiazd

Zagraniczni autorzy zgłaszają dwadzieścia cztery projekty Pałacu na sto sześćdziesiąt nadesłanych. Stalin może być zadowolony – udziałem w konkursie nie pogardziły takie tuzy, jak Walter Gropius, Auguste Perret, Erich Mendelsohn i Hans Poelzig.

Le Corbusier jest tak pewien, że wygra, iż prezentując swój pomysł, daje prawdziwy show: dwójka jego współpracowników w tanecznych pląsach unosi prześcieradło nad stołem z makietą, on zaś, miłośnik muzyki, przygrywa im na kontrabasie. Corbu, choć w komunizm nie uwierzył, też przechodził fazę fascynacji Związkiem Radzieckim i jego stolicą, o której pisał jako „fabryce planów, Ziemi Obiecanej techników"[4]. Jest jedynym zachodnim architektem modernistą, którego radzieccy towarzysze zaprosili do Moskwy, by nadzorował tam budowę gmachu Centrosojuzu swego autorstwa; co więcej, postanowili zasięgnąć opinii Mistrza na temat całkowitej przebudowy miasta. Dziennik „Prawda" anonsujący przyjazd Corbusiera na czołówce pierwszej strony („przybył do nas najzdolniejszy przedstawiciel zaawansowanej myśli architektonicznej Europy"), tłumy pragnące dostać się na wykład – wszystko to mile łechta próżność Szwajcara, który dopiero co musiał przełknąć gorzką pigułkę: jury konkursu na projekt pałacu Ligi Narodów w Genewie odrzuciło jego propozycję na rzecz bardziej zachowawczego rozwiązania. „Moje prace pokonały blokadę. Jestem sławny, jestem popularny!"[5], zapisuje z triumfem w dzienniku. Ściska dłonie oficjelom, brata się z miejscowymi architektami, zwiedza Moskwę i jej najbliższą okolicę, oczywiście w asyście gospodarzy.

Muzyczno-teatralny spektakl odbija się szerokim echem. Podczas pierwszego etapu konkursu nie udaje się wyłonić zwycięzcy, ale życzliwi donoszą Corbu, że jego projekt wywarł na wszystkich ogromne wrażenie. Gigantyczna skala, odpowiadająca ambicjom sowieckiego imperium, dla której osiągnięcia architekt nie zawahałby się wyburzyć jeszcze połowy dzielnicy: główne audytorium dla piętnastu tysięcy osób, małe dla sześciu i pół tysiąca, zewnętrzna platforma dla pięćdziesięciu tysięcy. Akustyka dopracowana do perfekcji. Dwa najważniejsze obiekty, oglądane w pomniejszeniu na makiecie, przywodzą na myśl rozpłatane instrumenty smyczkowe: platformę opasano parabolicznym łukiem służącym za rampę dla pieszych, wychodzące zaś z niej pręty, jak struny, podtrzymują dach. Żadnych klatek schodowych! Autor przyjmuje wieści o zachwytach jako coś najzupełniej oczywistego i już widzi się w drugim etapie – jeśli nie w roli zwycięzcy, to przynajmniej wśród finalistów.

Gdy 28 grudnia 1932 roku ogłaszają wyniki, musi być przekonany, że się pomylił, zwłaszcza że decyzja brzmi podobnie jak ta podjęta w konkursie na pałac Ligi Narodów. Jury, któremu formalnie przewodniczy zasłużony bolszewik polskiego pochodzenia Gleb Krzyżanowski, choć i tak wszyscy wiedzą, że najważniejszym członkiem tego gremium jest „dyktator Stalin", jak nazywa go tygodnik „Time", nie wybrało jednej, najlepszej propozycji, zamiast tego wskazując trzy projekty, które wzbudziły największe uznanie: Borysa Michajłowicza Jofana, Iwana Żółtowskiego oraz Hectora Hamiltona, dwudziestoośmioletniego

Le Corbusier z modelem Pałacu Rad wedle projektu swojego autorstwa. Jest pewien, że Rosjanie ogłoszą go zwycięzcą konkursu. Nie dopuszcza do siebie myśli, że jury mogłoby zadecydować inaczej.

brytyjskiego architekta z New Jersey, zaskoczonego werdyktem nie mniej od Corbu. Wszystkie projekty tradycyjne w wyrazie, klasycyzujące, jak za złotych lat dawnej carskiej Rosji. Ciąg dalszy jest łatwy do przewidzenia – albo trzecia runda, albo państwowa interwencja, kompromis ze wskazaniem na szkic, który budzi najmniej kontrowersji. Czyli wygrywają przeciętni, zupełnie jak w Genewie.

Le Corbusier obraża się na Moskwę. Ale ona już go nie potrzebuje. Łazar Kaganowicz, prawa ręka Stalina i pierwszy sekretarz partii w mieście, odpowiedzialny za najważniejsze inwestycje budowlane, burknie, że siedziba Centrosojuzu wygląda jak „tłusta maciora na malutkich nóżkach"[6]. Za pośrednictwem tej samej gazety, która kilka lat wcześniej na czołówce oznajmiała o przybyciu do radzieckiej stolicy papieża modernizmu, towarzysze dają mu nadto wyraźnie do zrozumienia, co sądzą o awangardowych pomysłach: „Corbusieryzm – to wytworzony jakością materiału estetyzm szczytów burżuazji, uczuciowo wchłaniającej tylko jedno: rozkoszowanie się chwilą. To znowu forma geometryczna. Sejf dla hyperwyrafinowanych osobników, odgrodzonych od świata szkłami automobilowemi »zjadaczy przestrzeni« – dom feudałów współczesnych. To punkt kulminacyjny ogołocenia, zrzeczenie się historii, podporządkowanie się materiałowi, kult materiału – fetyszyzm. Z tego stanowiska jeden krok tylko do psychologicznego stanu troglodyty[7]".

Z tej perspektywy wyróżnienie dla projektu Grzegorza Sigalina i jego dwóch współpracowników, inspirowanych tym samym sposobem myślenia, zakrawa na pomyłkę lub złośliwy żart.

Pomnik

Niełatwo spełnić życzenia komisji konkursowej, która oczekuje, że Pałac będzie się odznaczał monumentalnością i „odzwierciedlał ducha czasów, stając się zarazem architektonicznym symbolem miasta[8]". W miarę precyzyjnie określono tylko wymagania dające się ująć w liczbach: przestrzeń pozwalająca na zgromadzenie dwudziestu pięciu tysięcy osób, tak by umożliwić im jednocześnie swobodne przemieszczanie się, dwa wielkie audytoria, cztery dodatkowe hale konferencyjne, zaplecze dla administracji. Reszta pozostaje niewiadomą – jury musi dostosować się do preferencji Stalina, którego zamysły trudno przeniknąć. Na wszelki wypadek sprawozdanie z konkursu krytykuje „naiwny symbolizm[9]", czyli budynki w kształcie globusów, pięcioramiennych gwiazd, sierpów i młotów czy piramid, ale również utylitarne projekty w duchu modernizmu, bo „Pałac Sowietów nie jest maszyną[10]". Po raz pierwszy w odniesieniu do tych ostatnich pada określenie: „wrogie", a wśród mętnych dalszych rozważań wybija się jeden konkret: przyszły gmach powinien być utrzymany w nowym stylu proletariackim. Jak miałby wyglądać ów styl, nie wyjawiono, ograniczając się do ogólników w rodzaju: „w architekturze ZSRR najwybitniejszą rolę powinien grać sam człowiek", „dzieła sztuki klasycznej powinny zespolić się z gmachem, jak jego części organiczne", „rozwiązanie architektoniczne takiego gmachu, jak Pałac Sowietów, powinno być orientowane nie tylko na dziś lub jutro, lecz i na przyszłość[11]". Pełniące funkcję tuby władz „Izwiestia" podpowiadają, by czerpać inspirację z wzorów greckich i rzymskich. Zapowiedź nowego nurtu nazwanego socrealizmem. Gdy zacznie obowiązywać jako doktryna, Le Corbusier i jego naśladowcy nie będą już mieli czego szukać w Związku Radzieckim.

Latem 1932 roku Stalin przegląda projekty konkursowe i wydaje ostateczny werdykt. Pałac zaprojektuje Borys Jofan. „Ten ciemnooki, czarnowłosy, żonaty, lecz bezdzietny mężczyzna jest jednym z najbardziej hołubionych architektów nowego radzieckiego państwa", donosi tygodnik „Time", informując dalej, że Jofan mieszka w nowoczesnym czteropokojowym apartamencie w centrum miasta i płaci zań „tylko 60 rubli miesięcznie[12]". Fachu uczył się w Rzymie, gdzie pod jego okiem rozplanowano żydowski cmentarz na przedmieściach – na planie koła, otoczony kolumnadami, a więc nawiązujący do klasyki.

Pierwszy szkic Pałacu autorstwa Jofana przedstawia kompleks budynków. Uwagę zwraca wśród nich spodek podobny do jakiejś roboczej wersji projektu Trojki, lecz centralne miejsce zajmuje wieża o trzech tarasach w podium, wyżej prosta jak rakieta kosmiczna. Na samym szczycie zdobi ją figura „wyzwolonego proletariusza". Jedna z rąk owego przedstawiciela ludu, uchwyconego w pozie znanej z rzymskich posągów, wyprostowana, sięga w dal, druga dzierży coś, co wygląda jak wiązka płomieni (trudno pozbyć się skojarzeń z proletariuszem w roli latarni morskiej). Zgodnie z sugestią Rady Budowy, zwycięska propozycja miała zyskać na wartości, jeśli w jej docelowym kształcie wykorzysta się „najlepsze części projektów innych architektów"[13], którzy również mogą się włączyć w dalszy proces twórczy. Chętny do współpracy okazuje się akademik Władimir Szczuko, który do spółki z Władimirem Gelfreichem przerabia pomysł Jofana. Na uszczegółowionej wersji projektu wieża zbliżyła się ku spodkowi, przeobrażonemu teraz w coś przypominającego tort, i zwęziła się ku górze na kształt teleskopu, a proletariusz zgubił gdzieś swój olimpijski lub może rewolucyjny ogień. W trzecim podejściu wieża jest niższa i składa się wyłącznie z tarasów, a w najniższym umieszczono monumentalne wejście z ujętą na planie łuku kolumnadą. Proletariusz (nadal pozbawiony gadżetów) skromnie przysiadł na czubku.

Po dokładnym przestudiowaniu wszystkich wersji Stalin bierze kartkę papieru i kreśli instrukcje. Wieża musi być odsunięta od pozostałych budynków i przypominać kolumnę. Ma dorównać wysokością wieży Eiffla, a jeszcze lepiej, gdyby ją przewyższyła. Na szczycie powinny się znaleźć lekko podświetlone sierp i młot, a gdzieś pomiędzy albo przed nimi – pomniki Lenina, Marksa i Engelsa.

„Pałac Sowietów jest pomnikiem Lenina. Nie ma więc co się bać wysokości. Dajmy się jej porwać!"[14], zachęca Przywódca Narodu podczas jednego z wystąpień.

Autorzy czują się ośmieleni i Pałac zaczyna rosnąć jak na drożdżach. Początkowo miał dwieście sześćdziesiąt metrów, teraz dobija do czterystu sześćdziesięciu. W ostatecznej wersji, zaprezentowanej światu w marcu 1934 roku, całość wygląda już jak parodia Empire State Building z figurą King Konga na szczycie – widok podobny do tego, który od niedawna budzi grozę na ekranach kin. Sam Lenin mierzy osiemdziesiąt metrów, niemal o połowę przewyższając Statuę Wolności.

„Pałac Rad, zwieńczony statuą Iljicza, niezmiennie będzie stać na brzegu rzeki Moskwy. Ludzie będą się rodzić – pokolenie za pokoleniem, żyć szczęśliwym życiem, starzeć się pomału, lecz znany im z lubianych książek lat dziecinnych Pałac Rad będzie wciąż stać – taki sam, jakim go ujrzymy w najbliższych latach. Stulecia nie pozostawią na nim swoich śladów, zbudujmy go tak, by – nie starzejąc się – stał wiecznie. To przecież pomnik Lenina![15]", pisze Nikołaj Atarow w książce poświęconej Pałacowi.

Jak widać z rysunkowego porównania opublikowanego w magazynie „Zmiana" na początku 1930 roku, Pałac Rad miał być największy, najwspanialszy i przyćmić wszystkie wzniesione dotąd budowle świata.

Emil Wierzbicki w „Architekturze i Budownictwie", piśmie relacjonującym na bieżąco poszczególne etapy konkursu na Pałac, zauważa: „W tej formie nie jest on »Pałacem Sowietów«, uwieńczonym posągiem symbolicznego proletariusza, ale – pomnikiem Lenina, pomnikiem, w którego wnętrzu mieści się »Pałac Sowietów«". I dalej, na podstawie informacji przekazanych przez organizatorów: „Wnętrza gmachu otrzymają dekoracje o niebywałym przepychu. Wszystkie najpiękniejsze odmiany kamieni Uralu, Kaukazu, Syberii, Ałtaju i Pamiru będą wyzyskane dla pokrycia ścian i pilastrów kolumn. Wielkie powierzchnie zajmą freski. (...) Nie jest jeszcze zadecydowane, z jakiego materiału stanie posąg Lenina. Największe bodaj szanse ma projekt pokrycia jego powierzchni srebrzystą, polerowaną blachą z chromowej stali. Byłaby to zapewne pierwsza próba użycia tego par excellence modernistycznego materiału, zamiast odwiecznego brązu"[16].

Zachodni moderniści, uczestnicy kongresów nowoczesnej architektury, obserwują tę metamorfozę z bezpiecznej odległości. Irytacja, którą wywołał wynik konkursu, miesza się teraz z grozą i rozbawieniem. Jeszcze chyba nie w pełni czują, co się święci. W pierwszym odruchu, rozżaleni tym, że znów, jak w Genewie, wygrały zachowawcze projekty, Le Corbusier i krytyk architektury Sigfried Giedion ślą Stalinowi telegram, złożony z samych dużych liter, oznajmiając, że ich CIRPAC (Comité international pour la résolution des problèmes de l'architecture contemporaine) „też gustuje w klasyce, dlatego piszemy do Was w taki sposób"[17]. Odpowiedzi brak, lecz największy przegrany, Le Corbusier, jeszcze długo nie daje za wygraną. „Decyzja jest obrazą ducha Rewolucji i planu pięcioletniego!", wyrwie mu się. W złości przypomina sobie drewnianą architekturę moskiewskich przedmieść i zapisuje w dzienniku, że sowieckie społeczeństwo, wychowane w takiej tradycji, nie było zdolne ani odpowiednio przygotowane do właściwego odbioru awangardowych dzieł. Jednym słowem, nie są go warci. „Beznadziejnie przeciętni, wsteczni i dekadenccy".

W kolejnym liście Giedion, tym razem do spółki z inną gwiazdą moderny, wpływowym holenderskim urbanistą Cornelisem van Eesterenem, prezentują przywódcy Sowietów wymowny fotomontaż. Przedstawia on berlińską fabrykę w stylu art déco z roku 1929 i klasycyzujący kościół z hasłem „modern", przed którym doklejono słowo „pseudo", oraz

Prezydent Warszawy Stefan Starzyński objaśnia współpracownikom i członkom polskiego rządu plany rozbudowy stolicy. Trzymany przezeń wskaźnik dotyka budynku do złudzenia przypominającego Pałac Kultury i Nauki, o którego istnieniu nikomu z obecnych nawet się nie śni. Obiekt ze zdjęcia to Wieża Niepodległości projektu Juliusza Nagórskiego, która miała stanąć przy rondzie Waszyngtona.

szkic propozycji autorstwa Hectora Hamiltona, jedynego przedstawiciela Zachodu uhonorowanego nagrodą, z dopiskiem przedstawiającym kwotę, jaką za projekt zapłacono. Niestety, choć może raczej na szczęście dla nadawców, wiadomość zawieruszy się gdzieś w papierach i Stalin nie zwróci na nią uwagi.

Kilka miesięcy później nagrodzony w drugim etapie konkursu Hector Hamilton ze zdumieniem dowiaduje się, że nagroda została cofnięta bez wyjaśnień. Rusza do sądu, lecz równie dobrze mógłby pisać na Berdyczów.

Po dyskusjach moderniści zgadzają się, by ich najbliższy kongres, na którym zostaną sformułowane najważniejsze zasady architektury XX wieku, zamiast w Moskwie, odbył się na neutralnym terenie – płynącym z Marsylii do Grecji statku o nazwie Patris.

Inna sława, Frank Lloyd Wright, poczęstuje jeszcze Kongres Architektów Sowieckich bon motem o Pałacu: „Ta struktura – mam nadzieję, wyłącznie proponowana – będzie do przyjęcia jedynie, jeśli uznamy ją za współczesną wersję świętego Jerzego walczącego ze smokiem[18]".

W Warszawie pierwsza wizja Pałacu rodzi się około 1934 roku, na fali mocarstwowych tęsknot Drugiej Rzeczypospolitej. Na zachowanej w zbiorach Narodowego Archiwum Cyfrowego fotografii prezydent Warszawy Stefan Starzyński – w towarzystwie prezydenta Ignacego Mościckiego i w otoczeniu współpracowników – ze wskaźnikiem w dłoni pochyla się nad wielką makietą. Na pierwszym planie lekko zamazane sylwety wieżowców i obiektu przypominającego wielki obelisk. Na drugim, przedstawiającym cały kompleks zabudowań po praskiej stronie Wisły, w przedłużeniu mostu Poniatowskiego, widać wyraźnie sylwetę Pałacu, na tyle podobną do Pałacu Kultury i Nauki, że odruchowo chce się sprawdzić datę zdjęcia. Tymczasem wszystko się zgadza – to marzec 1936 roku, a przedstawiciele władz przybyli właśnie na otwarcie wystawy „Warszawa przyszłości" w Muzeum Narodowym.

Architekt Juliusz Nagórski, absolwent Politechniki Warszawskiej i École nationale supérieure des beaux-arts w Paryżu, znany dotąd głównie jako współautor utrzymanego w neoklasycystycznym stylu projektu hotelu Polonia oraz wystroju wnętrz Banku Cukrownictwa przy Karowej, dumny ze swej wyobraźni, przedstawia decydentom projekt związany z przewidywaną na 1944 rok Wystawą Światową, na którą do Warszawy miał napłynąć kilkumilionowy tłum z całego świata. Wyznaczono pod nią trzydzieści trzy hektary na Saskiej Kępie. Autor, nie przejmując się trudnościami gospodarczymi, nakreślił wizję wykorzystania w jednakowym stopniu obu brzegów Wisły, pomiędzy wałem rzecznym, aleją Piłsudskiego do linii średnicowej a polami po drugiej stronie portu Praskiego.

Prototyp Pałacu jest biały, wysmukły. Ustawiono go w prawym dolnym rogu mapy, przy rondzie Waszyngtona. Ma w projekcie pompatyczną i znamienną nazwę „Wieża Niepodległości", nawiązującą do przypadającej rok wcześniej rocznicy 25-lecia powstania niepodległego państwa polskiego, do której odnosi się wystawa. Koncepcja Wystawy Światowej, tak samo jak pełen rozmachu plan przebudowy całego centrum Warszawy, w Europie nieuchronnie zmierzającej ku wojnie ma wymiar symboliczny – jest demonstracją siły.

Prezydencki wskaźnik dotyka czubka iglicy, celując dalej na wschód, gdzie ma się znaleźć stadion. Nowo powstałe pawilony, gmachy, tereny rekreacyjne i aleje będą połączone systemem podziemnych tuneli, a brzegi rzeki – trzema nowymi mostami. Oprócz Wieży Niepodległości nad dzielnicą będą górować inne elementy wysokościowe, w tym dwie wieże-obeliski inspirowane wieżą Eiffla.

Jeszcze bardziej imponująco pra-Pałac prezentuje się na perspektywie terenów wystawowych przygotowanej na podstawie projektu Nagórskiego w 1938 roku. Jak to bywa z Pałacami, przez dwa lata urósł i spotężniał, upodobniając się do wielkiej rakiety kosmicznej. Rysownika poniosła fantazja, przeskalował wszystko, co się dało, by oglądających krzepiły obrazy przyszłej potęgi. Wieża Niepodległości jest wieżowcem w stylu art déco, wysokim na dwieście metrów i zwieńczonym nadajnikiem radiowym. Niestety, pojawia się tylko na makiecie i w jednej z wersji projektu (pełnej dokumentacji tej wersji nie udało się odnaleźć). Podobnie jak moskiewski pomysł Grzegorza Sigalina i jego dwóch wspólników, nigdy nie wyjdzie poza szkice na desce kreślarskiej.

Pierwsza z prób generalnych zapowiadających to, co dopiero ma się objawić.

Przygoda z Pałacem zachęci Bertolda Lubetkina, by włączyć do innych przedsięwzięć najzdolniejszego z braci Sigalinów. Grzegorz, do spółki z innym współpracownikiem o nazwisku Pilichowski, bierze udział w konkursie na gmach szpitala i ambulatorium w brytyjskim Scarborough, proponując lekkie pawilony wsparte na słupach. Razem projektują także komplet mebli do gabinetu jakiegoś brytyjskiego dyrektora, między innymi przemyślne obrotowe biurko z wmontowanym w nie barkiem.

Ciągnie go jednak gdzie indziej.

Rok po przyjęciu projektu Borysa Jofana, a dwa lata po konkursie na Pałac Rad Rada Komisarzy Ludowych ZSRR wspólnie z Komitetem Centralnym uchwala generalny plan przebudowy Moskwy. Centrum miasta ma się zmienić w zabudowane socrealistycznymi gmachami tło dla Pałacu, z osiami widokowymi w postaci wielkich arterii.

Na wieść o tym Grzegorz razem z Henrykiem Blumem rusza do Moskwy.

Zniechęcony próbami udowadniania swojego talentu w Wielkiej Brytanii, upatruje w inwestycjach planowanych przez Stalina zawodowej szansy: do prac angażowano wówczas setki architektów, budowniczych i inżynierów. Według relacji znajomej obu architektów Józefy Senior, przyjeżdżają do Kraju Rad w 1935 roku, nielegalnie, i zaczynają się starać o obywatelstwo radzieckie. Grzegorz mimo braku obywatelstwa znajduje pracę w państwowym biurze projektowym odpowiedzialnym za przyszły kształt miasta.

Rodzina Sigalinów ma nadzieję, że Grzegorza wywieziono na Syberię, i choć słuch o nim zaginął, jednak udało mu się przeżyć i może pewnego dnia wróci. Nie wraca jednak. Próbowali się czegoś dowiedzieć, lecz bezskutecznie. Dopiero kilka lat temu, gdy otwarto rosyjskie archiwa, okazało się, że Grzegorz Sigalin został najprawdopodobniej aresztowany na podstawie fałszywego donosu i następnie stracony.

Kiedy to się stało? Istnieją różne wersje: wedle jednej Grzegorz Sigalin umiera rok po przybyciu do Moskwy[19]. Andrzej Skalimowski, autor przygotowywanej do druku biografii Józefa Sigalina, za Polskim

Słownikiem Biograficznym podaje, że Grzegorz został rozstrzelany w 1938 roku w więzieniu na Łubiance. Tymczasem Tadeusz Mrówczyński, autor „Wojennej listy strat architektów warszawskich" odnotował, że Grzegorz Sigalin umarł w 1943 roku w sowieckim łagrze.

Nietrudno natomiast zgadnąć, kto zatwierdził na niego wyrok. Moskwą rządzi już wówczas niepodzielnie Łazar Kaganowicz. To on, z zawodu szewc, jako sternik moskiewskich bolszewików, wzorowo lojalny wobec Stalina, nadzoruje projekt przebudowy radzieckiej stolicy. Nazywany „żelaznym Łazarzem", słynie z płomiennych przemówień, w których podkreśla konieczność wzmożenia działań zmierzających do wykrycia i ukarania „zagranicznych szpiegów" i „sabotażystów" ukrywających się w bolszewickich szeregach. Gdy zabiera głos w trakcie zjazdów, architekci kulą się na krzesłach, drżąc, by przypadkiem nie padło ich nazwisko. Grzegorz Sigalin idealnie nadaje się na ofiarę.

Kaganowicz zaprowadza nowe porządki w radzieckiej stolicy, ze szczególnym upodobaniem burząc dziesiątki zabytkowych cerkwi. Nie uznaje sprzeciwu. Opozycjoniści w najlepszym wypadku trafiają na Sybir. Socrealizm przypadł mu do gustu. Osobiście zleca, by gmach Teatru Armii Czerwonej zbudowano w kształcie pięcioramiennej gwiazdy, ignorując uwagi, że taka konstrukcja niekorzystnie wpłynie na akustykę.

Podczas rozmowy architektów radzieckich z Wiaczesławem Michajłowiczem Mołotowem któryś z nich zaczyna dyskusję o stylu Ernsta Maya. Zgromadzeni wybrzydzają, że jeden z czołowych przedstawicieli zdegenerowanej sztuki Zachodu pomagał Rosjanom wznosić osiedla mieszkaniowe. „Szkoda, że go wypuściliśmy. Trzeba go było posadzić na dziesięć lat"[20], warknie w odpowiedzi Mołotow.

Henryk Blum zdoła umknąć, podobnie jak Ernst May. Napiętnowany jako komunista, aż do wybuchu wojny nie będzie mógł znaleźć żadnej pracy w Warszawie.

Mikołaj Kolli, współautor projektu Centrosojuzu, wykonujący dla Le Corbusiera rysunki konstrukcyjne, podczas zjazdów radzieckich architektów na wszelki wypadek trzyma się z dala od honorowej trybuny.

Najmłodszego z Sigalinów ciągnie do rysowania, tak jak Grzegorza i Romana.

Po maturze w prywatnym Gimnazjum Męskim Kreczmara ma zdawać na architekturę na Politechnice Warszawskiej. Przyplątuje się choroba płuc, z egzaminów nici. Gdy wraca do zdrowia, zaczyna zaocznie studiować prawo. Rodzice, pomni nauk Klaudii Sigaliny, dbają, by każda ich latorośl zdobyła wyższe wykształcenie. Józef nie widzi się jednak w palestrze. Usłyszawszy, że jego szkolny przyjaciel wyprawił się za lepszym zajęciem do czeskiej Pragi, rzuca nudne studia i rusza w ślad za nim, by w Deutsche Technische Hochschule kształcić się na inżyniera. Zaliczywszy po powrocie przygodę z Wyższą Szkołą Handlową, w końcu trafia na wymarzoną Politechnikę, praktykując jednocześnie w spółce Gelbard-Sigalin jako kreślarz. Tam poznaje Hannę, koleżankę po fachu i przyszłą żonę. Wprowadzają się do własnego mieszkania na Poznańskiej. „Małe, spokojne szczęście »przedwojenne«”[21], zapisze. Od dyplomu dzieli go rok, gdy wybucha wojna. Zgłasza się do armii. Skoro odmawiają mu broni, gardząc nawet dokumentami z podchorążówki we Włodzimierzu Wołyńskim, śladem Grzegorza kieruje się na wschód, przez Brześć, Lwów, Wilno i Krzemieniec. Towarzyszy mu żona.

Bakcylem komunistycznym zainfekowali go bracia, a może ktoś z ich zawodowego środowiska. Dorastając, zaczytywał się w *Ludziach bezdomnych*. Razem ze średnim, Aleksandrem, oraz innymi chłopakami z eleganckiego południowego Śródmieścia, równie przejętymi ideami sprawiedliwości społecznej, zapuszczał się w warszawskie dzielnice biedoty, podglądając życie Ciepłej, Krochmalnej czy Kolejowej. „Z wysokości Lasku Bielańskiego ogarnialiśmy wzrokiem nędzę Pelcowizny, Bródna, Marymontu”[22], notuje nie bez ironii. Kroczyli w pierwszomajowych pochodach, zapisywali się na samokształceniowe kółka u rzemieślników. Nawiązywali nowe znajomości, i tak w 1928 roku Kocio – jak wołali go Roman z Grzegorzem – stał się członkiem Komunistycznego Związku Młodzieży Polskiej, a w 1931 – Komunistycznej Partii Polski.

Sigalinowie prowadzili dom otwarty, przewijały się przezeń tłumy młodzieży: znajomi Romana, Grzegorza, sióstr, Aleksandra i Józefa – wśród tych ostatnich Marian Spychalski i Stanisław Jankowski, koledzy ze studiów. Młodzi lubili się bawić, prowadzili aktywny tryb życia – modna była jazda motorem, tenis i górska wspinaczka. Józef też grał, zdobył nawet uprawnienia instruktorskie. Wspinał się w Tatrach z Justynem Wojsznisem, z dumą pokazując po jednej z takich eskapad zdartą do kości rękę – gdy słynny alpinista ześlizgnął się z grani Żabiego Konia, Kocio utrzymał go na linie, ratując mu życie.

To wszystko, jak z pozoru nic niewarty bagaż – buty, kot, worek w baśniach Grimmów, miało się w przyszłości Józefowi przydać.

Starszego brata w Związku Radzieckim przywiodła do zguby ufność w architektoniczny talent i zaufanie do radzieckich komunistów, młodszemu procentuje różnorodność doświadczeń. W Krzemieńcu Józef dostaje posadę w kopalni węgla brunatnego. Kieruje wydziałem budowlanym. W Leninabadzie przeobraża się w intendenta budowlanego w fabryce jedwabiu Krasnyj Tkacz.

„Leninabad (Hodżent) u stóp Pamiru odległy był od Warszawy o cztery prawie tysiące kilometrów; na mapie ściennej w gabinecie głównego inżyniera fabryki odległość ta przekraczała rozpiętość ramion. Wieczorami było trudniej; wyliczanie wszystkich sklepów na Marszałkowskiej od Królewskiej do Świętokrzyskiej, potem Złotej, Wspólnej, placu Zbawiciela. (...) Pamiętaliśmy wszystko. Nocą przychodziła w snach Warszawa"[23], notuje. Ma dryg do pisania i literackie ambicje. Pisze na zlecenie ulotki propagandowe, sporo czyta.

Moment zwrotny przychodzi wraz z napaścią Niemiec na Związek Radziecki. Najmłodszy z Sigalinów, dotąd piszący odezwy zachęcające Rosjan do pójścia na front, sam też zgłasza się do Armii Czerwonej. Potrzeba udziału w walce, lecz i ruch wyprzedzający – przed hitlerowcami nie ma już dokąd uciekać, a wielu polskich Żydów, którzy przed 17 września 1939 roku znaleźli się po radzieckiej stronie, trafiło na Sybir. Podpaść można nawet za zbieranie znaczków, bo to burżuazyjna rozrywka.

Krasnoarmiejcy nie pytają o pochodzenie ani o wojskowe papiery, biorą go na kierowcę. „Zrób to samo", radzi Józef w listach bratu

Aleksandrowi, bo średni z Sigalinów też zdążył na czas przedostać się na wschód i też zastanawia się, co robić dalej.

Kocio wolałby wrócić do Warszawy z żołnierzami Andersa, którzy wycofują się właśnie z Iranu. Nie udaje się. Ponoć dla oficerów, którzy odmową przypieczętowują właśnie jego dalsze losy, „złe" pochodzenie znów okazało się istotniejsze niż papiery podporucznika rezerwy. A może zaważyła komunistyczna przynależność? Nie chcieli, trudno. Wróciwszy do Leninabadu, zaczyna rozglądać się za inną okazją.

Porozrzucani po całym ZSRR polscy komuniści zastanawiają się, jak pod patronatem Stalina utworzyć zalążek nowej organizacji politycznej, która okrzepłaby do końca wojny na tyle, by potem przejąć władzę w kraju. Najmłodszy z Sigalinów, który nie tak dawno chadzał z nimi na kursy samokształcenia, nawiązuje przerwany kontakt. Odżywają dawne znajomości. Wkrótce znajduje go koleżanka z Warszawy Wanda Wasilewska i zaprasza na zjazd Związku Patriotów Polskich do Moskwy. W czerwcu 1943 roku razem z nią i innymi, którzy już niedługo będą rządzić Polską, ustala statut i wybiera zarząd nowego ugrupowania. W programie zapisano, że sojusz ze Związkiem Socjalistycznych Republik Radzieckich ma wyjątkowe znaczenie dla bezpieczeństwa polskich granic.

Chodząc po Moskwie, natrafia na wielką dziurę w ziemi wypełnioną betonem i fragmentami żelaza. To ślad po utopii, która skusiła jego brata. Od 1940 roku Pałac z posągiem Lenina projektu Borysa Jofana oraz dwóch Władimirów: Szczuki i Gelfreicha, miał górować nad miastem, „błyszcząc promieniami słońca w dzień, a jeszcze silniej, bo oświetlony reflektorami – w nocy"[24]. Zakładano, że budowa gmachu wraz z wykończeniem wnętrz zajmie sześć lat. By zgłębić kwestię odpowiedniego posadzenia fundamentów – twardy orzech do zgryzienia wobec niespotykanych rozmiarów obiektu – wysłano do Stanów Zjednoczonych specjalną komisję, która zaznajomiła się „z praktyką budowy amerykańskich sky-scrape'ów"[25]. Na budowę dowożono wciąż nowe porcje betonu, by wykarmić fundamenty. Pochłaniały go niezliczone ilości, ale wciąż osiadały. Do czerwca 1941 roku, gdy prace przerwała niemiecka inwazja, udało się wznieść umocnienia na najniższych poziomach. Kiedy Niemcy stanęli u bram Moskwy, niedokończony zalążek

Pałacu ofiarowano na rzecz jej obrony. Elementy rozebranej stalowej konstrukcji posłużyły do budowy fortyfikacji i mostów. I choć jeszcze podczas wojny niezmordowany Borys Jofan, ewakuowany do Swierdłowska, pracował wraz z zespołem nad kolejną przeróbką projektu, tym razem dekorując swój budynek motywami z Orderu Zwycięstwa, jego wysiłki zupełnie poszły na marne. Resztki fundamentów zalano wodą.

Major

Wandzie Wasilewskiej udaje się przekonać Stalina, że warto utworzyć pod jego okiem nową polską dywizję, która będzie mogła stać się symbolem walki Polaków z Niemcami u boku Armii Czerwonej. W Sielcach nad Oką formuje się 1. Dywizja Piechoty imienia Tadeusza Kościuszki. Nadzór polityczny nad nią sprawuje Związek Patriotów Polskich.

Najmłodszy z Sigalinów też jedzie tam z żoną. Znów sprawdza się jako propagandzista. Przekonuje kolegów, że wszyscy Słowianie są braćmi, i trzeba zapomnieć dawne urazy, by bić wspólnego wroga, Niemca, i wrócić do Polski.

„W Sielcach serca pełne Warszawy znalazły się już w plecakach żołnierskich. Sen o szpadzie stawał się rzeczywistością[26]", notuje w dzienniku.

Po raz drugi podczas tej wojny porzuca pisanie ulotek i wkłada mundur, tym razem kościuszkowca, by wyruszyć w drogę pod Lenino. Zostaje oficerem politycznym w randze porucznika. Potem patrzy bezsilnie z praskiego brzegu na powstanie warszawskie. Przez krótki czas pełni funkcję adiutanta Berlinga. Awansuje na majora. W tej samej dywizji służą Jerzy Borejsza, Hilary Minc, Jerzy Putrament, Roman Zambrowski.

Nie chce iść dalej, do Berlina. Wraca do Lublina, gdzie powstaje właśnie samozwańczy rząd tymczasowy. Podczas koleżeńskiej rozmowy przy obiedzie ze znajomymi z partii i wojska można tam z dnia na dzień zostać dyrektorem albo nawet ministrem. Borejsza, pamiętając o propagandowych wprawkach Józefa i wiedząc o jego smykałce do pisania, ściąga go jako redaktora do nowo założonej gazety, która ma być organem Polskiego Komitetu Wyzwolenia Narodowego. Propozycję pracy w „Rzeczpospolitej" przyjmuje chętnie, lecz pojawiają się nowe propozycje. Znów procentuje różnorodność doświadczeń. Uczelniany kolega Marian Spychalski rekomenduje go Bierutowi jako sprawnego organizatora po studiach architektonicznych, który świetnie nadaje się, by nadzorować pracę nad odbudową i przebudową Warszawy.

Józef Sigalin wraca do rodzinnego miasta w mundurze i wojskowych butach z cholewami jako członek Grupy Operacyjnej Warszawa złożonej z architektów, którzy mają sprawdzić, co zostało ze zrujnowanej Warszawy i czy nadaje się ona jeszcze do odbudowy. Towarzyszy mu wdowa po najstarszym z braci Hanna, imienniczka żony. Nie ma o niej wzmianki w oficjalnych dokumentach jako uczestniczce wyjazdu.

„Pracować za dwóch, za trzech, za moich braci – architektów Romana i Grzegorza – ofiary wojny[27]", zapisuje w wojskowym bloku meldunków służącym mu za notatnik. Wie już, że Roman, który bezskutecznie czekał na powrót Grzegorza, też, jak on, zginął z rąk bolszewików. We wrześniu 1939 roku Roman stawił się w punkcie mobilizacyjnym. Nie chciano go przyjąć w szeregi ze względu na pochodzenie, lecz w przeciwieństwie do Józefa uparł się i trafił do obozu w Starobielsku w stopniu porucznika. Stamtąd do Charkowa, gdzie w 1940 roku rozstrzelano go razem z innymi oficerami Wojska Polskiego. Wracając z armią Berlinga do Polski, Józef przechodził przez Charków. Usłyszał, że polskich oficerów zamordowali Niemcy.

Hanna, bratowa Józefa, przez całą drogę do stolicy martwi się, czy spotka córkę Krysię, którą przed wybuchem powstania warszawskiego zostawiła na Pradze. Krysia przeżyje, ukrywana przez dawną niańkę Hanny. Trafiły do warszawskiego getta razem z Jerzym Gelbardem, wspólnikiem Romana Sigalina. Znajomy, Stanisław Mazur, który wyprowadził z getta Gelbarda, przekonał właściciela polskiej firmy działającej w getcie, by nie włączał Hanny i jej córki do transportu do obozu zagłady. Transportem jadącym w tym samym kierunku pojechała natomiast Anna, jedna z sióstr Józefa, polonistka, oraz Rozalia Sigalina.

Tak zostało ich troje: najmłodszy, średni z wykształcenia był chemikiem, oraz starsza z sióstr, Eugenia.

Najmłodszy ucieka w pracę. Po sukcesie lubelskiej ekspedycji zostaje wiceszefem Biura Odbudowy Stolicy – instytucji, której zadaniem jest podźwignięcie miasta z gruzów. Jego przełożonym jest kolega ze studiów Marian Spychalski, nazywany „tatą BOS-em". Podwładni Józefa, koledzy Grzegorza i Romana z roku, ich rywale w najważniejszych konkursach i przedwojenne sławy, mówią do Józefa „majorze". Niektórzy, niezorientowani w dawnych towarzyskich relacjach, nieznający dokładnie jego wojennych losów, szepczą, że to niemożliwe, by bez ukończonych studiów można było zajść tak daleko. Podejrzewają współpracę ze służbą bezpieczeństwa lub istnienie możnego moskiewskiego protektora. Nie znajdą na to dowodów. On ich musztruje, wydaje dyspozycje, choć w przeciwieństwie do nich nie może jeszcze podpisać się pod żadną jako inżynier architekt. Dwa ostatnie egzaminy i dyplom przygotowany pod kierunkiem Jana Zachwatowicza składa przed kolegami z BOS w 1946 roku.

Wspólnymi siłami kreślą plany odbudowy Warszawy w myśl modernistycznych założeń. Wracają w nich powidoki sprzed wojny. Na rysunku jednego z architektów Jana Knothe wzdłuż ulicy Marszałkowskiej, poszerzonej wedle paryskich wzorców do kilkudziesięciu metrów, rozsiadł się nowy Pałac. Rozłożysty, pękaty, a gdy przyjrzeć mu się dokładniej, na szczycie mający coś na kształt rzeźby. Nie ma uosabiać już symbolu niepodległości, lecz służyć jako Centralny – w innej wersji Narodowy – Dom Kultury. Pomieści wiele monumentalnych wnętrz, w tym Wielką Salę Kongresową mającą około dziesięciu tysięcy miejsc, salę uroczystych zebrań, sale koncertowe, teatralne i kinowe.

Pracownicy BOS zakładają, że to właśnie Marszałkowska stanie się główną osią odbudowywanego miasta, z centrum zlokalizowanym wokół skrzyżowania z Alejami Jerozolimskimi. Wieżowiec na cele kulturalne ma stanąć w jej głównym punkcie, u wylotu Złotej, gdzie właśnie trwa wyburzanie nadwerężonych podczas wojny kamienic. „Zespół Narodowego Domu Kultury powinien stać się głównym architektonicznym akcentem śródmieścia, a także stolicy – proponują architekci, ogłaszając konkurs na nowe centrum. – Zespół NDK powinien być tak usytuowany,

Jedna z pierwszych wizualizacji Pałacu ulokowanego w rejonie ulicy Marszałkowskiej – tutaj jako Narodowy Dom Kultury.

aby w oparciu o jego architekturę powstał plac, na którym mogłyby się odbywać masowe zebrania związane z zebraniami w salach NDK. Pożądane jest również, aby w oparciu o NDK znalazło się miejsce, z którego przedstawiciele władz i organizacji społecznych dokonywaliby przeglądów i defilad".

Architekt

Józefowi Sigalinowi do twarzy zarówno w uniformie kościuszkowców, jak w garniturze, który wkłada, gdy w 1947 roku zostaje pełnomocnikiem Ministerstwa Odbudowy, nadzorującym główną inwestycję tamtego okresu – Trasę W-Z. Najprzystojniejszy z braci. Czarnowłosy, szczupły, o pociągłej twarzy, szarmancki w obejściu, podoba się kobietom i ma do nich słabość. Sentymentalny, szybko się zadurza, a gdy pozna nową, utrzymuje dobre stosunki z jej poprzedniczkami. Najchętniej zgromadziłby swoje kolejne miłości pod jednym dachem, a one pewnie byłyby skłonne to zaakceptować, bo niektóre nawet się zaprzyjaźniają. Wszystkie w podobnym typie: wyrazista uroda, klasa, niezależność – nauczycielki, artystki, lekarki z tytułami naukowymi.

Gdy Warszawa plotkuje o romansach Józefa, przepadającego na całe dnie, bo sprawuje nadzór nad odbudową, Hanna przesiaduje w domu – urodziła właśnie córkę Teresę i musi się nią opiekować. Urządza mężowi awantury. Stopniowo staje się jasne, że nie łączy ich już nic, z wyjątkiem córki, do której on, z właściwym sobie sentymentalizmem, zwraca się w zapiskach: „Poznałem smak tworzenia. Posiadłem sens życia. Uważam to za uśmiech losu (...). W lipcowy wieczór pójdziemy przez nowe trasy i mosty (...) zejdziemy nad Wisłę, popatrzymy znów na Warszawę. Na Twoje, Teresko, miasto rodzinne. Rosło wraz z Tobą. Kochaj je"[28].

– Z Tereski była przepiękna dziewczynka – wspomina poeta Piotr Matywiecki, którego matka przyjaźniła się z Sigalinami od czasów przedwojennych. – Oni bardzo chcieli, żebyśmy w przyszłości, jak dorośniemy, zostali parą. Bardzo mi to wtedy imponowało. Niestety, kilka lat później już nie robiła na mnie takiego wrażenia.

„Pierwszy Budowniczy Polski Ludowej wypytywał o bieg robót, o trudności (...) rozmawiał ze spawaczami, cieślami, monterami" – pisał o prezydencie Bolesławie Bierucie w książce *Pięć spotkań* Józef Sigalin. Tutaj w 1948 roku razem lustrują teren przyszłej odbudowy.

Wymagający, umie zarządzać ludźmi – chwalą Józefa decydenci. Ciągle w ruchu. Słynie z tego, że prosi współpracowników: „Obudźcie mnie za kwadrans", i zasypia w dowolnej pozycji, a potem odświeżony wraca do przerwanej dyskusji. Wolny czas też musi sobie zorganizować. Nie ma wylegiwania się, lecz wycieczki w góry, do Kazimierza, gra w serso, spacery po mieście z Teresą.

Po oddaniu do użytku Trasy W-Z wprowadza lud do Śródmieścia, czuwając nad kolejną sztandarową budową – Marszałkowskiej Dzielnicy Mieszkaniowej.

Zapisuje w dzienniku: „Od wiosny 1950 r. przez blisko półtora roku trwały rozmowy i padały propozycje objęcia przeze mnie stanowiska naczelnego architekta Warszawy. Odmawiałem. (...) Moja motywacja: są w Warszawie znacznie wyżej ode mnie kwalifikowani i doświadczeni architekci nadający się do pełnienia takiej funkcji – i to po pierwsze; i po drugie – nie interesował mnie nigdy i nadal nie interesuje urząd – praca organizacyjno-administracyjna, natomiast za swoje zadanie – i to mnie pasjonuje – uważam projektowanie i realizację urbanistyczno-architektonicznych podstawowych założeń miejskich Warszawy. Upór mój został złamany"[29].

Kandydaturę wysuwa sam Bolesław Bierut, co oznacza, że sprawa jest przesądzona – pierwszemu sekretarzowi i premierowi w jednej osobie się nie odmawia. Poza tym, jak wiadomo z baśniowych historii o perypetiach braci, gdy giną ci starsi, bogaci i mądrzy, los czuwa nad najmłodszym i na koniec obdarza go najhojniej – tak więc po prostu musiało się zdarzyć.

„Pierwszy Budowniczy interesował się każdym szczegółem montażu, rozmawiał ze spawaczami, cieślami, monterami. Poznawali go i jak opowiadał potem jeden ze starych robotników: jaśniej i cieplej zrobiło się nad rzeką tego wieczora"[30], napisze potem Józef w poświęconej Bierutowi książce. Choć to raczej jego, Sigalina, poznają, gdy zagląda na budowę – lubi zagadywać do robotników, ma dobrą pamięć do twarzy. Za to w biurze nie jest bratem łatą. Apodyktyczny, zdarza mu się zwoływać narady na szóstą rano. Pracownicy mówią o „sądach w pałacu Pod Blachą", bo w tym budynku ma teraz gabinet. Podczas dyskusji trwa skrupulatne sprawdzanie, czy przygotowywane projekty są zgodne z zasadami socrealizmu, którego Józef – niepomny fascynacji modernizmem, dzielonej kiedyś ze starszymi braćmi – jest teraz głównym wyznawcą.

Dawny przyjaciel Sigalina ze studiów Stanisław Jankowski, Agaton, został kierownikiem Pracowni Planu Sześcioletniego przy BOS. Wezwał go szef BOS-u, Roman Piotrowski. „Nie patrząc mi w oczy, oświadczył, że nie mogę nadal kierować tą pracownią. Będę miał inną ciekawą robotę, ale sam rozumiem: Plan 6-letni i ja, były cichociemny żołnierz AK. Nie rozumiałem. Przykro mi było i głupio", wspomina Jankowski. Następnego dnia wieczorem Jankowskiego niespodziewanie odwiedza Sigalin. „Zgłoś się raz jeszcze do Romana", rzuca. Jankowski idzie do Piotrowskiego. „Tym razem z satysfakcją oznajmił mi, że poprzednia rozmowa była nieporozumieniem. Już się chyba nigdy nie dowiem, komu zawdzięczam tę pierwszą, a zwłaszcza tę drugą rozmowę"[31].

Z Bierutem łączą Józefa tylko relacje służbowe. Woli przyjaźnić się z artystami – malarzami, architektami, pisarzami – jak przed wojną, jada z nimi obiady w Czytelniku.

Na plenerze w Sufczynie poznaje malarkę Krystynę Kozłowską, która w 1954 roku rodzi mu córkę Weronikę. Oficjalnie nadal jest mężem Hanny i ojcem Teresy, ale czas wolny dzieli teraz między dwa domy. Tylko gdy wraca do tego pierwszego, do kamienicy na Chocimskiej, zaprojektowanej kiedyś przez spółkę architektoniczną Gelbard-Sigalin, zwykle zastaje drzwi zamknięte. Idzie wtedy do swojego gabinetu w pałacu Pod Blachą, by spędzić noc na kanapie dostawionej do biurka.

Oprócz kobiet naczelny architekt Warszawy ma trzy nałogi: góry, Warszawę i papierosy. Góry trzymają go w formie, dym z papierosów przyprawi o raka płuc, wszystkie zapiski dotyczą – wprost lub pośrednio – Warszawy. Nigdy też się z niej nie ruszy w świat, poza jedyną niesłużbową wyprawą tuż po wojnie, gdy postanowił odwiedzić rozproszonych po świecie przyjaciół. W przeciwieństwie do siostry Eugenii, pracującej jako farmaceutka, która jakby ją ktoś gnał – bez przerwy podróżuje.

Piotr Matywiecki: – Pamiętam go stojącego na jakimś balkonie, gdy wskazuje na otwierający się przed nami fragment Śródmieścia i z dumą mówi: „To wszystko moje".

Pałac trafia się Józefowi przypadkiem. Okazalszy niż ten ze szkiców brata i jak najbardziej realny. Jeśli wierzyć jego własnym słowom, nie pali się szczególnie, by przyjąć nad nim opiekę.

2 lipca 1951 roku zapisuje w podręcznym kalendarzyku: „Wiadomość poufna od H.M. przed objazdem Warszawy z WMM"[32].

H.M. to wicepremier Hilary Minc, jeden z najwyżej postawionych członków partii. WMM – Wiaczesław Michajłowicz Mołotow. Ten pierwszy zadzwonił właśnie do Sigalina z rządowej linii, by wtajemniczyć go w scenariusz zbliżających się wydarzeń. Już jutro, podczas przechadzki po Warszawie, usłyszą mianowicie, że warto byłoby postawić w tym mieście wieżowiec, w rodzaju wieżowców moskiewskich, które radzieccy towarzysze zbudowali niedawno i z których są tak dumni. To będzie tylko sugestia, przekaz od samego Stalina, dowód na to, że pamięta o zobowiązaniu z 1945 roku, gdy proponował warszawiakom budowę metra, osiedla mieszkaniowego albo właśnie takiego chmurodrapa.

„Nic wiążącego, ale nie okazujcie zaskoczenia. Ustosunkujemy się pozytywnie, bez wiązania się w szczegółach. Potem się zobaczy".

Podczas spaceru Mołotow zagaduje Józefa Sigalina: „A jak byście widzieli w Warszawie taki wieżowiec jak nasz?" „No cóż, owszem"[33], odpowiada Sigalin.

Odmawia przyjęcia funkcji pełnomocnika polskiego rządu do spraw budowy Pałacu Kultury i Nauki w Warszawie, podobnie jak nieco wcześniej usiłował wymigać się od zaszczytu pasowania na naczelnego architekta stolicy.

Znów odbiera telefon. Dzwonią na domowy numer: „Nie uwzględniliśmy waszego sprzeciwu".

Proponował, by zamiast niego przedstawicielem polskiej strony został inżynier Henryk Janczewski, który sprawdził się na budowie Trasy W-Z i zna język rosyjski. Władza i na to znalazła odpowiedź: dostanie Janczewskiego na dyrektora biura. (Józef przyzna potem, że dyrektor wykonywał za niego dziewięćdziesiąt procent roboty).

Będzie organizował wszystkie obowiązki na miejscu – przygotowanie placu budowy, wykwaterowania, rozbiórki, znalezienie miejsca na bazę dla radzieckich robotników, wstępne prace – jako administrator po polskiej stronie, współpracujący z wiceministrem Gieorgijem Arkadjewiczem Karawajewem, pełnomocnikiem rządu ZSRR do spraw budowy Pałacu.

„Nazajutrz depesza Bieruta do Stalina; sens: podziękowanie za dar, lokalizacja, ogólny program, zaproszenie delegacji radzieckiej, w tym architektów autorów projektu, do Warszawy"[34].

Korona

Sigalin z kolegą z BOS-u Zygmuntem Skibniewskim jedzie do Moskwy. Mają się tam zapoznać w terenie z projektami i budową wieżowców i omówić z radzieckimi architektami wszystkie propozycje na tle planu miasta. Następnie Rosjanie zjawią się z rewizytą. Lew Rudniew, wybrany na głównego projektanta Pałacu, Aleksander Fiodorowicz Chriakow, Igor Jewgieniewicz Rożyn i Aleksander Pietrowicz Wielikanow. Towarzyszy im Gieorgij Arkadjewicz Karawajew, pełnomocnik do spraw budowy ze strony ZSRR.

Przybyszom z Polski, szukającym inspiracji, najbardziej przypada do gustu Moskiewski Uniwersytet Państwowy. Tym sposobem do Warszawy trafia nowe widmo Pałacu Rad, przyobleczone w rodzime szaty. Bo choć sam Pałac Rad nadal nie istnieje, to radzieccy koledzy Grzegorza Sigalina, projektując tuż po wojnie nowe moskiewskie wieżowce, zachowują się tak, jakby był, świecił stalowym Leninem z daleka ku tym, którzy weń uwierzyli, dostosowując swoje projekty do nieistniejącej sylwety na horyzoncie. Pojawił się też na planie z 1947 roku, pokazującym rozmieszczenie przyszłych drapaczy chmur w radzieckiej stolicy, wyznaczając hierarchię i odległości. Pozostałe, mniejsze, otaczały go zwartym wianuszkiem.

„Po triumfalnym zakończeniu drugiej wojny światowej stolica państwa radzieckiego zakłada wieniec zwycięzcy, jednak nie laurowy, ale żelbetonowy, i nie wieniec, lecz koronę, którą widać z każdego miejsca w Moskwie i najbliższej okolicy", oznajmiali z emfazą radiowi spikerzy.

Krewniaków Pałacu miało być łącznie dziewięciu. Tak wymyślił Stalin, który widzi powojenną Moskwę jako miasto ładu, przestrzeni i nowoczesności, okoloną wysokościowcami w kształcie azteckich piramid, między którymi pyszniłyby się centra rozrywki podobne do latających talerzy. Nikt oficjalnie nie przyzna, że są wzorowane na budowlach zagranicznych, co gorsza – zachodnich, najbardziej zachodnich jak tylko można, bo amerykańskich. Za główną inspirację służą nowojorskie drapacze chmur. Planując budowę Pałacu Rad, jeszcze w 1937 roku za ocean wysłano z Moskwy sztab inżynierów i architektów, w tym Lwa Rudniewa, projektanta ceniącego klasyczne formy. Oglądali Empire State Building, najwyższy budynek nie tylko w Stanach Zjednoczonych, ale i na całym świecie, i pilnie szkicowali w notatnikach. Ich ojczyzna nie mogła pozostać w tyle. „Wysotki" – bo tak nazwali przyszłe odpowiedniki amerykańskich wysokościowców – muszą zerwać z surowością przemysłowego stylu. Ma być pompatycznie, triumfalnie, na bogato – podobnie jak wewnątrz metra, gdzie każda stacja przypomina pałacowe komnaty. Wielu autorów, przyznając, że w Nowym Jorku i innych wielkich miastach Stanów Zjednoczonych można spotkać dziesiątki wysokich budynków, podkreślało różnice: „Ich przeznaczenie wycisnęło na nich wyraźne piętno. Zadaniem ich jest możliwie największe wykorzystanie przestrzeni, na której się wznoszą – pną się więc w górę na kilkadziesiąt pięter, mają uzmysłowić patrzącemu na nie potęgę finansową właścicieli – są więc olbrzymie, przytłaczające przechodnia swoim ogromem"[35].

Te wytyczne musiał mieć w pamięci Lew Rudniew, projektując pierwszy z wysotków, który niespodziewanie wyniósł go na szczyty w wieku pięćdziesięciu trzech lat. Wychowany w nauczycielskiej rodzinie, wykształcony w petersburskiej Akademii Sztuk Pięknych, Rudniew pierwszą zagraniczną podróż odbył do Włoch jeszcze jako student i nie ukrywał, że utwierdziła go ona w uwielbieniu dla klasycznych form, choć jako architekta ukształtowała go rewolucja październikowa. W 1917 roku zaistniał w tej roli, otrzymując pierwszą nagrodę w konkursie na projekt pomnika Bohaterom Rewolucji. Potem jednak poszedł w ślady rodziców i został wykładowcą na macierzystej uczelni. Na projektowanie zostawało mu niewiele czasu. Po wojnie tworzył w duchu socrealizmu. Zaprojektowana przez niego siedziba rządu Azerbejdżańskiej SRR w Baku wyglądała jak arabski zamek ozdobiony elementami rodem ze starożytnego Rzymu i renesansowej Florencji – być może dalekie echo pamiętnej peregrynacji po Włoszech.

Projektując Moskiewski Uniwersytet Techniczny, wybrał pod jego budowę Wzgórza Leninowskie, najwyższy punkt miasta, i podobnie jak twórcy ostatecznych koncepcji Pałacu Rad, nie zamierzał się ograniczać, jeśli chodzi o rozmiary: dwieście czterdzieści metrów wysokości i dwadzieścia pięć pięter, w głównym budynku aula mieszcząca tysiąc pięciuset słuchaczy, skrzydła mieszkalne przewidziane dla sześciu tysięcy osób. Podobny pomysł na lokalizację Pałacu Rad miał Borys Jofanow, gdy szlifował swą koncepcję podczas wojny, lecz w swej gorliwości popełnił błąd, umieszczając budynek na samej krawędzi zbocza. Stalin, obawiając się osuwiska i pomny historii z budową soboru Chrystusa Zbawiciela (car Aleksander chciał go postawić właśnie w tym miejscu, lecz jego następca zmienił decyzję ze względu na nieodpowiedni grunt), polecił Pałac przesunąć. Autor się upierał, więc zastąpiono go Rudniewem, który ulokował swój gmach w zagłębieniu, osiemset metrów od skraju, zgarniając w 1949 roku państwową nagrodę.

„Na górach tych w swoim czasie architekt Witberg proponował wybudować olbrzymią świątynię, lecz pomysł jego nie przypadł władzy carskiej do smaku. Dopiero bolszewicy potrafili przystąpić do rozwiązania historycznego problemu zespolenia kompleksu Leninowskich Gór z miastem. Architektura uniwersytetu nie kopiuje żadnych stylów historycznych. Autorzy śmiało stworzyli nowatorski obraz, będący odbiciem wielkości nauki socjalistycznej i radosnego optymizmu ludzi radzieckich”[36], chwali Moskiewski Uniwersytet Techniczny Kazimierz Tymiński w „Architekturze”. Nie wspomina, że budowali go więźniowie, głównie jeńcy niemieccy. Trzymano ich na najwyższych piętrach, aby zaoszczędzić na czasie i kosztach transportu. Krążyły legendy o ich ucieczkach i tajnych przejściach łączących budynek z bunkrami. Zgodnie z inną opowieścią, opartą z jednej strony na perypetiach z usytuowaniem pierwszego moskiewskiego wysotka, z drugiej – na zamiłowaniu Rudniewa do innowacji technologicznych, uniwersytet wzniesiono na zamrożonym gruncie, a w piwnicach zainstalowano generatory. Jeśli zostaną wyłączone, gmach spadnie do rzeki.

Twórca prototypu warszawskiego Pałacu i młodszy od niego o ponad dekadę Sigalin podczas wizji lokalnej w Moskwie szybko znajdują wspólny język, gdy podczas rozmowy okaże się, że Rudniew świetnie zna

Główny korpus Moskiewskiego Uniwersytetu Technicznego w budowie.

polską stolicę. Trafił do niej już przed pierwszą wojną światową, a potem studiował u Leontija Benois, projektanta okazałego gmachu Banku Polskiego przy ulicy Bielańskiej. Poza tym był malarzem, a to wystarczyło, by wzbudzić sympatię Kocia, od dziecka otoczonego przez artystów. „Charakterystyczne: Rudniew rzucił się na reprodukcje impresjonistów francuskich, Picassa, Miro, Klee, Chagalla; w hotelu – daliśmy mu farby – stary mistrz akademik w nielicznych wolnych chwilach malował. Dobrze malował. Soczyście”[37], zapisze w notatniku, obserwując radzieckiego gościa podczas rewizyty.

Gdy ekipa z Warszawy przyjechała zapoznać się z osiągnięciami radzieckich inżynierów, część budynków uhonorowanych na etapie projektu Nagrodą Stalinowską, tworzących „żelbetonową koronę” moskiewskiej stolicy, już powstawała. Wszystkie wyglądały niemal jak klony Moskiewskiego Uniwersytetu Technicznego. Architekci planowali, że warszawski Pałac powstanie na jego obraz i podobieństwo, z pomieszczeniami akademickimi i uczelnianymi włącznie.

W 1952 roku budowniczy kończą pracę nad jednym z pierwszych radzieckich apartamentowców – domem mieszkalnym na bulwarze o nazwie Katielniczeskaja Nabiereżnaja. „Pokoje wyposażone są w szafy wbudowane w ściany, kuchnie otrzymują jako wyposażenie – zmywarki, chłodnie elektryczne, szafy ścienne, stoły z odkładaną płytą etc. Łazienki będą zaopatrzone w wysokogatunkowe instalacje. Przez całą dobę mieszkania będą miały dopływ gorącej wody”, zachwyca się Kazimierz Tymiński, opisując inwestycję w „Architekturze (nr 2 (52), Warszawa 1952)”. Wówczas planowano jeszcze, że w 176-metrowym budynku będą znajdować się luksusowe mieszkania dla radzieckiej elity, jednak większość pomieszczeń przeznaczono na zwykłe mieszkania komunalne.

Pod względem liczby legend Moskiewskiemu Uniwersytetowi Technicznemu dorównuje tylko gmach Ministerstwa Rolnictwa, wśród mieszkańców Moskwy znany bardziej jako Czerwone Wrota, zaprojektowany przez Aleksieja Duszkina, wysoki na sto trzydzieści trzy metry, nie licząc szpicy. Podczas jego budowy też nie obyło się bez przeszkód. Nad stacją metra, gdzie miał stanąć wysotek, zamrożono grunt, wykonano wykop pod fundamenty, a po budowie wyłączono zamrażanie, by osiągnąć efekt odchylenia gmachu od linii pionowej. Grunt odtajał i osiadł, wskutek czego budynek znalazł się na właściwym miejscu.

Spośród planowanych „sióstr Stalina", jak potem będą określane powstałe w tym czasie wieżowce, najmniej szczęścia miał planowany jako drugi w kolejności budynek administracyjny w dzielnicy Zariadje – uchodzący również za najbardziej tajemniczy, gdyż nie wiadomo dotąd, jakim celom miał służyć. Kuratorem projektu realizowanego w sąsiedztwie placu Czerwonego i Kremla był Ławrientij Beria, minister spraw wewnętrznych. Wedle jednej z wersji, miała się tam przenieść służba bezpieczeństwa z osławionej Łubianki. Przedstawiający go jeszcze jako projekt autor z „Architektury (nr 2 (52), Warszawa 1952)" nie wspomina o przeznaczeniu, rozwodząc się jedynie szeroko nad kompozycją architektoniczną i rozplanowaniem wnętrza, przywodzących na myśl kafkowski zamek: „Około dwóch tysięcy pokoi mieści się z dwóch stron korytarzy, pokoje te ujęte są w grupy, jak gdyby połączone w osobne zespoły administracyjne". Skąd mógł przypuszczać, że inwestycja zostanie zawieszona natychmiast po zgonie Józefa Stalina w 1953 roku, a potem zbudowany do połowy szkielet budynku zostanie rozebrany, a jego fragmenty zasilą nowo powstający stadion w Łużnikach. Nie przetrwa również hotel Rossija wzniesiony na fundamencie wieżowca – wyburzono go w 2006 roku.

Sukcesem zakończyła się natomiast budowa ostatniego z planowanych wysokościowców, jednego z największych hoteli w Moskwie – hotelu Ukraina. Wskutek problemów z gruntem roboty się ślimaczyły, a hotel długo pozostawał bezimienny. Gdy zbliżało się uroczyste otwarcie wyznaczone na 25 maja 1957 roku, uznano, że najlepiej będzie połączyć je ze świętowaną akurat trzechsetną rocznicą scalenia Rosji i Ukrainy. Na nieszczęście zbiegło się ono również z zatwierdzeniem przez rządzącego wówczas Chruszczowa uchwały w sprawie zwalczania nadużyć architektonicznych. Przywódca skrytykował powstały wcześniej hotel Leningradzkaja utrzymany w stylu rosyjskiego baroku, uznawszy, że jego budowa była marnotrawstwem środków, a przestrzeń zaplanowano nieefektywnie, przeznaczając zaledwie dwadzieścia dwa procent powierzchni na wynajem. Wnętrza hotelowe ogołocono więc z ozdobników, ocalała jedynie spora kolekcja obrazów i rzeźb. By uniknąć pecha, w budynku zaniedbano również oznaczenia trzynastego piętra i pokoju numer 666. Świeżo oddana do użytku Ukraina stała się drugim pod względem wysokości wśród siedmiu rosyjskich wieżowców, po budynku Moskiewskiego Uniwersytetu Państwowego.

Zygmunt Stępiński, który razem z Sigalinem jeździł do Moskwy, by śledzić postępy w pracowni przygotowującej projekt warszawskiego Pałacu, stwierdza z entuzjazmem, że budowa pierwszych siedmiu wieżowców całkowicie zmieniła obraz radzieckiej stolicy. „Z Gór Lenina i stojącego na nich Uniwersytetu widoczny jest cały zespół wieżowców wyznaczających centrum miasta wokół Kremla. Lokalizacje (...) wybierano bardzo starannie zarówno ze względu na ich rolę w całości sylwety miasta, jak i znaczenie dla bezpośrednio przyległych do wieżowca dzielnic (...). Architektura wieżowców moskiewskich w sposób harmonijny wiąże się z klimatem architektonicznym Moskwy. W sylwecie, w sposobie rozczłonkowania i detalach wyraźnie wyczuwa się nawiązanie do form tradycyjnych". W relacji nadal pojawia się widmo nieistniejącego, najwyższego z najwyższych: „Przy wszystkich wieżowcach powstają wielkie place, a Państwowy Uniwersytet Moskiewski zamyka największe założenie: oś prowadzącą do Pałacu Sowietów i Kremla"(*W pracowni Pałacu Kultury i Nauki*, „Architektura" nr 10/1953).

Planista

Wytyczne w sprawie Pałacu po powrocie polskich architektów z Moskwy są mgliste: budowa gmachu prawdopodobnie rozpocznie się szybko, na przełomie 1951 i 1952 roku, i potrwa najpewniej około dwóch lat. Bardzo możliwe, że zostanie wykorzystany gotowy i sprawdzony projekt któregoś z moskiewskich wysokościowców, na przykład Uniwersytetu Moskiewskiego. Prawdopodobnie, najpewniej, bardzo możliwe. Na tej podstawie w ciągu czterech dni planiści mieli opracować wstępny projekt. Oraz znaleźć odpowiednią lokalizację.

Na administrowaniu więc się nie skończy. Najmłodszy z braci Sigalinów będzie mieć swój wkład również w ostateczny projekt Pałacu. Jakby doświadczenia rodzinne nie nauczyły go, by trzymać się z dala od tego typu gmachów, zwłaszcza radzieckiej proweniencji.

Trudno. Dla Józefa Sigalina liczy się przede wszystkim czas teraźniejszy.

Żyje do przodu, ucieka w pracę. Bliscy wiedzą, że najbardziej przeżył śmierć matki – zdjęcie Rozalii Sigalin zawsze stoi na jego biurku. Rocznicę jej śmierci, 22 lipca, spędza jednak zwykle w pracy, otwierając w towarzystwie oficjeli którąś z ważnych budów. Nie opowiada o wojnie, lecz co roku 1 sierpnia przynosi Krystynie Kozłowskiej (walczyła w powstaniu) ogromny bukiet kwiatów, by usłyszeć: „Józku, czcisz we mnie pamięć poległych?".

Szafa

Na cmentarzu przy Okopowej na grobie Michała Sigalina, dentysty, wyryto dziwne znaki.

– Co tu napisali? – pytają ci, którzy towarzyszą Józefowi w wizytach na cmentarzu.

– To taka formułka nagrobna – odpowiada on.

Gdy poproszą kogoś znającego hebrajski o jej odczytanie, dowiedzą się, że napis brzmi: „Michał Sigalin".

– Ty nasz, prawda? – zagadnie Józefa w jidysz przy którejś wizycie opiekun cmentarza.

Józef uda, że nie dosłyszał.

Los czuwa nad nim do końca. Rok później, gdy jego znajomi pakują walizki i jadą na Dworzec Gdański, on zostaje w Warszawie. Procentuje dawna przyjaźń, tym razem z kolegą ze studiów, wpływowym Marianem Spychalskim. Nie musi nawet opuszczać biura w pałacu Pod Blachą, choć nie jest już wtedy naczelnym architektem. Zrezygnował sam, gdy do władzy doszedł Władysław Gomułka i zaczął przebudowywać Warszawę po swojemu, zrywając z pałacowym stylem.

To był zamach na jego religię – mówi Piotr Matywiecki. – Autentycznie wierzył w socrealizm.

Koledzy bronią go na łamach prasy: „Dla każdego uczciwego człowieka, a dla każdego warszawiaka i architekta w szczególności, sposób krytyki działalności kol. Sigalina, który stał się ostatnio obiektem niewybrednych nieraz napaści – przy całkowitej obojętności zarówno jego władz zwierzchnich jak i współodpowiedzialnego środowiska – jest niezrozumiały i bolesny. Więcej, jest groźnym objawem wypaczenia słusznej zasady krytyki i samokrytyki[38]". Podpisali m.in. Adolf Ciborowski, Stanisław Dziewulski, Romulad Gutt, Jerzy Hryniewiecki, Zygmunt Kleyff, Marek Leykam.

Angażuje się jako organizator w kolejne wielkie budowy, ale samodzielnie projektuje drobiazgi, takie jak schody przy moście Gdańskim. Po przejściu na emeryturę tworzy z częścią dawnych kolegów pracownię pod nazwą „Świder-bis", która ma stworzyć wokół rzeki Świder podmiejskie tereny rekreacyjne dla mieszkańców stolicy.

W mieszkaniu przy Czerniakowskiej, otrzymanym od prezydenta Warszawy (ostatnie piętro bloku, wcześniej była tu pralnia – latem gorąco, zimą wygwizdów) lądują sprzęty przeniesione z pałacu Pod Blachą – biurko, tapczan i stara dębowa szafa. W szafie dokumenty z ostatnich trzydziestu sześciu lat – zapiski, plany, zdjęcia, stenogramy.

Po ogłoszeniu stanu wojennego najmłodszy z Sigalinów otwiera szafę i bierze się do porządków. Na podstawie swego archiwum chce napisać książkę o Warszawie i subiektywny przewodnik.

Historyk sztuki, profesor Waldemar Baraniewski: „Tylko on wiedział, co zawiera. Nie wykluczam, że zdołał pozbyć się materiałów, które mogłyby go politycznie obciążyć".

Pisze szybko, intensywnie. Jeden z rozdziałów poświęci Pałacowi. Wie już, że ma mało czasu. Nie wie, ile dokładnie. Lekarze, którzy zdiagnozowali raka, mówią o trzech miesiącach. Pisanie zajmie dwa lata. Projekt „Świdra-bis" zostanie na papierze.

W szpitalu staje biurko. Siada przy nim codziennie, obok redaktorka z wydawnictwa Irena Orlewiczowa. Oprócz niej często przychodzą: córka Weronika, jedna z jego kobiet Maria i Stanisław Jankowski, przyjaciel sprzed wojny, dawny cichociemny Agaton, który mu opowiada o ruchu Solidarności.

Józef Sigalin umiera w drugi dzień świąt Bożego Narodzenia 1983 roku, zażyczywszy sobie, by na pogrzebie nie wygłoszono żadnej oficjalnej mowy. Kilka dni wcześniej postawił kropkę po ostatnim zdaniu swej książki. W druku wyjdą z tego trzy tomy. Sporo w nich o pracy i Warszawie. Prawie nic o rodzinie.

2. Bohater drugiego planu

Nina Karawajewa musiała być kobietą wyjątkowo cierpliwą. Jej mąż miał bowiem to do siebie, że nie umiał odmawiać.

Inna sprawa, że nie za bardzo mógł.

– Gieorgiju Arkadjewiczu!

– Tak jest, towarzyszu dyrektorze (towarzyszu ministrze, towarzyszu przewodniczący)!

Taki dialog powtórzy się w życiu Karawajewa wystarczająco często, by jego rodzina nie miała szans zaznać, czym jest stan nazywany stabilizacją.

Dar

Za pierwszym razem wysłali go, inżyniera żółtodzioba, świeżo po dyplomie, nad brzeg Morza Białego. Miał pilnować, jak rośnie nowa stocznia specjalnego przeznaczenia, której budowy zażyczył sobie Stalin.

Za drugim, po kilku latach, do obwodu swierdłowskiego (jeszcze surowszy klimat). Na budowę fabryki aluminium.

W sierpniu 1943 roku do Charkowa, żeby dźwigał z ruin zniszczone wojną zakłady.

Ledwie udało się im z Niną jakoś w tym Charkowie urządzić, wezwano go do Moskwy.

– Gieorgiju Arkadjewiczu, będziecie teraz odpowiadać za zakłady obronne. Powstaną w Nikołajewie.

I znów Karawajew posłusznie skinął głową. Nie mógł co prawda spokojnie zaczekać z ciężarną żoną w jednym miejscu, aż urodzi się ich pierwszy syn, ale za dobrze wykonane zadanie dostał awans i kolejną posadę. Tym razem w stolicy, co dało Ninie asumpt do przypuszczeń, że wreszcie zakotwiczą gdzieś na dłużej, więc ze względnym spokojem zniosła następne przenosiny. Tyle że Gieorgij Arkadjewicz, mianowany zastępcą ministra budownictwa maszynowego, zjawiał się w moskiewskim domu równie rzadko, jak dotąd. Ciągle był w delegacji. Coś za coś. Przynajmniej ona sama nie musiała znów pakować walizek.

27 lipca 1951 roku doglądał akurat budowy na Ukrainie, gdy pilnie wezwano go do telefonu.

– Moskwa na linii – szepnął mu ktoś, gdy sięgał po słuchawkę.

– Gieorgiju Arkadjewiczu!

Głos po drugiej stronie należał do asystenta Rady Ministrów ZSRR Kożewnikowa.

– Tak jest, towarzyszu przewodniczący?

– Pakujcie się. Przyjeżdżajcie na Kreml. Sprawa pilna!

Ruszył natychmiast.

„Tam mi powiedziano, że z inicjatywy Józefa Stalina rząd podjął decyzję o budowie Pałacu Kultury i Nauki w Warszawie oraz przekazaniu go w darze polskiemu narodowi, który poniósł ogromne materialne straty podczas wojny z faszystami. Zaproponowano mi kierowanie budową. Jak bywało i wcześniej, uważałem, że nie mogę nie przyjąć propozycji”[1].

Mimo wszystko dla dobra Niny próbował jeszcze negocjować.

„Jednak powiedziałem o moich wątpliwościach – nigdy nie budowałem takich obiektów, nigdy nie pracowałem za granicą. Na wszystkich budowach byłem razem z rodziną. Moje wątpliwości zostały odrzucone”[2].

Tym razem Nina Karawajewa, kobieta zgodna i podążająca wszędzie za mężem niczym Kaja za Kajusem, postawi weto. Chcesz – jedź, ale beze mnie. Nie mam zamiaru ruszać się z naszej stolicy do jakiejś Warszawy, powie. Przynajmniej przez jakiś czas, dopóki chłopcy nie dorosną.

Pięć przeprowadzek to jak jeden pożar, zauważy wyrozumiale jej mąż we wspomnieniach.

On, Gieorgij Arkadjewicz, nie zamierzał odmawiać. W zasadzie powinien codziennie dziękować losowi, że za pośrednictwem partii sprezentował mu taką szansę.

Wigor

Zaczęliśmy od Niny, bo to najbliższa naszemu bohaterowi osoba, a przy tym okazująca ludzkie emocje, których próżno szukać w jego zapiskach. On koncentruje się w nich na kwestiach technicznych – przez fragmenty

Na przyjęciu u Bolesława Bieruta w salach Rady Państwa. Delegację dzieci prowadzi marszałek Konstanty Rokossowski, po prawej Lew Rudniew, projektant Pałacu.

zawierające drobiazgowe opisy i matematyczne wzory może przebrnąć tylko najwytrwalszy zapalony inżynier. Gdy zaś pisze o ludziach, natychmiast robi się drętwo i politycznie poprawnie. Wszyscy są przystępni, pomocni i do rany przyłóż, niemal z każdym, czy to w Związku Radzieckim, czy w Polsce, pracowało się mu znakomicie. Wzór lojalności, idealny kandydat na człowieka do zadań specjalnych, na strażnika drugiego planu, jak w drugiej minucie archiwalnego filmu, gdzie miga nam na budowie Pałacu. Stoi po prawej ręce samego towarzysza Cyrankiewicza, szeroko uśmiechnięty coś mu tłumaczy, a warszawski wiatr podwiewa mu poły marynarki, szarpie za krawat i burzy układaną na brylantynie fryzurę. Jest 21 lipca 1952 roku, właśnie trwa uroczystość wmurowania kamienia węgielnego pod najważniejszą budowę Polski Ludowej.

„Nasza ekipa spotykała się z nieustającym troskliwym zainteresowaniem. Częstymi gośćmi na placu budowy (...) bywali członkowie rządu. Każdego roku w rocznicę Wielkiego Października urządzano dla budowniczych pałacu uroczyste przyjęcie"[3], notuje dla potomnych.

Na innym, nakręconym trzy miesiące wcześniej filmie, przemawia wyprostowany za stołem podczas narady, na którą oprócz architektów przybyły najważniejsze osoby w państwie. Brodaty Lew Rudniew celujący wskaźnikiem w czubek gipsowego Pałacu wygląda jak pan Kleks ze swoją magiczną różdżką, Gieorgij Arkadjewicz zaś, zdrowy radziecki chłopak z atletyczną sylwetką i optymizmem bijącym z twarzy o nieco pucołowatych policzkach, mógłby śmiało pozować do plakatu przedstawiającego przodowników pracy.

Tradycje

Z dzieciństwa zapamiętał, że gdy dorastał, w rodzinnym Sankt Petersburgu wódka była wszędzie. Dostępniejsza i tańsza niż masło. „Na każdym rogu mogłeś dostać ją na ćwiartki, szklanki (mówiło się na nie »poniewieracze«), setki w kubkach, nazywane żulikami"[4]. Pół litra kosztowało trzydzieści kopiejek, kilogram mięsa – rubla. Ojciec zarabiał w fabryce czterdzieści, pięćdziesiąt rubli miesięcznie. Nie pił (ojcowie przyszłych radzieckich bohaterów, nawet drugiego planu, zwykle nie piją), ale zmarł wcześnie, gdy Gieorgij Arkadjewicz był zaledwie dziesięciolatkiem. Został z matką i trójką rodzeństwa w robotniczym domu przy fabryce. Jeden pokój na pięć osób. W razie potrzeby stawał się też kuchnią. Wspólna wygódka dla wszystkich lokatorów na korytarzu. Piec, do którego trzeba było wtaszczyć drewno po schodach. Za to miejsce pracy nie byle jakie, bo Goznak wytwarzał specjalny papier do druku banknotów. Oprócz ojca i matki pracowała tam starsza siostra, tam też skierował pierwsze kroki Gieorgij, skończywszy dziewięć klas. Przyjęli go od razu, odszedł, gdy postanowił zdawać na studia.

Wróci dopiero po czterdziestu latach, już jako emerytowany inżynier. „Dostałem od władz fabryki dyplom jako zasłużony weteran pracy, a w fabrycznej izbie pamięci pokazano mi kącik rodziny Karawajewów – oprócz mnie ze zdjęć spoglądali tam na zwiedzających rodzice, siostra i wujek”[5].

Drużyna

Pierwsze, czego oczekują od radzieckiego pełnomocnika do spraw budowy Pałacu polscy mocodawcy na najwyższym szczeblu, to znalezienie autorów projektu i kierowników robót. Odpowiedzialne zadanie. Karawajew zna wielu utalentowanych architektów, więc wybór jest tym trudniejszy. Po długich przemyśleniach zgłasza swoje kandydatury: Igor Rożyn, Aleksander Wielikanow i Aleksander Chriakow.

Pudło. Zdaniem Stalina nadają się tylko na pomocników. Głównym architektem zostaje znacznie bardziej zasłużony Rudniew. Projektuje w słusznym stylu, spełnił oczekiwania związane z Moskiewskim Uniwersytetem Technicznym i można mieć pewność, że nie wyskoczy z jakąś niespodzianką.

„Zebrała się dobra drużyna”[6], cieszy się Karawajew.

Do wyboru przyszłych konstruktorów i inżynierów budowy, czyli zgodnie z hierarchią jego zastępców, nikt mu się nie wtrąca. Tylko zgodnie ze zwyczajem panującym na każdej dużej budowie władze powołują partorga, czyli przedstawiciela partii, który będzie patrzeć wszystkim na ręce. Zostaje nim Michaił Sołdatow.

„Drużyna” naprędce przyszykowała kilka rysunków pokazujących, jak mógłby wyglądać dar. „Za główny punkt odniesienia wzięli

Warszawa w ruinie. „Pod budowę przeznaczono leżące w samym śródmieściu 36-hektarowe rumowisko porośnięte łopianem". Taki obraz zapamiętał Georgij Karawajew z pierwszej wizyty w stolicy Polski.

Moskiewski Uniwersytet Techniczny. Swoim ogromem i charakterystycznym moskiewskim kolorytem przypomina basztę Spasską na Kremlu. Niewykluczone, że podświadomie tkwiła w nas myśl, żeby centrum Warszawy chociaż trochę upodobnić do Moskwy"[7].

Sam zapamięta z Warszawy resztki ruin i rudery w centrum, stary bruk, o którym mówi się tutaj „kocie łby", i marne oświetlenie ulic.

Polacy głowią się tymczasem nad lokalizacją. Proszą o pomoc kolegów. „Misja okazała się nielekka"[8], notuje przybysz ze Związku Radzieckiego. Nie ma jeszcze projektu przyszłego budynku, a więc nie wiadomo, jakie ma mieć rozmiary. Niejeden architekt pochylony nad planem miasta z ulgą westchnie nad zrujnowanym centrum – jakże byłoby trudniej, gdyby historia potoczyła się inaczej i musieli się wcielać w rolę barona Haussmanna! Skoro Rosjanie wspominają o uniwersytecie, można uczepić się jego obrazu jak deski ratunkowej, nic innego nie pozostało wśród tej mgławicy domniemań. Uniwersytet jest kopią nieistniejącego Pałacu Rad, warszawski Pałac będzie odwzorowaniem uniwersytetu. Kopia zamknięta w kopii, jak jedna matrioszka w brzuchu innej. Tylko czy aby na pewno chodzi o ten gmach? A jeśli, to przecież bardzo rozległy budynek, czy brać pod uwagę tylko korpus główny, czy również przybudówki? Czy można jakoś przerobić tamten projekt? Nie ma przecież nawet szczegółowych danych o moskiewskich wieżowcach. Wszystko, czym dysponują w tej chwili architekci, jedyny konkret, to przemyślane i przewidziane w planie generalnym Warszawy (co prawda jeszcze niezatwierdzonym) rozmieszczenie różnych wysokich budynków, głównie pod kątem tego, jak zagrają w sylwecie miasta i jakie będą pełnić funkcje.

Planiści proponują trzy lokalizacje dla nowej matrioszki przy założeniu, że też ma być uczelnią. Dwie przy ulicy Marszałkowskiej – przezornie rezerwują szmat terenu, bo aż od Chmielnej do dzisiejszej alei Jana Pawła II. W pierwszej wersji Pałac stanąłby bliżej Marszałkowskiej, w drugiej, ustawiony pośrodku, byłby o połowę mniejszy. Trzecia lokalizacja to Praga, w rejonie portu Praskiego, który można przenieść na Żerań. Ten wariant umożliwia pełne powtórzenie projektu uniwersytetu i jak w Moskwie można by wybudować jeszcze domy akademickie, łącząc przy okazji przestrzennie Pragę z Warszawą, powtarzają architekci z dobrej przedwojennej szkoły, pełni nadziei, że rybka połknie haczyk, i przebąkują jednocześnie, że podobny kolos pośrodku Śródmieścia będzie zgrzytem estetycznym. Podrzucają przy okazji jeszcze dwie inne propozycje – zbieg Puławskiej, Waryńskiego i Rakowieckiej lub skrzyżowanie alei Waszyngtona z ulicą Grochowską. Oba to miejsca pod biurowiec, wypisz wymaluj gmach Ministerstwa Spraw Zagranicznych przy moskiewskim placu Smoleńskim lub biurowiec z mieszkalnym zapleczem na blisko dwieście osiemdziesiąt apartamentów, kopia siedziby resortu rolnictwa przy Krasnych Wrotach.

Co do typu budowli nie było wyboru. Od początku miała być Pałacem wbrew plotkom krążącym później, że Związek Radziecki, niczym dobrotliwy święty Mikołaj, przedstawił urzędnikom w Warszawie listę prezentów i pozwolił wskazać ten, którego pragną najbardziej, a oni zachowali się jak nieroztropne dzieci i zamiast brać to, co przydatne dla zrujnowanej stolicy, czyli metro lub dzielnicę mieszkaniową, wybrali efektowną głupotkę, odpowiednik wielkiej lalki, onieśmielającej swoim ogromem i zbyt kosztownej, by swobodnie bawić się nią na co dzień. Co gorsza, możliwe też, że sięgnęli po nią dlatego, iż domyślali się, co wybrałby sam darczyńca, i nie chcieli go urazić, wiedząc wszak doskonale, czyje wąsate oblicze skrywa czerwona czapa z pomponem i doklejona broda z waty.

Ze strachem przed odmową w rzeczywistości też coś jest na rzeczy, lecz w odniesieniu do samego prezentu brak alternatyw. Pałac to spełnienie obietnicy pomocy przy odbudowie Warszawy, danej przez władze radzieckie tuż po zakończeniu wojny. Metro i dzielnica mieszkaniowa marzą się od początku tylko Polakom. „W odpowiedzi w ciągu kilku tygodni, jeszcze we wrześniu 1945 roku, powstała teka zawierająca tekstowy i rysunkowy materiał odnoszący się do sformułowanych alternatywnie takich zadań, jak m.in. pierwszy odcinek metra o kierunku N-S (Północ-Południe), dzielnice mieszkaniowe Muranów lub Wierzbno, zespół budynków administracyjnych przy ul. Kruczej lub budynków uniwersyteckich, projektowanych wówczas w obszarze dzielnicy Sielce”[9], przypomni po latach jeden z polskich architektów zaangażowanych w debaty związane z Pałacem, Zbigniew Skibniewski.

By oddalić wszelkie wątpliwości, polscy partorgowie będą tłumaczyć na zebraniach zwoływanych w największych warszawskich zakładach, dlaczego właśnie Pałac jest teraz najbardziej potrzebny miastu. Nikt nie kwestionuje wyboru – nawet gdyby któryś uczestnik nasiadówek nie widział na własne oczy, że fundamenty gmachu już mocno tkwią w ziemi, musiałby nie słuchać radia, nie czytać gazet i być głuchy na to, o czym gada warszawska ulica, by nie wiedzieć, że w tej sprawie od dawna wszystko jest przesądzone.

Partyjni przywódcy, w zmieniających się konfiguracjach, radzili przez kilka dni, gdzie umieścić Pałac, roztrząsając propozycje zgłoszone przez architektów. Przeważa zdanie, że trzeba jak najszybciej dokończyć odbudowę Śródmieścia. Przecież już w pierwszych powojennych projektach planowano postawić w tym rejonie Centralny Dom Kultury. Podobnego skalą budynku nie dałoby się szybko wznieść własnymi siłami, a jeśli powstanie jako pierwszy, będzie bazą dla kolejnych, otaczających go gmachów.

„Wybudowanie Pragi odłożyłoby możliwość wybudowania równie wielkiej (lub większej) i równie wysokiej (lub wyższej) bryły Domu Kultury na Marszałkowskiej na kilka lat, ponieważ zaś teren musi być zarezerwowany dla wielkiego gmachu Domu Kultury, centrum miasta trwałoby ciągle jako pustynia ze sterczącymi kikutami na przeciąg około pięciu lat. Od 3500 izb zastępczych na Marszałkowskiej i tak nie uciekniemy. Konieczna jest koncentracja budownictwa! Trzeba zakończyć Marszałkowską w planie sześcioletnim, podczas gdy Pragę można rozpocząć po planie sześcioletnim wraz z regulacją Wisły”[10], uzasadniają.

Nie wiadomo jeszcze, czy stan gruntu w miejscu przeznaczonym pod budowę umożliwia wzniesienie tak okazałego wysokościowca. Władze najpierw zatwierdzają lokalizację Pałacu, potem zlecają badania. Istnieje ryzyko, że powtórzy się historia z jego niezrealizowanym pierwowzorem z Moskwy. Jeśli okazałoby się, że pod gruntem są niewykryte wcześniej źródła, to zaplanowana na trzy lata inwestycja rozciągnie się w nieskończoność. Do Moskwy jedzie w czterech walizkach ziemia wykopana w okolicach Marszałkowskiej, Siennej i Żelaznej. Prasa pisze, że moskiewscy architekci tę ziemię „przesiewali w palcach jak dobry gospodarz ziarno przed siewem: zadecydowali, że dobra, i już było wiadomo, gdzie postawią w Warszawie dar swego wielkiego narodu”[11].

Widok z budynku Polskiej Akcyjnej Spółki Telefonicznej (PAST-y) w kierunku skrzyżowania ulic Marszałkowskiej i Świętokrzyskiej. Widać m.in. ruinę Centrali PKO. Na placu Defilad trwa układanie nawierzchni.

Wszyscy oddychają z ulgą, gdy 28 grudnia 1952 roku Instytut Geologiczny przedstawia nieco bełkotliwą w formie, lecz optymistyczną w treści ekspertyzę: „Budowa geologiczna terenu budowy Pałacu Kultury i Nauki nie stwarza zasadniczych trudności pod względem geologiczno-technicznym dla zaprojektowania, wykonania i konserwacji Pałacu. W szczególności nie przewiduje się nierównych osiadań, które wymagałyby stosowania szczególnych zabiegów wzmacniania lub zagęszczania podłoża, względnie stosowania konstrukcji przewidzianych dla podłoża o wysokiej nietolerancji względem naturalnych warunków posadowienia"[12].

Radości nie kryje też radziecki pełnomocnik do spraw budowy (jego oficjalny tytuł to naczelnik zarządu budowy Pałacu Kultury i Nauki w Polsce). Kilka miesięcy po jej rozpoczęciu opowiada polskim dziennikarzom: „Pod budowę przeznaczono leżące w samym Śródmieściu 36-hektarowe rumowisko porośnięte łopianem, powstałe wskutek zbrodniczych działań hitlerowskiego okupanta. Trzeba było zaczynać od usuwania zwałów zniszczonych zabudowań, potłuczonej cegły i kamienia. Pomagali nam w tym warszawiacy, którzy w wolnych chwilach przychodzili pracować przy odgruzowywaniu"[13].

Gdy w swej książce opisuje dyskusje związane z lokalizacją Pałacu, Wisła myli się mu z Bugiem: „Polscy specjaliści proponowali budowę na lewym brzegu Bugu. Naszym zdaniem to rozwiązanie miało istotną wadę, gdyż budynek straciłby swój miastotwórczy charakter"[14].

Zanim zaczniemy wyśmiewać nieznajomość rzeczy, pamiętajmy, że przeprowadzki przeprowadzkami, ale przed pierwszą studyjną podróżą do Warszawy jesienią 1951 roku Gieorgij Arkadjewicz Karawajew nigdy nie był za granicą.

Misja

Z Polakami zetknął się jednak już wcześniej. Nad Morzem Białym, podczas pierwszej inżynieryjnej misji specjalnej, z jaką wysłały go – wówczas dwudziestopięciolatka – władze.

Na miejscu nie było nic. Osada w obwodzie archangielskim, nazwana Mołotowskiem, dopiero wyrastała pośrodku tundry. Idealna lokalizacja,

Georgij Karawajew, pełnomocnik ds. budowy Pałacu ze strony radzieckiej.

by utrudnić rozpoznanie obcym wywiadom. Między barakami budowniczych przerzucono deski chroniące przed brodzeniem w bagnie. Stoczniowy hangar, w którym miały powstawać pancerniki, wznosili „zakluczeni" – skazani z paragrafu pięćdziesiątego ósmego więźniowie polityczni, w tym obcokrajowcy. Stawiane przez nich domy rosły krzywe, bo lokowano je na palach wbijanych w torf. Nie wszyscy zdołali się przebić aż do twardego gruntu poniżej.

„Nasza budowa przechodziła pod nadzór różnych instytucji, w tym NKWD. Przyszło nam pracować z tak zwanym speckontyngentem. Traktowaliśmy ich po ludzku, w zamian zyskując potrzebną pomoc przy budowach"[15], odnotuje Gieorgij Arkadjewicz Karawajew, specjalność: inżynier hydrotechnik.

We wspomnieniach Polaków więzionych w Mołotowsku jest tylko głód, mróz, szykany ze strony strażników, praca w podartych łachach i kawałkach opon skręconych drutem, służących za buty. Dla wielu z nich przystoczniowa osada, do której od 1940 roku zwożono głównie mieszkańców terenów znad wyznaczonej paktem Ribbentrop-Mołotow nowej granicy, miała być tylko przystankiem w drodze do innych łagrów na Syberii. Będą ustępować miejsca kolejnym – Mołotowsk to idealne miejsce na gułag. Przewinie się przez niego między innymi ojciec przyszłej dziennikarki Teresy Torańskiej, skazany na dziesięć lat za opowiadanie kawałów o sowieckiej władzy.

Gieorgija Arkadjewicza już tam nie spotka. Młody inżynier musiał spisać się w Mołotowsku nieźle, skoro po kilku latach przerzucono go na jeszcze jeden trudny odcinek, tym razem w obwodzie swierdłowskim. Był listopad 1942 roku, Armia Czerwona rozpoczynała kontrofensywę, gromiąc pod Stalingradem wojska niedawnego sojusznika. Radziecki przemysł zbrojeniowy, zwłaszcza lotnictwo, potrzebował lekkiego, wytrzymałego metalu. Budowę Bogusławskiej Fabryki Aluminium objęło specjalną kontrolą NKWD, ale beton nic sobie z tego nie robił i nie chciał schnąć na czterdziestostopniowym mrozie, tylko natychmiast zamarzał. Na wizję lokalną pofatygował się sam wiceminister, by zbadać, kto odpowiada za marnowanie tak potrzebnego surowca. Karawajew, wówczas zastępca głównego inżyniera budowy, jakoś się jednak wywinął, dowodząc, że przy tak niskich temperaturach nawet radziecki specjalista nie zdoła betonu uratować. „No, żywioł to żywioł”[16], mruknął urzędnik, podpisał przedstawiony mu raport i wrócił do Moskwy, pozwalając Gieorgijowi Arkadjewiczowi ochłonąć i wywrzeć wkrótce równie dobre wrażenie na samym Chruszczowie.

Wyczucie sytuacji

„Był zarazem i prosty, i skomplikowany. Jak błyskawica, która może olśnić nagłym błyskiem albo śmiertelnie uderzyć”[17], opowiada z emfazą o Karawajewie jego były współpracownik i zastępca Walentyn Burdin.

Można z tego wywnioskować tyle, że Gieorgij Arkadjewicz musiał mieć temperament choleryka.

„Niewysoki, ostre, badawcze spojrzenie, dociekliwość. Jak już rozgryzał temat, to do samego końca. – Budrin w dalszej części opowieści gubi poetycką frazę. – Najpierw mnie to irytowało, ale po pewnym czasie wspólnej pracy rozgryzłem lepiej jego zachowanie i zaczął mi nawet imponować tym, że jest zdecydowany i konkretny, a jak podejmie jakąś decyzję, to się jej trzyma. Przez swoją niecierpliwość nie lubił dwa razy wydawać poleceń. Mógł wydawać się szorstki, ale potrafił zgodzić się z zastrzeżeniami, czy to ze strony swoich bezpośrednich podwładnych, czy nawet robotnika, jeśli miały realne podstawy”[18].

Przede wszystkim zaś pedant. „Wymagał, by na budowie zawsze i wszędzie było czysto. Bałaganu nie znosił. Nie pobłażał ludziom, którzy nie umieli się w tym względzie dostosować”[19]. Ta właśnie cecha już w 1943 roku miała zwrócić na niego uwagę Chruszczowa, wówczas sekretarza Komitetu Centralnego Wszechzwiązkowej Komunistycznej Partii (bolszewików) na Ukrainie.

Zgodnie z opowieścią samego Karawajewa było tak[20]: najwyższy rangą ukraiński partyjny dostojnik odwiedził z gospodarską wizytą fabrykę traktorów w Charkowie i najwyraźniej zadowolony z inspekcji zaprosił młodego inżyniera, który nadzorował jej odbudowę, żeby wybrał się z nim do kolejnego zakładu. Nie obejrzeli go jednak, bo gdy podjechali pod bramę, drogę zagrodziła im olbrzymia kałuża. „Wyobrażam sobie, jak wygląda kierownik tej fabryki i jaki mają tam porządek”, burknął na ten widok Chruszczow i nawet się nie pofatygował, żeby wysiąść.

Zetknęli się jeszcze w Charkowie kilkakrotnie, bo Chruszczow lubił odwiedzać budowy. Na pożegnanie robił uwagi. Karawajew zawsze przytakiwał i zapewniał, że usunie wskazane usterki, lecz inny dyrektor, a zarazem jego dobry przyjaciel o nazwisku Samarin, słysząc któryś raz z rzędu, że jeszcze można by coś poprawić, zirytował się i rzucił w stronę gościa: „Budowa to nie sanatorium. Nie będziemy tu paradować w białych fartuchach!".

Porywczemu Chruszczowowi to wystarczyło. Zaczął biegać po wszystkich kątach, wskazywać a to śmieci na schodach, a to brud pod płotem i wymieniać poprzednie zaniedbania dyrektora. Samarin stracił robotę.

Karawajew zaś nadal piął się w górę. Krótko potem dostał awans i stanowisko w Moskwie, powierzono mu budowę Pałacu, a gdy wykonał zadanie i wrócił do kraju, mianowano go pierwszym zastępcą ministra budownictwa metalurgicznego i chemicznego. Może po prostu miał szczęście i spotykał właściwych ludzi we właściwym czasie.

„Najwyraźniej taki zwrot w życiu zawdzięczam Chruszczowowi, który zwiedzając budowę Pałacu w Warszawie, zauważył mnie od razu – komentuje w książce dalszy rozwój swojej kariery. – Wdaliśmy się zresztą wtedy w spór na fachowy inżynieryjny temat i choć pierwszy sekretarz komitetu moskiewskiego partii znał się na tych sprawach nieźle, w końcu przyznał mi rację i nie miał pretensji o różnicę poglądów. Przy nim można było nie tylko mieć swoje zdanie, ale również je wyrażać"[21].

Chruszczow, chłopski syn, który dzięki uporowi i intrygom wdrapał się na partyjne szczyty, po wojennych doświadczeniach stracił zaufanie do Stalina i nie był z nim od dawna w dobrych relacjach, choć oficjalnie nie dawał tego po sobie poznać. Został jego następcą. Podczas drugiego zjazdu PZPR, na którym przemawiał, słuchał go również naczelnik budowy Pałacu Kultury i Nauki w Polsce; to, że zaproszono Chruszczowa, potwierdzało tylko wagę, jaką Polacy przykładali do tej inwestycji. Zauważył też, że choć Stalina już nie było wśród żywych, „jego cień nadal był obecny wśród zgromadzonych"[22].

„Wychwalano Stalina w przemówieniach i dopiero zachowanie Chruszczowa, który w nieoficjalnych sytuacjach pozwalał sobie ten kult osłabiać, było powiewem nowego. Myślę, że choć zakończenie tego kultu było nieuniknione ze względu na sam bieg historii, to osobisty impuls do jego zakończenia dał właśnie Chruszczow, który niezbyt lubił Stalina i nie darzył go szacunkiem. Jeśli za życia był zmuszony okazywać mu respekt ze strachu przed popadnięciem w niełaskę, to później, gdy już wraz z innymi pozbył się Berii, dał upust całej nagromadzonej niechęci"[23].

„Przejść przez życie to nie to samo, co przejść przez pole"[24], taką mądrością Karawajew opatrzył ostatni rozdział swojej książki. Chruszczow pewnie by się z nim zgodził.

Troska i wsparcie

O Sigalinie Karawajew pisze: „Był doskonałym specjalistą w swoim fachu. Bardzo troszczył się o to, jak będzie wyglądać w przyszłości jego rodzinne miasto. Blisko współpracowaliśmy, czasem się spieraliśmy, ale zawsze znajdowaliśmy optymalne rozwiązanie"[25].

Pierwsza współpraca polskich architektów i ich radzieckich kolegów sprowadziła się do ustalenia wysokości Pałacu. Rosjanie na czele z Rudniewem są w tym zespole gośćmi – wyprawiono ich na dwa tygodnie do Polski, by jeżdżąc po kraju, zgromadzili obserwacje niezbędne do stworzenia architektury najlepiej oddającej formą polskiego ducha. Polacy mają liczebną przewagę. W konsultacjach uczestniczy kilkanaście najtęższych głów z Biura Odbudowy Stolicy. To zarazem członkowie Komisji Urbanistyczno-Architektonicznej przy naczelnym architekcie Warszawy – funkcję tę, jak pamiętamy, pełni Sigalin.

Gromadzą się razem po praskiej stronie Wisły, w rejonie mostu Śląsko-Dąbrowskiego. Nad lewym brzegiem, w miejscu, gdzie ma stanąć budynek, lata kukuruźnik, niewielki dwupłatowy samolot. Ciągnie za sobą balon. Pilot odbiera informacje od grupy za pomocą radia. Wznosi się stopniowo – najpierw na sto, potem na sto dziesięć, wreszcie na sto dwadzieścia metrów. „Starczy. Tak będzie dobrze dla sylwety Warszawy. Sto, sto dwadzieścia metrów", odzywa się Lew Rudniew.

W polską ekipę wstępuje mocarstwowy duch.

– Wyżej! – wołają. Pilot wnosi się posłusznie. 130, 140, 150 i wreszcie 160 metrów.

„Nas jednak nie tylko jako architektów mających w oczach przyszłe wysokościowce warszawskie, ale jako marzących o przyszłej wielkości swojego miasta warszawiaków ogarnął niepojęty amok wysokości (...). Zatrzymaliśmy się – jednomyślnie – na wysokości 150–160 metrów"[26], napisze po latach Sigalin. Do wieży głównej z nadbudowaną na niej wieżyczką dojdzie jeszcze siedemdziesięciometrowa iglica. Łącznie dwieście dwadzieścia metrów.

„Czemu tak? Może mniej lub bardziej świadomie chodziło o odtworzenie znacznie większej skali nowej Warszawy niż ta, którą wyznaczały przed wojną Prudential, hotel Warszawa czy Cedergren. Tak zapadła decyzja. To za naszą sprawą ta wysokość"[27].

Rosjanie ruszają w trasę. Po Warszawie – Kraków, Toruń, Kazimierz nad Wisłą, Puławy, Płock, Czerwińsk, Nieborów, Kielce, Chełmno, Żelazowa Wola, Tatry. Pstrykają migawki aparatów, w ruch idą ołówki. Po powrocie do Moskwy architekci wyklejają ściany pracowni wielkimi zdjęciami obejrzanych zabytków i charakterystycznych detali i w takim otoczeniu zabierają się do pracy. Od początku wiadomo, że muszą uwinąć się jak najszybciej.

W styczniu 1952 roku magazyn „Sowietskoje isskutswo" publikuje obszerny artykuł o odbudowie Warszawy. Ilustruje go zrobiony dwa lata wcześniej rysunek przedstawiający Centralny Dom Kultury. Naszkicowana przez Jana Knothego bryła jest olbrzymia i przywodzi na myśl przedwojenny niezrealizowany projekt Świątyni Opatrzności Bożej autorstwa Bohdana Pniewskiego. Świecki kościół. Lew Rudniew nie kryje, że szkic podziałał na jego wyobraźnię, podobnie jak wcześniej bryła chełmskiego ratusza. Po czterech miesiącach kierowany przez niego zespół przedstawia Polakom, przybyłym z rewizytą, pięć wstępnych propozycji. Muszą wybrać jedną w dwa dni. Od razu odrzucają dwie, które – jak przyznają sami twórcy – powstały zupełnie na łapu-capu

Ale żadna z trzech pozostałych nie budzi jednoznacznego zachwytu. Kojarzą się też zbytnio ze zburzonym w dwudziestoleciu międzywojennym, tuż po odzyskaniu przez Polskę niepodległości, soborem na placu Saskim, symbolem zniewolenia kraju przez Rosję. Sigalin konsultuje się Bierutem. Ten daje mu wolną rękę w rozwiązaniu problemu. Polacy delikatnie sugerują: „Trzeba jednak również stwierdzić, że formy takiej nie spotkaliśmy dotąd w architekturze polskiej, stąd pewne nasze obawy, czy dobrze ona »wyszłaby« w Warszawie[28]".

Pod presją czasu przybysze decydują się na wariant przypominający wieżę. Źródeł inspiracji łatwo się domyśleć – to skrzyżowanie Świątyni Opatrzności z ratuszem w Chełmnie. Ekipa z Warszawy delikatnie sugeruje, że samotna wieża o tak dużej wysokości może wyglądać dziwacznie, a więc trzeba ją obudować. Lecz co do tego, ile dokładnie ma mierzyć, wciąż nie ma zgody. Sigalin chciałby dwieście dziesięć metrów, inni sto siedemdziesiąt, sto osiemdziesiąt. Także w kwestii dokładnego usytuowania wieżowca względem ulicy Marszałkowskiej pojawia się rozdźwięk. Rosjanie upierają się, żeby odsunąć go jak najbardziej, pozostawiając przed nim wielki plac, bo tak wysokiej budowie potrzebny jest oddech, a przechodniom trzeba dać szansę podziwiania Pałacu w całej okazałości bez zadzierania głowy. Zdaniem Polaków gmach zostanie wskutek tego odizolowany od reszty Śródmieścia, a co gorsza, stworzy w centrum lukę przestrzenną o nieludzkich i niewarszawskich wymiarach, większą nawet od już ukończonego placu Marszałkowskiej Dzielnicy Mieszkaniowej.

Gdy po czterdziestu ośmiu godzinach gotowe są ostateczne wersje projektu, poprawione zgodnie z sugestiami, jedni i drudzy zgadzają się, że najlepiej wygląda wariant przedstawiający budynek z jedną wysoką wieżą i powiązanymi z nią czterema bocznymi, których skala jest dostosowana do zabudowy, jaka w przyszłości otoczy Pałac. Rosjanie przyznają, że nie wpadliby na taki pomysł, gdyby nie krytyka i pomoc polskich architektów. Resztę ustali się w Warszawie. Karawajew podpisuje protokół.

Warszawska narada, w tym samym składzie, lecz w obecności przedstawicieli rządu, trwa osiem godzin, a jej zapis zajmie sto pięćdziesiąt stron.

Wicepremier Stefan Jędrychowski, otwierając obrady, mówi o Pałacu: „Będzie trwałym symbolem niewzruszonej przyjaźni polsko-radzieckiej, a zarazem będzie on najbardziej monumentalnym dziełem sztuki i dziełem nowoczesnej techniki w naszej odrodzonej stolicy”[29].

Tu już nie ma miejsca na kontrowersje. Igor Rożyn, przedstawiając projekt, zamyka sprawę ogromnego placu otaczającego Pałac: „Chcielibyśmy, aby miejsce to stało się ulubionym miejscem warszawiaków, takim, jakim są obecnie Łazienki, ażeby warszawiacy tutaj przychodzili, spacerowali, odpoczywali, by tu bawiły się dzieci, tryskały fontanny”[30].

Dyskusja przenosi się na detale. Podkreślając, że uznają Pałac za arcydzieło, Polacy zauważają jednak, że bryła gmachu przypomina trochę piramidę, inni nieśmiało sugerują, że może jest zbyt bujnie, zbyt barokowo. Architektów warszawskich niepokoi też, że zbyt wiele narodowych elementów zdobiących Pałac jest wzorowanych na architekturze Krakowa, jakby radzieccy twórcy znajdowali się głównie pod jego wpływem. A przecież skoro Pałac staje w Warszawie, powinno się przynajmniej w równym stopniu uwzględnić jej tradycję architektoniczną.

Możliwe, że co odważniejsi używają tego ostatniego argumentu jako fortelu, żeby skłonić projektantów do uproszczenia dzieła.

Włącza się Rudniew, bardziej jako malarz niż architekt: „Zaznajomiwszy się z charakterystycznymi cechami planu przyszłej Warszawy, jak również biorąc pod uwagę cechy charakterystyczne z przeszłości Warszawy, doszliśmy do wniosku, iż projekt ten musi mieć na celu stworzenie jednolitego obrazu, obrazu piękna, który łączyłby się w jedną całość architektoniczną i stanowił łączność ze starą Warszawą. (...) Gmach ten w swej szczytowej części jakby rozpływa się w powietrzu, tak jak śpiew Ewy Bandrowskiej-Turskiej z ciszy przechodzi do najwyższych, krystalicznych dźwięków, tak i tutaj, my też w budowie tego gmachu musimy dążyć do wytworzenia lekkości formy. (...) Jeśli chodzi o styl, to jest on rezultatem epoki i pomieszanie stylów nie jest tu straszne, bo znajomości architektury polskiej nie należy ograniczać tylko do Warszawy czy innego miasta, bo chodzi o architekturę narodową, a więc jeszcze i wiejską”[31].

Edmund Goldzamt, główny piewca socrealizmu, zauważa czujnie: „Musimy mocno przekontrolować siebie i zanalizować, o ile w naszych uwagach widoczna jest troska o kompozycję całości, o ile zaś może nieświadomie jest wyrazem konstruktywistycznych i futurystycznych nastrojów. Należy pamiętać, że w ciągu długich lat my nastawialiśmy naszą architekturę na gusta mieszczaństwa i snobów, ludzi, w których tkwiła wstydliwość wobec głębi uczuć, wobec emocjonalności i ich wyrażania. (...) My budujemy dla prostego ludu (...) Gdyby ten gmach oddać teraz pod sąd Narodu, to Naród będzie na pewno zadowolony, że gmach ten jest bogaty, a głos ludu to jedyne dla nas kryterium”[32].

Polscy architekci głowią się, jak rozwiązać drażliwą kwestię zabudowy otoczenia Pałacu, tak by nie urazić radzieckich kolegów. Pośrodku Józef Sigalin, pełnomocnik ds. budowy po stronie polskiej.

„Zagadnienie detali – to drobna sprawa w porównaniu do całości budynku i jego znaczenia w mieście – dorzuca jeszcze na wszelki wypadek Józef Sigalin. – W dyskusji padały różne głosy, ze wszystkich jednak przebijała wielka troska o to, ażeby budynek, który stanie w centrum miasta, był pozbawiony najdrobniejszej wady. Mam wrażenie, że towarzyszom radzieckim właśnie chodzi o tego rodzaju wypowiedzi"[33].

Rosjanie uprzejmie słuchają. Na koniec znów głos zabiera Rudniew: „Pozwólcie, abym na zakończenie konferencji w imieniu delegacji architektów radzieckich złożył wam podziękowanie za wysoką ocenę pracy naszego kolektywu przy sporządzaniu projektu tego gmachu. Korzystam ze sposobności, by szczególnie podziękować towarzyszom Sigalinowi, Skibniewskiemu, Stępińskiemu i Wierzbickiemu, którzy będąc u nas, w Moskwie, poczynili szereg cennych uwag, z których skorzystali nasi autorzy w swej pracy i które pomogły wprowadzić znaczne ulepszenia (...). Pozwólcie, żebym uważał wygłoszone tu przez was przemówienia za aprobatę w zasadzie zgłoszonego przez nas projektu gmachu"[34].

Dwa dni później, po znacznie krótszej prezentacji projektu przez Gieorgija Arkadjewicza Karawajewa, w obecności Józefa Sigalina, polski rząd z Bierutem na czele przyjmuje projekt bez zastrzeżeń. Pod dokumentem podpisuje się prezes Rady Ministrów Józef Cyrankiewicz.

Nadzorca

W wersji Karawajewa Bierut z Cyrankiewiczem jawią się nie jako typowi aparatczycy, lecz dobrotliwi kumple na wyższym szczeblu, „przystępniejsi i bardziej bezpośredni w kontaktach niż przedstawiciele władz, których znałem w Związku Radzieckim"[35].

I znów dowód na ludzką twarz decydenta, tym razem Cyrankiewicza, w postaci historii o radzieckim spawaczu, który pochłonięty robotą nie odnotował wizyty ważnych gości, i niepomny, że właśnie przechodzą obok, „rosyjskim zwyczajem" zaklął siarczyście, bo sprzęt akurat odmówił mu posłuszeństwa.

„Podnosi spawarkę, a przed nim stoją, uśmiechając się, polscy przedstawiciele władz. Spawacz trochę się speszył i zaczął narzekać, że przywieziono mu słabe elektrody, bo wyraźnie trzeszczą i kopcą. Cyrankiewicz spojrzał na niego i mrugnąwszy porozumiewawczo, odparł: – Wystarczy zakląć po rosyjsku i od razu się naprawią”[36].

Anegdota o dobrym partyjnym funkcjonariuszu nie miałaby jednak większego znaczenia, gdyby nie dalszy ciąg. Spawacz, zmieszany, spuścił głowę, gdy zaś delegacja przeszła dalej, Cyrankiewicz wezwał jednego z polskich pracowników odpowiedzialnych za zaopatrzenie w materiały tamtej części budowy i cicho, lecz stanowczo powiedział: „Nie budujemy tutaj szopy, tylko Pałac. Muszą być dostarczane elektrody lepszej jakości!”[37].

I odtąd, rzecz jasna, wszystko było jak należy.

W rzeczywistości, jak wynika z zachowanych protokołów, naczelnik Zarządu Budowy Pałacu Kultury i Nauki w Polsce dziwi się trochę, że Polacy bez szemrania przyjmują wszystkie sugestie Rosjan. Jeśli już zgłoszą jakieś uwagi, to dotyczące drobiazgów. Nie kwestionują za to najważniejszych propozycji, które mogą wpłynąć na dalszy przebieg robót, jakby się bali, że wyrażając wątpliwości, proszą się o kłopoty.

Zgodnie z międzyrządową umową z kwietnia 1952 roku, Związek Radziecki finansuje budowę i dostarcza materiały, z wyjątkiem tych, które w Polsce kosztują mniej, niż wyniosłyby koszty ich transportu z ZSRR. Wzajemne rozliczenia prowadzi nowo utworzone przedsiębiorstwo handlu zagranicznego o nazwie DAL.

Pałac ma wznosić od trzech i pół do pięciu tysięcy radzieckich robotników wspomaganych przez cztery tysiące Polaków „o wysokich kwalifikacjach zawodowych, politycznie pewnych i o czystym obliczu”[38], podsyłanych bezpośrednio przez zjednoczenia budowlane, z ominięciem urzędów pracy.

Polscy fachowcy jednak nie kwapią się jakoś do podejmowania pracy na najważniejszej budowie Warszawy. Prestiż to furda, liczą się pieniądze, które są mniejsze niż gdzie indziej, obowiązują bowiem radzieckie stawki. A konkurencja w podnoszonej z gruzów Warszawie jest ogromna. Karawajew, słysząc o kłopotach z naborem i licznych rezygnacjach, proponuje wprowadzić specjalny dodatek za roboty na wysokości, wynoszący piętnaście procent poborów, jako rekompensatę za niższe wynagrodzenie. „Przedstawcie to jako waszą inicjatywę”[39], mówi polskim kierownikom.

Klamka zapadła. Premier Józef Cyrankiewicz i ambasador ZSRR Arkadij Sobolew, reprezentujący fundatorów Pałacu, w obecności prezydenta Bolesława Bieruta (siedzi) podpisują 5 kwietnia 1952 umowę o budowie. Gmach ma zostać wzniesiony w całości na koszt Związku Radzieckiego i pod jego patronatem. Szczegóły obciążeń, jakie miała ponieść w związku z przyjęciem daru strona polska, sprecyzowano dopiero kilka miesięcy później. Nie był to prezent całkowicie bezkosztowy.

Zależy mu, żeby oddać Pałac pod klucz na tyle szybko, by mógł osobiście dopilnować dokończenia wszystkich prac. Choć z końcem 1953 roku udaje mu się wreszcie ściągnąć do Warszawy Ninę razem z synami, szybko znów się okazuje, że nie będzie im dane osiąść nawet na dwa lata w jednym miejscu. Tuż po wizycie Chruszczowa zostaje zastępcą ministra budownictwa przemysłu metalurgicznego i chemicznego ZSRR.

Końcówkę budowy nadzoruje już z Moskwy, przyjeżdżając na miejsce, jak często się da.

„Otwierają się szeroko piękne, ozdobne podwoje Pałacu"[40], donosi „Trybuna Ludu" w lipcu 1955 roku. 21 lipca Karawajew, dumny i podekscytowany, stoi na trybunie honorowej, nadstawiając pierś do orderów. Jak wszyscy, czeka na godzinę szesnastą, gdy do stołu ustawionego pod Pałacem podejdą Józef Cyrankiewicz i radziecki ambasador Pantelejmon Ponomarienko. Podpisują protokół uroczystego przekazania gmachu w darze narodowi polskiemu. Jeszcze toasty, gratulacje, pożegnania i trzeba wracać do siebie, wioząc w walizce między innymi Order Lenina, Order Odrodzenia Polski oraz odznaczenie „Budowniczy Pałacu Kultury i Nauki".

„Do widzenia, Warszawo, tu zostawiłem kawałek serca[41]", podsumowuje cokolwiek rzewnie zamknięcie tego rozdziału życia we wspomnieniach.

Walentyn Burdin, zastępca w ministerstwie: „Dla Karawajewa najważniejsza była praca. Nawet miejsca urlopu wybierał sobie tak, żeby już po trzech dniach odpoczynku móc odwiedzić jakąś budowę"[42].

Rozterki

Jedyną osobą, która się ucieszyła, gdy Gieorgij Arkadjewicz przeszedł na emeryturę, była Nina Karawajewa.

Pracoholicy na emeryturze się nudzą, więc i on, siedząc w swoim moskiewskim mieszkaniu, szybko znajduje sobie robotę: zaczyna spisywać wspomnienia. Książka zatytułowana „Narodziny wysokościowca" ukazuje się w niewielkim nakładzie. Na okładce futurystyczny szkic, w którym można się dopatrzeć zarysów Pałacu.

Oprócz wspomnień z budowy i technicznych szczegółów, Gieorgij Arkadjewicz przytacza w niej historię, jak to w latach sześćdziesiątych, podróżował znów po całym Związku Radzieckim, od jednej powstającej fabryki do drugiej. Po pierwszym awansie czekał go wówczas następny – na ministra budownictwa.

„Czemu nie protestowałem przeciw tym ciągłym zmianom? W tamtych czasach było to dla mnie czymś oczywistym, więc zupełnie się nad tym nie zastanawiałem. Zresztą specjalista, członek partii, nie mógł decydować o swoim losie. Gdzie posłała partia, tam szliśmy my, komuniści. Może lepiej, gdy człowiek sam wybiera sobie pracę, wtedy może trwale zaangażować się w jedno zadanie. Z drugiej strony, skoro tak często przerzucano mnie z miejsca na miejsce, to znaczy, że byłem potrzebny"[43].

W końcu jednak zwątpił w swą przydatność.

Odsyłając go z honorami na emeryturę, po podziękowaniach za zaangażowanie na rzecz partii i ojczyzny, przewodniczący Rady Państwa Nikołaj Ryszkow uścisnął mu dłoń i powiedział: „Czekajcie na telefon. Wasze doświadczenie na pewno się przyda"[44]. Od tamtego czasu minęło wiele miesięcy, a telefon wciąż nie zadzwonił.

Dorobek

Pierwsza umiera Nina Karawajewa. Ma osiemdziesiąt trzy lata, tyle co mąż.

„Pięć przeprowadzek to jak jeden pożar, ale z miłym raj i w szałasie[45]" – zapisał w książce Karawajew.

Synowie narzekają, że nie zadbał o rodzinę. Mógłby z ministerialnej pensji kupić choćby działkę i postawić na niej daczę, żeby czuli się zabezpieczeni, jak go kiedyś zabraknie. A tak dostaną w spadku tylko dwupokojowe mieszkanie w Moskwie, to samo od lat.

Powrót

Co robi emerytowany inżynier i były minister, gdy zmęczy go już przebywanie z bliskimi, pisanie wspomnień i wizyty w dawnej fabryce?

Jeździ jako gość honorowy tam, gdzie go zaproszą.
Warszawa śle zaproszenia średnio raz na pięć lat.

Georgij Karawajew podczas ostatniej wizyty w Warszawie podziwia obecny wygląd wnętrza. Po prawej kronikarka Pałacu Hanna Szczubełek, po lewej – Hanna Mielcarz, przewodnicząca związku zawodowego pracowników Pałacu.

Po raz pierwszy odwiedza Pałac w 1965 roku, na jubileusz dziesięciolecia, jeszcze jako wiceminister. Taszczy do wnętrza dwie skórzane teczki wypchane rosyjską wódką. Po nudnych oficjałkach w Kongresowej wypija je w piwnicy razem z dawnymi podwładnymi.

Niemal trzydzieści lat później, gdy Hanna Szczubełek, kronikarka Pałacu, zatrudniona w nim od dziewiętnastego roku życia, odbiera faks z informacją, że na zaproszenie minister budownictwa Barbary Blidy do Warszawy przyjedzie z trzydniową wizytą Gieorgij Arkadjewicz Karawajew, poza nią prawie nikt z pracowników nie zna już tego nazwiska.

Witają gościa w hallu. Przekazano im, że chciał przyjechać, bo martwił się, jak radzi sobie Pałac w nowym ustroju.

– Trzyma się świetnie! – komplementuje budynek.

– Gdyby nie ten bazar dookoła – wyrwie się komuś.

Plac Defilad zmienił się od ostatniej wizyty Karawajewa. Zajmują go polowe łóżka i blaszane budy, w których można dostać wszystko, od ubrań i smażonych na miejscu sajgonek po elektronikę z przemytu.

– Gdyby handel uliczny w Moskwie był na takim poziomie, cieszyłbym się – odpowiada Karawajew dyplomatycznie.

Jadąc na górę, zwraca uwagę na nowoczesny, już nie radziecki typ windy. W pokoju czekają słodycze i kawa, ale gość nie zdejmuje płaszcza. Wszyscy patrzą wyczekująco.

– Zaraz to zrobię, ale boję się, że was wystraszę – mówi Karawajew.

Teatralnym gestem zsuwa okrycie. Na granatowym garniturze pobłyskuje pięć rzędów różnokolorowych baretek, a nad nimi lśni Gwiazda Bohatera Pracy Socjalistycznej. Na wstędze przewieszonej przez szyję – Krzyż Komandorski Polonia Restituta, a na lewej piersi Gwiazda Orderu Odrodzenia Polski.

Hanna Szczubełek jest zachwycona. Zawsze lubiła ludzi z poczuciem humoru. Zabiera Karawajewa w obchód. Trzydziesta kondygnacja, Kongresowa, piwnice. W dyspozytorni gość się wzrusza, patrząc na urządzenia z oryginalnymi rosyjskimi napisami. W odwiedzanych salach przejeżdża dłońmi po marmurach i stiukach. Spotkanym po drodze pracownikom jego przewodniczka przekazuje to samo pytanie:

– Czy Pałac jest potrzebny?

– Ależ tak, oczywiście – mówią, a on znów się cieszy.

Wódka z cyrylicą na etykietach, którą raczyli się budowniczowie Pałacu, wraca w nowej, bogatszej odsłonie – handel alkoholem zza wschodniej granicy na placu Defilad, kwiecień 1994.

Jadą jeszcze na Wolę, gdzie na prawosławnym cmentarzu, w kwaterze dwudziestej pierwszej, pochowano trzynastu budowniczych Pałacu i dwoje ich dzieci.

– Jakie zadbane – dziwi się.

Przyklęka przed pierwszym rzędem nagrobków. Spisuje z nich nazwiska, wyjaśniając, że chciałby odszukać rodziny zmarłych i przekazać im, gdzie leżą ich bliscy. Zdziwionym pracownikom Pałacu, towarzyszącym mu w eskapadzie, tłumaczy, że w tamtych czasach nie było w zwyczaju informować rodziny robotników nie tylko o miejscu pochówku, lecz nawet o śmierci bliskich.

Wchodzą do przycmentarnej cerkwi. Sprzątająca w niej dziewczyna, dowiedziawszy się, kim jest Karawajew, oprowadza go po wnętrzu. Gość zapala świeczkę przed każdą ikoną. Hanna Szczubełek zapisze w swoim dzienniku, że szepnął jej: „Byłem komunistą, z konieczności ateistą, ale zawsze wierzyłem"[46].

Na pożegnanie namawia go, żeby przyjechał za rok.

– Pałac, nasze wspólne dziecko, skończy wtedy czterdzieści lat. To doskonała okazja – mówi.

Jest uparta i po kilku miesiącach na moskiewski adres Gieorgija Karawajewa przychodzi list zawierający najnowszy folder o Pałacu i oficjalne zaproszenie.

List wraca z adnotacją „adresat nieznany" i Hanna Szczubełek domyśla się, że tym razem nie chodzi o kolejną przeprowadzkę.

Rodzina Pałacu nie ogranicza się do moskiewskich krewniaków. Ich kopie wyrosły mniej więcej w tym samym czasie w kilku innych stolicach należących do imperium albo sojuszników ZSRR – w Rydze, Kijowie, Bukareszcie i Pradze. Są równolatkami Pałacu albo przynajmniej zaliczono by je do tej samej grupy wiekowej. Dwa z nich – kijowski i praski – przypominają go posturą. Bukareszteńskiemu i ryskiemu nie starczyło energii do wzrostu, za to rozdęły się na boki. Ten w Bukareszcie, zaprojektowany przez Horię Maicu, i tak dzięki swoim stu czterem metrom stał się najwyższym budynkiem w mieście, a jego podobizną ozdabiano przez pewien czas banknoty stulejowe. Jego oficjalna nazwa – Dom Wolnej Prasy – zakrawała na kpinę, bo służąc za siedzibę kontrolowanych przez cenzurę redakcji wszystkich gazet i czasopism, z wolną prasą miał tyle wspólnego, co nic. Mówiono o nim więc raczej „Pałac Iskry" – od tytułu oficjalnego dziennika partii komunistycznej.

Z ryskim, też dość pękatym i przez to mniej majestatycznym, sprawa miała się inaczej, a jak to wśród krewniaków bywa, odbijają się w niej inne pałacowe historie. Wyznaczono mu miejsce po drugiej stronie rzeki, za dworcem kolejowym, trzymając z dala od historycznego centrum – dziś ten widok pozwala sobie wyobrazić, jak skromnie mógł przycupnąć z boku warszawski Pałac, gdyby wybrano dlań praską lokalizację. Trójka jego twórców głowiła się nad deską kreślarską, by zrobić jak najmniejszą krzywdę miejskiej panoramie i upodobnić jego wieżę do wież Starego Miasta. Podczas prac towarzyszył mu również Pałac widmo, jego nigdy nienarodzony poprzednik, którego kształty nakreślili zwycięzcy przedwojennego konkursu na przebudowę ryskiej starówki.

Początkowo miał być Pałacem Rolników – a ściślej, Kołchoźników. Planowano, że pomieści kołchoźnicze centrum kształcenia, dwie sale konferencyjne i laboratoria dydaktyczne, a do tego salę wystawienniczą, bibliotekę i hotel. Główna sala konferencyjna miała być udekorowana portretami radzieckich luminarzy nauki. Jednak choć do budowy zaangażowano, a jakże, najlepszych architektów i rzemieślników, takich jak legendarny dekarz Samuils Karpuss, który ponoć potrafił zwijać blachy jak papier i nigdy nie pracował w rękawiczkach, podobnie jak inne Pałace z rodziny, nie chciał powstać tak szybko, jak wyobrażałyby to sobie władze. Stalin nie doczekał jego otwarcia. Po jego śmierci, gdy budowa weszła w ostatnią fazę, stało się jasne, że rolnicy nie dadzą rady kolektywnie zarządzać obiektem takich rozmiarów. W dodatku nowy radziecki przywódca Chruszczow twierdził, że naukę rolniczą należy rozwijać na wsi. Inwestycja stała się bezcelowa, więc szybko zmieniono jej przeznaczenie. Został siedzibą Łotewskiej Akademii Nauk.

Wzniesiono go w zasadzie na grobach – w miejscu, gdzie stanął, jeszcze z początkiem XIX wieku znajdował się niewielki luterański kościół z przyległym cmentarzem. Pod budowę rozebrano też kilka rzędów drewnianych domów, typowej zabudowy w tej okolicy nazywanej Moskiewskim Przedmieściem. Być może jej nazwa ostatecznie zdecydowała o umiejscowieniu Pałacu właśnie tam.

Nikt jednak nie potrafi precyzyjnie określić, kiedy oddano go do użytku – odbywało się to etapami, a radzieckim dokumentom trudno stuprocentowo zaufać. Jeden z naukowców, Witalij Kozłowski, który zaczął pracować w gmachu w 1958 roku, wspomina: „Wewnątrz nigdy nie brakowało powietrza, zwłaszcza w zimne, słoneczne dni. Nic dziwnego, skoro wysokość pomieszczeń sięga sześciu metrów. Korytarze były szerokie, czyste. Codziennie je odkurzano, raz na dwa tygodnie odbywało się froterowanie parkietów. Ten, kto to urządził, zapomniał jednak o koszach na odpadki, których na całą Akademię przypadało może ze trzy. Choć niedopałki nie wyglądają najlepiej na tak luksusowej podłodze, ostatecznie tam lądowały, bo nikt nie lubi chodzić z niedopałkiem w kieszeni"*.

Mieszkańcy szybko nazwali go „tortem urodzinowym Stalina", „Stalinem baroku", „zębem Stalina", „Kremlem" i tak dalej, choć architekci zadbali przecież, by nadać mu cechy narodowe w postaci stylizowanych ozdób, takich jak słońce, igły sosnowe, girlandy z liści dębu.

Gdy Łotwa odzyska niepodległość, społeczeństwo będzie się zastanawiać, co począć z Pałacem. Ktoś rzuci hasło, by zburzyć, inny – by podarować społeczeństwu. W końcu miał służyć nauce, więc niech przeniosą się do niego wszystkie naukowe instytucje z całego miasta. Tak też się stanie, ponieważ jednak łotewska nauka mocno podupadła, wysokościowiec w nowej roli nie zyska należytego prestiżu. Reklamy będą więc kusić firmy do urządzania imprez na najwyższym piętrze. W końcu nie ma to jak kieliszek szampana na tarasie widokowym, gdzie – jak pisał ujawniający poetyckie talenty architekt Apsitis – „wspiąwszy się po wąskich schodach, można zasiąść jak w gnieździe i podziwiać miasto z poziomu chmur"**.

* Undīne Adamaite, *Nams ar rakstu-ru*, „Diena", 8 lutego 2009, http://www.diena.lv/sabiedriba/nams-ar--raksturu-650563.

** Tamże.

3. Przed

Zaparkował tuż przed Pałacem jak współczesny wóz Drzymały. Oznajmił obecność rzędem stylizowanych liter na karoserii: „W tym miejscu do 1944 r. stała kamienica Wielka 4".

Całodobowy punkt z jedzeniem na wynos w przyczepie przy placu Defilad, pod szyldem Wielka 4. Drogowskaz, sygnał dla wszystkich, których władze Polski Ludowej pozbawiły gruntów, by potem przeznaczyć je pod Pałac: wróciłem na swoje, wam też może się udać.

Historia od początku zdaje się więc układać w zgrabną całość – jest tragedia wojny, jest krzywda, święty akt własności, nierychliwa sprawiedliwość, zadośćuczynienie.

Jest i nieufność, którą skądinąd łatwo zrozumieć. Głos w słuchawce:

– O Wielkiej wypowiada się tylko szef. Przekażę. Czy oddzwoni? Nie mogę obiecać.

Węgiel i tory

Na planie z 2014 roku Pałac jest szary, przestrzeń wokół ma kolor dojrzałej cytryny, pocięto ją na nierówne kawałki. Oznaczają działki. Zaznaczone też na szaro, ale jaśniejszym niż Pałac odcieniem – to własność prywatna. Na szaro i w paski – użytkowanie wieczyste. Mało ich. O zwrot znajdujących się tutaj kiedyś gruntów stara się na razie około czterdziestu osób. Monotonię barw tego fragmentu Śródmieścia, poza jaskrawym punktem od strony ulicy Emilii Plater, rozbija tylko różowa wstęga na południu, opasująca ciąg torów. Jedyny rejon, którego nie dotyczą roszczenia. Na długo przed ostatnią wojną należał do kolei, która stworzyła to miejsce, nadała mu znaczenie i obecny charakter.

Niecałe dwieście lat wcześniej w rejonie dzisiejszego skrzyżowania Marszałkowskiej i Alej Jerozolimskich nie słychać wielkomiejskiego gwaru, tylko świergot ptaków i szum wody w gliniankach. Pną się w górę drzewa w sadach, pachną topole, lipy i jabłonie, ludzie uwijają się przy uprawach. Zabudowań wokół niewiele – trochę warsztatów, parterowe drewniane domki. Okazalszych budynków jest zaledwie kilka, wyróżnia się wśród nich dworek Antoniego Małachowskiego nazywany Pod Filarkami i eklektyczna willa radcy stanu Jana Mitkiewicza przy ulicy Chmielnej 53, między Wielką a Sosnową, z wieżyczką przywodzącą na myśl zameczki Anglików. Gazety w Królestwie Polskim dawno już obwieściły narodziny dynamicznego wieku pary i elektryczności, lecz tutaj, z dala od placów Zamkowego, Saskiego i Teatralnego, gdzie koncentruje się handel i serce stolicy bije najżywiej, cisza, czas snuje się leniwie, jak na wsi. Przedmieście.

Przedsiębiorczy hrabia Henryk Łubieński, wiceprezes Banku Krajowego, sprawujący nadzór nad górnictwem w Królestwie, czuje jednak ducha rewolucji przemysłowej. Wie, że bez jej wynalazków nie da się sprawnie zaopatrywać warszawskiego przemysłu w węgiel. Trzeba jak najszybciej połączyć miasto z najbliższymi kopalniami drogą żelazną. Zaraża pomysłem dwóch znajomych, którzy wchodzą z nim do spółki. Po roku zabiegów u władz uzyskują zezwolenie na budowę. Rząd, uświadomiwszy sobie tempo kolejowych inwestycji rozpoczętych w sąsiednich państwach, zatwierdza projekt. Drzewa owocowe pękają pod ciosami siekier, robotnicy rozkopują grunt i usypują perony. Grządki ustąpią miejsca podkładom i torom.

14 czerwca 1845 roku pierwsi pasażerowie, na tyle odważni, by wsiąść do ciągniętych parowozami wagonów, wyruszają świeżo otwartym odcinkiem drogi żelaznej warszawsko-wiedeńskiej w podróż do Grodziska. Przejażdżka – „jakby lotem ptaka”[1] – trwa czterdzieści pięć minut. Przed odjazdem oglądają wnętrza dworca, też oddanego właśnie do użytku. Stanął przy ulicy Jerozolimskiej, u zbiegu z Marszałkowską. Architekt, spolszczony Włoch Henryk Marconi, już sławny w Warszawie, wykoncypował sobie, że gmach ma przypominać wyglądem stykające się z sobą tyłem parowozy, i zwieńczył go po bokach dwoma wieżami, każda o wysokości trzech pięter, symbolizującymi kominy pojazdów. Wschodnią ozdobiono dużym zegarem, w zachodniej mieści się telegraf. Z dwupiętrowym budynkiem głównym łączą je niższe oficyny. Znawcy stylów architektonicznych mówią, że dworzec jest mieszanką renesansu z barokiem. Całość długaśna (rozciągałaby się

między placem przy stacji metra Centrum a zabudowaniami dworca Śródmieście), ma sto sześćdziesiąt metrów, dokładnie tyle, ile przeciętny pociąg. Jest dworcem czołowym – można stąd wyruszyć tylko w jednym kierunku. Gdy powstanie pierwszy stały most drogowy na Wiśle, podróżujący na wschód będą dowożeni do dworców po praskiej stronie Wisły „ropuchą", czyli tramwajem konnym o nieco pokracznych kształtach. Tutaj też kończą się węższe tory europejskie. Na Pradze są szerokie, rosyjskie.

Trasa rozwija się w błyskawicznym tempie. Już pół wieku później wagony Kolei Warszawsko-Wiedeńskiej, początkowo kursujące tylko do Grodziska w niedziele i święta, po dociągnięciu torów do linii na Kraków i Górny Śląsk, rozwożą podróżnych ze stolicy do głównych miast Europy. Stąd powieściowy subiekt Rzecki chce udać się na Węgry, ale rezygnuje, nie mogąc rozstać się z Warszawą („rzeczy odebrałem z kolei dopiero na drugi dzień, gdyż zajechały aż do Piotrkowa"). Zaskoczony popularnością kolejowych podróży może czuć się tylko inicjator całego przedsięwzięcia, hrabia Łubieński. Nie spodziewał się, że jego pomysł, przewidziany jako wsparcie dla gospodarki, zaowocuje aż takim wzmożeniem ruchu pasażerskiego. Węgiel zacznie docierać nową linią do miasta dopiero sześć lat po jej otwarciu.

Bliskość dworca ożywia okolicę. Po cichym przedmieściu zostało tylko wspomnienie. Z końcem wieku wieża z zegarem służy za główny punkt orientacyjny w tej części miasta, do której przesuwa się centrum handlowe z okolic placu Teatralnego. Po obu stronach ulic Marszałkowskiej i Jerozolimskiej wyrastają regularne rzędy wielopiętrowych kamienic czynszowych. Tak tworzy się zabudowa kwartału, w którego obrębie biegną równoległe do Jerozolimskiej ulice Chmielna, Złota, Sienna, Śliska i Pańska, krzyżując się między Marszałkowską a Twardą z Zielną, Wielką i Sosnową; na styku z Komitetową i Mariańską. Wartość gruntów w sąsiedztwie linii kolejowej szybko rośnie. Na zachód od Sosnowej jeszcze jest skromnie. Rzędy pospolitych czynszówek przeplatają się tam z fabrykami i warsztatami. Im bliżej Marszałkowskiej, tym bardziej elegancko, przybywa reprezentacyjnych lokali i sklepów. Architekt Marconi doskonale przewidział koniunkturę, przed rozpoczęciem budowy dworca stawiając po drugiej stronie ulicy własną willę.

Dworzec Wiedeński (inaczej: Warszawsko-Wiedeński) projektu architekta Henryka Marconiego, zbudowany u zbiegu Alei Jerozolimskich i Marszałkowskiej w 1845 roku, z charakterystycznymi wieżami przypominającymi kominy parowozu. Stąd warszawiacy wyruszali w podróż m.in. do Krakowa i Wiednia. Dworzec działał krótko, bo tylko do lat 30. XX wieku. Rozebrano go w przededniu drugiej wojny światowej – miał ustąpić miejsca monumentalnemu Dworcowi Głównemu. Dziś w tym miejscu znajduje się stacja metra Centrum.

Ale ruch na torach zwiększył się teraz tak bardzo, że dworzec okazuje się zbyt ciasny. Poza tym zestarzał się, przestał się podobać, bo jego bryła jest śmiesznie staroświecka. Trzeba wznieść nowy.

Ślady

Odtworzyć wygląd i topografię wyrosłego na tyłach dworca kwartału, ograniczonego od północy tak zwanym Pociejowem, czyli placem Grzybowskim z przyległościami, gdzie skupiał się warszawski handel żelastwem, ulicą Sosnową od zachodu i Marszałkowską od wschodu, jest równie trudno, jak zreferować ze szczegółami prześniony sen. Tam pamięć podsuwa najważniejsze epizody, tu wyłaniają się tylko niektóre, zwykle pojedyncze budynki, gdzieniegdzie zamajaczy zarys, ozdobny detal, fragment parteru. Reszta ginie w gęstej mgle.

Najgorzej z ulicą, która znikła zupełnie, razem z nazwą. Został po niej zatopiony w asfalcie kawałek metalu z napisem: „Tu była ulica Wielka", lecz wpatrywanie się weń niewiele pomoże. By zorientować się, jak przebiegała, trzeba zostawić za sobą plac z Pałacem oraz znacznikiem i ruszyć na drugą stronę Alej Jerozolimskich, a stamtąd Poznańską aż do Koszykowej. Historycznie to druga, południowa część Wielkiej, dziś ulicy widma. Dworzec Kolei Warszawsko-Wiedeńskiej przeciął ją na pół; fragment na północ od niego ciągnął się aż do Bagna i Chmielnej. Dla odróżnienia drugi, południowy kawałek, nazywano z początku Nowowielką.

W 1854 roku przy Wielkiej stoi już siedem kamienic. Ich właścicielami są Dobrzański, Bogdański, Głodowski, Fontaliński, Czepiński, Żyżniewski. Nazwiska ich mieszkańców brzmią inaczej. Weźmy jeden dom, oznaczony numerem hipotecznym 1435. Hersz Laib Altmintz, Moszek Breslaur, Abram Dąbrower, Moszek Fliderman, Haim Forster, Fajwel Glok, Szaja Gutrad i inni. Rzut oka na profesje lokatorów potwierdza przypuszczenia, że w tym rejonie trudno natknąć się na arystokratyczne rodziny żyjące ze zgromadzonych przez pokolenia zasobów. Kupczyk, szklarz, bakalarz, dystrybutor, haftkarz, handlarz mebli, stolarz, drukarz, rozmaici czeladnicy, subiekt, nadzorca szynku, kucharki, dorożkarze, praktykanci przy drodze żelaznej (mają blisko do pracy), jeden tylko urzędnik i nauczyciel.

Jak przodkowie Adama Jakóbczyka, który pierwsze dwadzieścia osiem lat życia spędził w bloku pod adresem Złota 77, z widokiem na zachodnią elewację Pałacu Kultury.

– Mojemu ojcu, warszawiakowi od kilku pokoleń, zachciało się zabawy w genealogię. Zacząłem razem z nim szperać w archiwach. I tak odkryliśmy, że mniej więcej od połowy dziewiętnastego wieku wszyscy bliżsi krewni mieszkali w rejonie, gdzie później stanął ten sam Pałac, który oglądałem codziennie z okien.

Wymienia: Złota 24, trzecia posesja od strony ulicy Wielkiej, teraz kawałek schodów prowadzących z placu Defilad do Pałacu. Do tego Złota 32, Śliska 9 i Sienna 12. Adresy, z którymi nie wiadomo co zrobić, jeśli nie można nawet obejrzeć ich realnych odpowiedników na zdjęciu. Tylko ciągi zabudowy sfotografowane z powietrza przez niemieckich lotników potwierdzają, że naprawdę istniały, a pod którymś z nich, oprócz licznych w rodzinie Jakóbczyka sklepikarzy, urzędników i pracowników Kolei Warszawsko-Wiedeńskiej, przyszedł na świat jeden z pierwszych polskich operatorów filmowych Stanisław Sebel.

Kamienica

Podczas wojny, która unicestwiła większość zabudowy warszawskiego Śródmieścia, o losach budynków nie decydowała atrakcyjność, ale odporność na ciosy. Stąd wśród ocalałych spora reprezentacja gmachów lekceważonych przez znawców architektury: ukrytą przewagę zawdzięczają przepisom przeciwpożarowym, które zabraniały ich konstruktorom stosowania łatwopalnego drewna. Zaś te najurodziwsze lub najważniejsze, ogólnie znane dzięki stałej obecności w nurcie miejskiego życia, często ulokowane u zbiegu ulic i mieszczące popularne knajpy, sklepy, cukiernie, jeśli nawet nie oparły się bombom, mogły liczyć przynajmniej na to, że ktoś je uwieczni, choćby przez sentyment. Najgorzej powiodło się średniakom, solidnym przykładom budownictwa z przełomu wieków. Przepadły, nigdy niesfotografowane ani nieopisane.

Kamienica, o której mowa, pod numerem czwartym, ewidentnie należy do tego ostatniego gatunku. Powstała po 1854 roku, bo w ówczesnym spisie przy ulicy Wielkiej brak jeszcze posesji o tym numerze.

Zachowało się tylko jedno jej zdjęcie – w zbliżeniu i szerszej perspektywie, na której widać również ściany przyklejonych do niej sąsiednich budynków. Zdążył je zrobić w 1941 roku pracownik Wydziału Gabarytów miejskiego referatu. Mimo wybuchu wojny urzędnicy nadal inwentaryzowali zabudowę. Na fotografii widać czterokondygnacyjny, skromnie ozdobiony dom. Historyk sztuki, patrząc na niego, domyśliłby się jeszcze, że składał się z budynku głównego i oficyn, ulokowanych na jednej działce. Typ: studnia. Okna wskazują, gdzie były najlepsze mieszkania: te na pierwszym piętrze ujęto w obramienia zakończone tympanonami, na drugim widać jeszcze klasycyzujące płyciny, na ostatnim, odciętym od reszty elewacji grubym gzymsem, jest zupełnie spartańsko, bez ozdób. Dopełnieniem są dwa centralnie ulokowane balkony.

Można sobie wyobrażać mieszkańców kamienicy przy Wielkiej 4 w drodze do domu. Wracając z nowoczesnego kina Atlantic przy ulicy Marszałkowskiej, mogliby wstąpić po sąsiedzku na kolejkę do baru Jadwigi Malinowskiej przy Chmielnej 47, a przy okazji nasłuchać się nowin, którymi dzielą się często przesiadujący w tym lokalu dziennikarze. A potem kupić na wynos ciastka w ulokowanej pod tym samym adresem cukierni Gajewskiego, słynącej z gigantycznych pączków, lub nie chcąc tłoczyć się w jej wąskim, zawsze napchanym ludźmi wnętrzu, odwiedzić kawiarnię, którą prowadzi właściciel. Mieści się w kamienicy z hotelem Astoria. Jeśli lokatorzy są studentami, liczącymi każdy grosz, zapewne zdarza im się kupować u Gajewskiego bajaderki, krajane w duże kwadraty ciastka ze ścinków po wypiekach. Są duże i pożywne, a kilogram nie kosztuje nawet pięciu złotych – z powodzeniem zastąpią obiad.

Ale Filip Grynkiewicz, właściciel foodtrucka znaczącego miejsce po Wielkiej 4, który odzywa się wreszcie poinformowany przez pracownika, nie będzie snuł podobnych historii. Nie powie, kto mieszkał tutaj przed wojną, czym się zajmował, jak budynek wyglądał od środka. Od tego ma brata, najbardziej, jak twierdzi, zorientowanego w tej materii. Brat jednak milczy. Można dobijać się do niego wyłącznie przez internet, bo pan Grynkiewicz przestrzega być może już nieco staroświeckich zasad i nie udostępni jego numeru telefonu. Przekazał bratu prośbę o kontakt, lecz brat jest dorosłym człowiekiem i trudno go do czegoś zmusić. Skoro tak, może on sam opowie chociaż, jak udało mu się postawić na odzyskanej działce przyczepę z całodobowym barem i co planuje robić dalej w miejscu po kamienicy.

– No dobrze, spotkajmy się. Ale bywam na Wielkiej tylko między siódmą a ósmą rano.

Sny o wielkości

Przyszła własność rodziny Grynkiewiczów, kamienica z numerem czwartym, pojawia się na Wielkiej mniej więcej wówczas, gdy władze Królestwa Polskiego, w odpowiedzi na potrzeby podróżnych, postanawiają wznieść nowy dworzec. Do budowy podeszły ambitnie. Marzył im się co najmniej odpowiednik gmachu, który wystawiono dla Kolei Magdebursko-Halbersztadzkiej w Berlinie. Neorenesansowa fasada w kształcie łuku triumfalnego, kryjąca dwa równoległe budynki dworcowe, olbrzymia hala z peronami pod przeszklonym dachem – jak w projekcie Józefa Hussa, który wygrał w ogłoszonym przez urzędników konkursie. O fiasku wielkich planów przesądził splot przeciwności. Rząd carski odrzucił propozycję, bo autor nie przewidział połączenia z szerokimi torami towarzystw kolejowych z praskiej strony Wisły. Nie chciał też zgodzić się na przeróbkę elewacji – w Petersburgu zażyczono sobie bizantyjskiej.

Ruch nadal rośnie, trzeba sobie jakoś radzić, więc w 1900 roku powstaje niewielki budynek do obsługi przyjeżdżających pociągów, posadowiony między torami dotychczasowego dworca a ulicą Chmielną i ochrzczony przez mieszkańców mianem Nowej Poczekalni. Pracownicy magistratu robią dobrą minę do złej gry, rozgłaszając, że chodzi o rozwiązanie przejściowe, lecz wiadomo, jak to bywa z prowizorkami. Ta przetrwa prawie czterdzieści lat. Marna to wizytówka stołecznej kolei, lecz decydując się na nią, próbowano mimo wszystko zadbać o pasażerów. Dla ich wygody powstaje szeroka jezdnia od strony skrzyżowania ulic Chmielnej i Wielkiej.

Dworzec z prawdziwego zdarzenia, nazywany Głównym albo Centralnym, zaczyna wyrastać dopiero w 1933 roku na zachód od wylotu ulicy Poznańskiej, wymuszony konstrukcją linii średnicowej. Głosując za jej budową na jednym z pierwszych posiedzeń, posłowie pierwszego sejmu niepodległej Polski muszą mieć świadomość, jakiej wagi

Budowa kolejowej linii średnicowej w Warszawie – fragment wykopu tunelu i rozbiórki gmachu Dworca Wiedeńskiego. Widok od strony zachodniej.

podejmują decyzję. Nowa trasa zepnie wreszcie wschodnią i zachodnią część miasta i usprawni ruch, łącząc wszystkie dworce czołowe działające w Warszawie. Dzięki niej stolica ma zerwać z wizerunkiem prowincjonalnego miasta na obrzeżach carskiego imperium.

Ubocznym skutkiem jest chaos. W okolicy skrzyżowania Marszałkowskiej z Jerozolimską (która z ulicy zmienia się w Aleje) z początkiem 1934 roku działają obok siebie aż trzy dworce, współpracujące z sobą i połączone przejściami. Zachodnia część i główny korpus gmachu dawnej Warszawy Wiedeńskiej znika pod kilofami, lecz wieża zegarowa od wschodu nadal wskazuje drogę przyjezdnym, a z dwóch czynnych peronów odjeżdżają pociągi podmiejskie. Ruch dalekobieżny obsługuje prowizoryczny czołowy dworzec położony między torami dworca Wiedeńskiego a Chmielną, z dwoma wejściami od strony podjazdu. Wchodząc stamtąd do drewnianej oświetlonej od góry hali o podłodze wyłożonej żółtą terakotą, podróżni mogą odpocząć na lakierowanych ławach z drewna, ulokowanych wzdłuż ścian. Na wyciągnięcie ręki są kasy, punkt informacyjny, bufety i kioski z różnymi towarami przydatnymi w podróży. Stąd wyrusza się do stolic prawie całej Europy oraz do wielkich miast: Poznania, Krakowa, Katowic i Lwowa. Stary dworzec obsługuje teraz komunikację autobusową i pociągi do mniejszych miejscowości. Pracownicy kolei pilnują, by tymczasowy obiekt sprawiał jak najlepsze wrażenie. Perony i hala sprzątane są przez cały dzień. Na zewnątrz jest zielono, pod dachem i na latarniach wiszą kosze z kwiatami. Rolę głównego dworca dla pasażerów linii średnicowej odgrywa kolejna prowizorka: wzniesiony w międzyczasie parterowy drewniany pawilon usytuowany nad wykopem nowej linii i czynnymi peronami trasy warszawsko-wiedeńskiej. Posadowiono go na żelaznej płycie, która ma dźwigać przyszły plac dworcowy.

Przeszkody

„To nie jest poczekalnia autobusowa", przestrzega kartka na ścianie.

– No bo nie jest – mówi Filip Grynkiewicz. – Informacja zrobiła swoje: zniknęli ci, którzy z początku próbowali tutaj koczować całą dobę.

Biały namiot sąsiaduje z przyczepą. Siedzi w nim przy stole, plecami do baru i kartki z komunikatem. Jest barczysty, a wrażenie potęgują jeszcze warstwy odzieży w maskującym kolorze khaki. Wygląda na kogoś, kto dla odprężenia odwiedza po godzinach sklepy ze sprzętem z demobilu i kolekcjonuje wojskowe ciężarówki.

– Zimno – zauważa, zapinając marynarkę moro z dużą liczbą kieszeni. Gruba płachta namiotu pozwala utrzymać we wnętrzu wyższą temperaturę, ale chłód późnej jesieni i tak wciska się do środka. Jest sobota, wpół do ósmej rano. Widać stąd, jak nieliczni o tej porze przechodnie przemykają przez plac Defilad do metra, walcząc z deszczem i wiatrem.

– Pałac Kultury ma własny parking dla autobusów, ale poczekalni już nie. Parkujący ucieszyli się na nasz widok, bo wreszcie mają gdzie przyjść na kawę, zwłaszcza w taką pogodę. Za to firma zarządzająca Pałacem uznała namiot za nielegalny, choć wcześniej nie protestowała przeciw przyczepie.

Filip Grynkiewicz, rzecz jasna, też ma oczy i wie, że jego namiot urodą nie grzeszy. Kojarzy się ze schyłkiem epoki Polski Ludowej i z pionierami przedsiębiorczości, podbijającymi wówczas ten sam plac Defilad blaszakami z małą gastronomią. Najchętniej zamieniłby go na porządniejszy, szklany pawilon, ale przeszkadzają mu w tym przepisy. Pawilon to „obiekt trwale związany z gruntem", którego postawić w otoczeniu Pałacu nie wolno. Sprawa namiotu zresztą też trafiła do sądu.

– Prawo nie pozwala, bo to prestiżowy punkt Warszawy – wyjaśnia Grynkiewicz. – O szczególnych walorach estetycznych. Oczywiste, prawda? Wystarczy rozejrzeć się dookoła.

Światła miasta

Jakby wcześniej nadmiernie przejmowano się tutaj estetyką.

Gdy rusza wreszcie budowa wyczekiwanego Dworca Głównego, okolica w jego najbliższym sąsiedztwie niewątpliwie zyskuje na znaczeniu. Trudniej byłoby nazwać ją ładną. Według autora wspomnieniowych felietonów ze „Stolicy", dojazd do tymczasowego dworca „tworzył z Marszałkowską bardzo ożywione skrzyżowanie. Stronę południową dojazdu wypełniały budynki dworcowe, północną – szczyt domu z reklamą linii okrętowej i tyły kilku czynszówek, a właściwie ruder. Wszystko razem nie wyglądało elegancko, ale twórcy drewnianego dworca nie spodziewali się, że dzieło ich będzie tak długotrwałe"[2].

Dojeżdżając nową linią średnicową do Warszawy od wschodu w połowie lat trzydziestych, podróżny dostrzegłby najpierw, dzięki otwartym w tym miejscu peronom, budynki pozostałych dworców, a przedostawszy się przez Nową Poczekalnię na podjazd od strony ulicy Chmielnej – gołe i dość zaniedbane szczyty jej bocznych i tylnych kamienic. Wychodzi prosto na Marszałkowską. Wokół duży ruch, ulicami suną tramwaje. Tu krzyżują się główne trasy komunikacyjne. Przyjmijmy jednak, że chce powłóczyć się bez wyraźnego celu, rezygnując z przejażdżki. Choć oddala się na północ, bliskość dworca będzie wciąż nadawać ton jego wędrówce. Oddychając głębiej, wciągnie w płuca zapach węgla i kolejowych podkładów, a wchodząc w sąsiednie ulice, napotka skupisko aktywności przeznaczonej dla przyjezdnych szukających dachu nad głową, pożywienia i rozrywki, niekoniecznie wyrafinowanej.

„W gruncie rzeczy ulica Wielka, nawet w dobie swego rozkwitu, nie miała w sobie nic z wielkości. Stanowiła zaplecze ulicy Marszałkowskiej. Mieściły się przy niej drugorzędne jadłodajnie i kawiarnie pełne zakamarków, stołów bilardowych, bukmacherów i ściszonych rozmów na tematy wyścigowych afer"[3], zauważa w *Złym* Leopold Tyrmand.

Atmosferę rejonu, w który wkracza nasz anonimowy podróżny, dziś zajętego przez plac Defilad, nietrudno sobie wyobrazić, przywołując widoki zapamiętane z podobnych okolic w niezniszczonych wojną miastach Europy. Gęsta zabudowa, gorączkowy ruch, gwar, nagabywanie, obfitość miejsc noclegowych, łaźni, restauracji, kabaretów, knajp, spelunek i kin. Gdy gość zmęczy się włóczęgą, w pobliżu czeka nań aż dziewiętnaście spośród czterdziestu siedmiu działających w Warszawie hoteli i pensjonatów. Mniej wymagający wybierają znaną nam już Astorię, dosłownie o krok od dworca, w budynku przy Chmielnej 49, lub hotel Amerykański pod numerem 47, w kamienicy Maurycego Wolfowicza. Nieco dalej za pomocą dwóch szyldów na balkonie nad wejściem reklamuje się Litewski (Chmielna 19). W średnio popularnym Wiedeńskim przy Marszałkowskiej 102, gdzie, jak wieść niesie, popełniono kilka samobójstw, pokój dwuosobowy kosztuje od ośmiu do czternastu złotych za dobę, a jednoosobowy – od pięciu do ośmiu, prawie jak w pensjonatach. Najmniej, bo cztery złote, pobiera za nocleg Paryski, adres: Marszałkowska 105. Wbrew nazwie sugerującej wykwintne warunki, lepiej nie przesadzać z oczekiwaniami. Naszemu bohaterowi, skuszonemu ofertą, dostanie się ciasny pokoik na ostatnim piętrze, wyposażony w łóżko, stół, krzesło i umywalkę. Na szczęście nie wie, ile opisywanych w kronikach kryminalnych dramatów, łącznie z zabójstwami, rozegrało się już pod tym dachem, bo nie mógłby zmrużyć oka. Zresztą raczej niech nie gasi światła, bo ślady na kocu znamionują obecność pluskiew. Musi liczyć się też z tym, że jeśli poprosi o wynajęcie pokoju na całą dobę, niektóre hotele odprawią go z kwitkiem. Właścicielom bardziej opłaca się oferować je na godziny. Jeśli zmieni zdanie, chętne panienki czekają już na niego w hotelowym holu. Ten typ noclegowni nazywa się w Warszawie „umeblowanymi pokojami". Stąd też obecność w okolicy licznych gabinetów lekarskich, świadczących usługi płatnym damom do towarzystwa oraz ich klientom. Dla spragnionych mniej ryzykownych atrakcji też coś się znajdzie. Choćby kino. Przy samej Marszałkowskiej działa aż sześć: Imperial, Sokół, Victoria, Światowid, Capitol i kinoteatr Stylowy.

Najciekawiej robi się po zmroku, gdy okolica kusi feerią neonów. Skrzyżowanie Marszałkowskiej i Alej Jerozolimskich może konkurować pod względem ich liczby tylko z Traktem Królewskim. Dziesięcioletni Zbigniew Pakalski, choć dobrze zna dworzec i jego zaplecze, odwiedzając często ojca zatrudnionego w urzędzie pocztowym przy Chmielnej, za każdym razem rozdziawia buzię z zachwytu na widok migających świateł. Zapamięta ze szczegółami: „w narożniku Alej Jerozolimskich wielkie czerwone koło, a na nim niebieski napis na górze: Porter, dołem: Browar Królewski w Żywcu, a pośrodku piękna złota korona. Po bokach czerwone, wysokie na 2 metry blokowe litery od strony Marszałkowskiej – Pijcie Piwo, a od strony Alej – Radio Telefunken, a nad nimi znak firmy tego koncernu, na samym zaś narożniku jasnokremowy Orbis i biała strzała do parteru, do rozjarzonego światłem witryn i gablot lokalu Orbisu. Na sąsiednim narożniku południowo-zachodnim, na niskim dwupiętrowym pałacu Marconiego, trzy wielkie neony. Na samym rogu półkolisto biegnący napis Porter-Piwo-Wódki, dołem w ramce Haberbusch i Schiele, a wewnątrz znak firmowy browaru:

Rejon dworca około 1937 roku. Budynki przy skrzyżowaniu Alei Jerozolimskich z Marszałkowską z charakterystycznymi reklamami: „Radio Telefunken", „Porter – piwo i wódki Haberbusch i Schiele", „Orbis". Ulicą jadą samochody i tramwaj linii 8.

żółtym neonem narysowany Sfinks. Nad środkową częścią pała ponad-dwumetrowa reklama złożona z kolorowego rysunku motyla, a pod nim napis Puder Antiba. Nad prawym ryzalitem równie wysoka konstrukcja reklamy czterorzędowej – najwyżej rysunek rewolweru, a coraz niżej Słone Mydło Rewolwer Majde. (...) Naprzeciw, po północnej stronie dworca, na dachu kamienicy Chmielna 47, równie wysoki neon reklamujący baterie Centra z firmowym krojem ozdobnych liter w pięknie seledynowym kolorze i rysunek latarki elektrycznej, która się co kilka minut zapalała i gasła – efekt ten uzyskano poprzez aureolę białych, promieniście rozchodzących się kresek neonowych"[4].

Neony to nowoczesność. Skojarzenie dość złudne, bo w ulicach za dworcem zagnieździł się na dobre wiek dziewiętnasty. Secesyjne kamienice o głębokich podwórkach, ciasno przywarte do siebie bokami. Przy Wielkiej jest ich już dwadzieścia. Pańska ma opinię może nie najlepszej, ale przyzwoitej ulicy, z gazowymi latarniami wedle wzoru z 1935 roku. Sienna i Śliska, obie równie wąskie, tworzą zgraną parę, zabudowaną wysokimi domami z wygodnymi mieszkaniami, w których lokują się bogaci kupcy. Frontony po obu stronach ulicy rzucają cień na jezdnię przez większą część dnia. Zapach palonego węgla i mydlin miesza się z wonią wymytego asfaltu i aromatami towarów wystawianych na zewnątrz sklepów.

Modni architekci, brylujący w rządowych sferach, zafascynowani modernizmem, nie kryją, że najchętniej zburzyliby te relikty poprzedniej epoki aż do fundamentów i budowali od nowa, na surowym korzeniu. Szkoda tylko, że cała rewolucja rozbija się o bajońskie odszkodowania, jakie trzeba byłoby zapłacić właścicielom.

Lepsze

Sporo zależy jednak od perspektywy. Dla przeciętnego mieszkańca Dzielnicy Północnej – Dzielnej, Miłej, Smoczej, Pańskiej czy Stawek – ulice położone w południowej części Śródmieścia: Śliska, Pańska, Twarda, Mariańska uchodzą za lepsze, a dla najbiedniejszych – wręcz za luksusowe. „Tutaj mieszkała najpobożniejsza i najbardziej konserwatywna część warszawskich Żydów. Duże firmy raczej się nie instalowały, najczęściej widziało się małe sklepy z żywnością, przyprawami korzennymi, mlekiem, słodyczami oraz składziki węglowe – wspomina Isaak Bashevis Singer. – Większość mieszkańców żyła ubogo, ale jeśli ktoś był bogaczem, to solidnym bogaczem, bez bankructw, długów, hipoteki. Na »tych« ulicach prawie w każdym podwórku mieściła się chasydzka sztibł, a na kilka domów przypadała rytualna łaźnia. Chłopcy i młodzi mężczyźni studiujący Torę rzadko kiedy chowali pejsy, okręcając je wokół uszu – tutaj nie było takiej potrzeby"[5].

Niedaleko, przy placu Grzybowskim, znajduje się synagoga ufundowana przez małżeństwo Nożyków i przekazana testamentem po ich śmierci gminie starozakonnych. Jest obszerna, ma aż trzysta miejsc siedzących – zarówno dla mężczyzn, jak i dla kobiet. Zamożniejsi mieszkańcy okolicy – kamienicznicy, kupcy, fabrykanci – zasiadają podczas świąt w wykupionych dla siebie ławach.

„W piątek wieczorem, przed nadejściem szabasu, całą okolicę obchodziła straż czuwająca, by wszystkie sklepy zostały zamknięte wcześniej niż w pozostałe dni tygodnia. Nie zdarzyło się, by jakiś sklep czy magazyn był otwarty w szabas. W sobotę rano ulice wypełniały się zapachem czulentu i kuglu. Ze wszystkich okien dobiegały dźwięki szabasowych pieśni. Tutaj była ziemia Izraela"[6].

W 1930 roku na Wielkiej stoi już około dwudziestu kamienic. W spisie ich właścicieli nazwiska żydowskie przeplatają się z polskimi i niemieckimi: Bella Cyngisor (Wielka 18), komisarz ekonomiczny Teodor Kahl (Wielka 2 oraz 6), Tobiasz Derensztajn (Wielka 13), Trojanowscy (Wielka 3). Najstarsze budynki przy ulicy przez ponad pół wieku zdążyły zmienić właścicieli: posesją pod numerem 7 dysponuje teraz małżeństwo Gurman zamiast Jana Bogdańskiego, który figurował w spisie z 1854 roku, dom pod numerem 9 należy do Władysława Brokmana (wcześniej był własnością Wincentego Tomaszewskiego), pod 19 – do Cala Szmula, a pod 23 – do Samuela Muntza.

Pomnik

Budynek Dworca Głównego tymczasem pnie się w górę, ale nawet człowiek nieprzesądny mógłby uznać, że ciąży nad nim jakieś fatum.

Osiem lat minęło, nim wybrano dla niego architekta.

Niespełna trzy lata po rozpoczęciu prac architekt, wracając taksówką z zajęć na uczelni, dostał zawału. Nie udało się go uratować.

Wkrótce potem równie nagle umiera szef pracowni nadzorującej projekt.

Roboty się ślimaczą. Ludzie narzekają na niedogodności. Zamysł jest zbyt ambitny, skala przedsięwzięcia ogromna, nowoczesna konstrukcja sprawia trudności techniczne. Na dokładkę wszystko kosztuje krocie.

A teraz ten pożar. Ale po kolei.

By ratować sytuację po śmierci projektanta Czesława Przybylskiego i szefa pracowni Eugeniusza Piotrowskiego, urzędnicy powołują specjalne biuro architektoniczne zatrudniające zdolnych architektów świeżo po dyplomie, którzy dokończą osierocone dzieło. Będzie nad nimi czuwać trójosobowa komisja, pilnując, by rezultat był zgodny z wytycznymi.

Te zaś brzmią: ma być jak najpotężniej, nowocześnie, lecz nie radykalnie. Z rozmachem. Państwowotwórczo. Mocarstwowo. Z naciskiem na polskość.

„Kto dziś przyjeżdża do Warszawy i wysiada na Głównym Dworcu, już na podziemnych peronach zauważy ogrom pracy. Pod ziemią powstało małe miasto peronów i tuneli. Podminowano cały odcinek Alej Jerozolimskich, aż do Wisły, gdzie tunel wypluwa pociągi na most. Górne perony stopniały w naszych oczach. Pociągi lądują pod powierzchnią ulicy. Nad tunelami natomiast jeszcze straszą nas rudery, brzydkie hale i szopy, tworząc prowizorium dworcowe”[7], relacjonują stan prac Wiktor Hulewicz i Antoni Dygat w przewodniku *Jesteśmy w Warszawie*.

Jest lipiec 1938 roku. Prace zbliżają się do końca. Trwa tynkowanie głównej hali, perony i galerie niebawem przyjmą pierwszych pasażerów. Kierownictwo budowy zaprasza na miejsce dziennikarzy. Mogą obejrzeć część gmachu w stanie surowym i wyobrazić sobie, jak zaprezentuje się w pełnej krasie.

Po otwarciu stanie się centrum komunikacyjnym dla całej Polski, łączącym wschód i zachód Europy. Podziemny tunel pod ścisłym centrum miasta, z czterema podziemnymi peronami. Osiem torów, w dalszym etapie dwanaście. Połączone poprzecznymi galeriami, pozwolą na bezkolizyjne przejście pod Alejami Jerozolimskimi albo na drugą stronę, do przystanków autobusowych zlokalizowanych przy Chmielnej, obok stacji metra, bo i ono jest w planach.

Będzie godną wizytówką nowego państwa, niczym Gdynia albo Centralny Okręg Przemysłowy.

Jan Kubalski, szef Biura Studiów Kolei Podziemnej: „Powinien uderzać przyjeżdżających, swoich i obcych, wyglądem swym, ogromem, dając na wstępie wyobrażenie wielkiej metropolii Europy, stolicy trzydziestomilionowego państwa o kulturze Zachodu"[8].

Jak monumentalny dworzec Milano Centrale, przebudowany niedawno zgodnie ze wskazówkami Mussoliniego, by uosabiał potęgę faszystowskich Włoch. Albo nigdy niezrealizowany węzeł kolejowo-lotniczy pośrodku idealnego miasta Ville Radieuse, nakreślonego przez Le Corbusiera. Sytuacja międzynarodowa komplikuje się, państwa prężą muskuły. Architektura dobrze sprawdza się w takich demonstracjach.

Podstawowe funkcje to nie wszystko. Na dworcu oprócz hali odjazdów, przyjazdów i strefy dla podróżnych znajdą się: sala bankietowa, sala zjazdów na sto pięćdziesiąt osób, wykorzystywana podczas oficjalnych uroczystości, i salon recepcyjny do poufnych rozmów, którym przysłuchiwać się będzie patronujący temu pomieszczeniu posąg marszałka Piłsudskiego.

Jednocześnie może pełnić funkcję ogólnodostępnej narodowej galerii. Ozdabiają go najlepsi współcześni artyści, wybrani w konkursie. Sztuka w służbie rządowi. Symbolika czytelna: posąg matki-Polonii z orłem w dłoniach, wyobrażenia bogactw naturalnych, Warszawa przedstawiona w centralnym miejscu pośród wszystkich kontynentów i miesięcy roku, alegorie dziewięciu zawodów. Część dekoracji jest już gotowa. Materiały wyłącznie polskie: dolomity z Libiąża, granity ze Zdziłowa, marmur z Morawicy, alabaster z Żurawna, kostka z bazaltu wydobywanego w Janowej Dolinie, osadzie założonej w ramach akcji kolonizacyjnej Kresów. Płaskorzeźby, mozaiki, posągi, witraże i gigantyczne malunki ścienne mają być „oglądane przez najszersze rzesze podróżnych, z których wielu nigdy nie odwiedza muzeum i wystaw"[9], a w pamięci wracających do siebie gości zagranicznych pozostawić pamięć o kraju, który właśnie odwiedzili.

„Wszystkie dworce świata to ponure »mordownie«, wyprane z atmosfery przyjemnej gościnności, którą jedynie może stworzyć sztuka dobrze użyta. Niechże dworzec nasz nie będzie podobny wewnątrz do żadnego dworca świata. Ani do świątyni, ani do krzyżackiego zamku, ani do fabryki"[10], pisze oceniający nadesłane na konkurs prace artystów malarz Tadeusz Pruszkowski.

Jeszcze rozmiary. Sama hala odjazdów, długa na osiemdziesiąt metrów i wysoka na dwadzieścia cztery, przewyższy rozmachem „wszystkie sale publiczne i nawy kościelne Warszawy"[11]. Obok dworca największy plac stolicy, o powierzchni czterech hektarów, dwieście siedemdziesiąt jeden na sto pięćdziesiąt siedem metrów, częściowo odkryty, by przechodnie mogli podziwiać ruch pociągów w tunelu, a pasażerowie wyjechać na powierzchnię ruchomymi schodami, nie tracąc czasu. Irytujące estetów tyły kamienic przy Chmielnej zakryte podłużnym biurowcem otwierającym się w połowie na wylot dociągniętej do placu ulicy Wielkiej. W północno-zachodnim narożniku, od Chmielnej, pięćdziesięciosześciometrowy hotel. Całość w stylu modernizmu z elementami art déco.

Dziennikarze są oczarowani.

„Nad kipiącym gwarem peronów, nad torami i pociągami rośnie »Pałac nieznanego pasażera«"[12], zachwyca się autor tekstu w „Robotniku".

Inni wiedzą, że chodzi raczej o Pałac Drugiej Rzeczypospolitej. Jeden z wielu zaplanowanych.

„Cud architektury polskiej"[13], krzyczą nagłówki.

Czasem tylko padnie pytanie – w imieniu czytelników – kiedy ów pałac będzie wreszcie oddany do użytku?

„Zakończenie budowy (...), jak zresztą każdego wielkiego gmachu użyteczności publicznej, jest uzależnione od całego szeregu okoliczności, w większości wypadków całkowicie niezależnych od kierownictwa budowy, wobec czego ustalenie w chwili obecnej dokładnego terminu oddania do użytku Dworca jest jeszcze niemożliwe"[14], wyjaśnia „Architektura i Budownictwo" wiosną 1939 roku.

Drugie życie

Jest ciepły poranek 6 czerwca 1939 roku, tuż po szóstej rano, gdy któryś ze spieszących do pracy przechodniów dostrzega dym unoszący się nad główną halą sześciopiętrowego budynku dworca. Wieść roznosi się szybko, strażacy w mig są na miejscu. Podziemne perony, udostępnione podróżnym rok wcześniej, o tej porze są pełne ludzi, ale udaje się w porę ewakuować wszystkich i nie dopuścić do paniki. Pociągi zmierzające w stronę Warszawy Głównej zatrzymują się w drodze, kolejarze ogłaszają, by korzystać z zastępczej komunikacji. Ulica, świadoma komplikującej się sytuacji międzynarodowej, szybko znajduje wytłumaczenie: to na pewno piąta kolumna, niemiecki sabotaż.

Śledztwo przeprowadzone na miejscu wykazuje, że pożar spowodowała iskra wzniecona w wadliwym aparacie do spawania.

Z ogniem walczy blisko dwustu sześćdziesięciu strażaków. Udaje się im wynieść z wnętrza większość cennych rzeźb, modeli, obrazów, które nie zdążyły nawet zawisnąć na ścianach. Ale sam gmach, mimo żelbetonowej konstrukcji, jest w opłakanym stanie. Żywioł strawił niemal całą halę odjazdów, przepadły zamocowane już dekoracje, zwalony dach pociągnął za sobą strop nad dolnym poziomem dworca. Jeszcze przez kilka tygodni po zakończonej akcji brygady usuwają skutki pożaru.

Podczas akcji ginie jeden ze strażaków, Jan Sokolik. Chowają go z honorami. Kilku innych ciężko rannych leży w szpitalach. Na placu Piłsudskiego premier Składkowski przy wtórze salw honorowych przypina sześćdziesięciu dwóm brygadzistom do mundurów Krzyże Zasługi.

Przesądni przypominają sobie natychmiast o niedokończonej historii Dworca Wiedeńskiego. To okropne uświadamiać sobie, że znów jest się skazanym na prowizorkę, gdy tyle lat marzyło się o pomniku potęgi.

Atmosfera w Europie wciąż gęstnieje. Kilka przecznic od spalonego dworca, przy Zielnej 25, w wielkim, siedmiokondygnacyjnym gmachu należącym do lewicowego Stowarzyszenia Wzajemnej Pomocy Subiektów Handlowych Wyznania Mojżeszowego Warszawy, gdzie pomieszczenia wynajmuje Polskie Radio, pod koniec sierpnia 1939 roku spikerzy pełnią dyżury już przez całą dobę, wyczekując rozwoju sytuacji po ultimatum, które postawił rządowi Hitler. W nocy z 31 sierpnia na 1 września dyżurnym jest Jeremi Przybora. „Z ulgą powitałem poranek, który rozjaśnił niebo nad kamienicami po przeciwnej stronie Zielnej. Wstawał jasny, piękny dzień, kiedy zdałem dyżur mojemu zmiennikowi, bodajże Zbyszkowi Świętochowskiemu. Z Julkiem, pełniącym jeszcze obowiązki inspektora, wymieniliśmy kilka optymistycznych zdań na temat blefującego najwyraźniej Hitlera. Widocznie ugiął się wobec nieustępliwości

Strażacy porządkują pogorzelisko Dworca Głównego.

władz polskich, skoro termin ultimatum minął o północy, a jest już po szóstej rano i nic się nie dzieje. Wyszedłem na ulicę. Owiał mnie rześki, poranny chłód wystudzonego nocą powietrza. Zrobiło mi się od tego lekko i pogodnie i pomyślałem sobie: O, jakże piękne jest życie bez wojny! I wtedy usłyszałem za sobą głos Julka:

– Jeremi!

Obejrzałem się. Stał na balkonie pierwszego piętra, na którym mieściło się studnio oraz pokój inspektorów, i wołał ku mnie wychylony przez balustradę.

– Zaczęło się!

I na poparcie jego słów ze wszystkich stron miasta zawyły syreny alarmowe"[15].

Z największego radiowego studia, o kubaturze tysiąca dwustu metrów, przez kolejne dni, mimo huku pocisków przenikającego przez mury, dobiegają dźwięki koncertów odgrywanych przez znanego pianistę Władysława Szpilmana: „23 września grałem po raz ostatni przed mikrofonami radia. W drzwiach spotkałem prezydenta Starzyńskiego. Był niedbale ubrany, nieogolony, a na jego twarzy rysował się wyraz śmiertelnego zmęczenia. Tego dnia miałem grać Chopina. Bomby spadały co chwilę w bezpośredniej bliskości studia, okoliczne zaś domy stały w płomieniach"[16], zanotuje Szpilman. Starzyński przyszedł właśnie wygłosić ostatnie przemówienie do warszawiaków.

Hitlerowcom dworzec jest potrzebny. Po wejściu do Warszawy łatają go naprędce, żeby pełnił swą funkcję. Jesienią 1940 roku mogą już oddać do użytku naprawioną halę. Nad wejściem zawisa wielki napis „Warschau Hauptbahnhof Warszawa Glowna" i flagi ze swastyką. Malowane na biało swastyki pojawiają się też na dachu, co uwiecznią zdjęcia lotnicze. Służą za punkt orientacyjny, ostrzegający pilotów Luftwaffe przed omyłkowym zniszczeniem tak ważnego węzła komunikacyjnego. We wnętrzach – jak podkreślają z satysfakcją gadzinówki – rządzi funkcja, nie propagandowe ozdobniki, o czym najlepiej ma świadczyć surowy styl restauracji, wykończonej przy pomocy byłego pracownika dworcowego biura projektowego Arseniusza Romanowicza i uruchomionej specjalnie dla niemieckich klientów. Mimo wojny postępują też roboty przy placu dworcowym zgodnie z przedwojennym planem. Niemcy

Niedokończony Dworzec Główny, podczas wojny przemianowany przez okupanta na Warschau Hauptbahnhof.

Z przedwojennych marzeń o wzniesieniu symbolu potęgi II Rzeczpospolitej została tylko ruina. Aleje Jerozolimskie – resztki dworca zburzonego przez hitlerowców, widoczne od strony wylotu ulicy Pankiewicza.

dokończają jego regulację, usuwają resztki Dworca Wiedeńskiego i przebijają dojście do placu z ulicy Wielkiej, burząc stojącą tam kamienicę.

Wraz z wybuchem powstania warszawskiego porządkowe zabiegi prowadzone przez Niemców przy Dworcu Głównym tracą sens. Osobną rolę w powstaniu udaje się odegrać sąsiadującej z nim kamienicy przy Wielkiej 49, znanej nam już jako siedziba hotelu Astoria, w którym prostytutki obsługują teraz niemieckich oficerów. O ten dom, strategicznie położony ze względu na bliskość dworca, gdzie stacjonują niemieckie oddziały, toczy się jedna z najzacieklejszych walk w rejonie.

W styczniu 1945 roku na pożegnanie z opustoszałą po powstaniu Warszawą hitlerowcy podkładają ładunki wybuchowe pod niepotrzebny im już Pałac Drugiej Rzeczypospolitej. Znika, podobnie jak wcześniej odbudowana przez nich drewniana hala dworcowa od strony Chmielnej i spalona we wrześniu 1939 roku Nowa Poczekalnia, w których snuto miraże kolejowej chwały. Tylko żelbet, jak obiecywali konstruktorzy, przetrzyma wszystko. Wykonany zeń szkielet hali odjazdów, który zamiast rozpaść się po wybuchu, osiadł głębiej w ziemi, góruje nad zgliszczami jak smętny kikut.

„Śliska-Pańska-Mariańska-Komitetowa.
Wspomnienia – wspomnienia – wspomnienia".
Janusz Korczak, Pamiętnik, getto, maj 1942 roku

W środku słychać śmiechy, brzęk kieliszków, śpiewy. Gra muzyka. Wśród gości, w roli kelnerek, krążą panie z najlepszego towarzystwa. Na zewnątrz, wzdłuż murów, leżą chorzy i umierający z głodu. Wyciągają ręce do wchodzących gości, żebrząc o kromkę chleba. Hitlerowcy z satysfakcją dokumentują takie kontrasty, kręcąc antyżydowskie filmy propagandowe. Kawiarenka prowadzona na parterze budynku przy Siennej 16 przez Tatianę Epstein to jeden z kilkudziesięciu lokali rozrywkowych działających w warszawskim getcie. Ludzie gromadzą się w nich, chcąc choćby na parę chwil zapomnieć o otaczającej ich ponurej rzeczywistości, nie rezygnować z życia kulturalnego, poudawać sami przed sobą, że życie toczy się jak dawniej. Lokal z Siennej ma opinię najlepszego salonu muzycznego. Często występują w nim sławy, takie jak Władysław Szpilman czy młodziutka śpiewaczka Marysia Ajzensztadt, nazywana „słowikiem getta". Zagląda tu malarz Roman Kramsztyk, po sąsiedzku wpada Janusz Korczak. Prowadzony przez niego Dom Sierot przeniósł się tutaj po eksmisji z dotychczasowej siedziby przy Chłodnej, wymuszonej zmianą gettowych granic. Zajął kilka pomieszczeń – dużą salę i kilka bocznych pokoików na pierwszym piętrze, salę balową na drugim i jeszcze kilka pokoi na parterze, trzecim piętrze i strychu.

Getto warszawskie utworzone w październiku 1940 roku jednakowo zagarnęło lepsze i gorsze ulice żydowskiej Warszawy, choć wśród ludzi zmuszonych do pozostania w dzielnicy zamkniętej utrzymywał się jeszcze dotychczasowy ich podział. „Sienna to ulica ludzi bogatych, ładna, czysta i spokojna – pisze w *Pamiętniku z getta warszawskiego* Henryk Makower. – Wielkie fale ruchu gettowego tu nie dochodziły. Widziało się tylko tu i ówdzie grupy spacerowiczów, trochę starszych panów i pań. Trochę młodzieży. Tu można było spacerować spokojnie. Na zniszczonym przez bomby rogu Wielkiej zimą nawet można było jeździć na sankach"*.

Tyły kamienic przy Siennej wyznaczają południową granicę getta. Jej mieszkańcy, zamożni, często zasymilowani Żydzi, jak rodzina mieszkającej przy Siennej 42 Miriam Wattenberg, nastolatki, która uwieczni wydarzenia tamtych dni w swoim dzienniku, nie chcą się stąd wyprowadzać. Zbierają pieniądze i złoto, by przekupić władze niemieckie – chcą, by Sienna znalazła się w getcie. Zdaniem Żydów z „tamtych ulic" bezpodstawnie zadzierają nosa. „Aleja szmondruków (źrebaków)"**, wyzłośliwia się Emanuel Ringelblum. Ostatecznie z getta zostaje wyłączona nieparzysta strona ulicy. Granica przebiega też ulicami Chmielną i Srebrną, aż do Żelaznej, od wschodu getto zamykają Marszałkowska i Wielka, której podwórkami przebiega mur.

Monumentalny budynek ma dwa wejścia – od Siennej i od Śliskiej, z frontową częścią zwróconą w stronę Siennej. Zbudowano go dla Towarzystwa Wzajemnej Pomocy Pracowników Handlowych i Przemysłowych miasta Warszawy. Organizacja zrzeszająca Polaków i Żydów pomagała szukać pracy bezrobotnym, wspierała wdowy i sieroty, organizowała akcje dobroczynne i kulturalne. Kiedy z końcem października 1941 roku na Sienną 16 sprowadza się Korczak wraz ze swoją współpracowniczką

Stefanią Wilczyńską i dziećmi, na czwartym piętrze działa już kuchnia ludowa dla inteligencji, zorganizowana w ramach społecznej samopomocy. Raz dziennie wydaje zupę na talony. Odbywają się też zajęcia w szkole artystycznej prowadzonej za zgodą władz niemieckich. Studiujący, głównie mężczyźni, uczą się grafiki użytkowej i rysunku maszynowo-technicznego, marząc, że może kiedyś dzięki nowo nabytej wiedzy będą stawiać własne domy w Palestynie.

„Będziecie pamiętali wiele różnych dróg i ulic – i ulicę Śliską, i ten dom, który nie jest nasz i my nie jesteśmy jego – pisze Korczak do dzieci. – Będziecie pamiętali przeprowadzkę i nieład pierwszych dni i tygodni, klasę ciemną na parterze, salę jasną na trzecim piętrze... A ci, którzy uczą się rysunków, będą pamiętali pokoik na strychu z nietynkowanym sufitem i czerwonymi ścianami, na których rozwieszone sto pięćdziesiąt obrazków.

Na drzwiach wejściowych był napis:

»Prosimy pana złodzieja, żeby nie łamał zamka, bo pokój jest pusty, zamknięty jedynie dlatego, żeby goście kuchni ludowej nie zanieczyszczali podłogi«”***.

Latem 1942 roku hitlerowcy zaczynają wywozić mieszkańców getta do obozów zagłady pod pretekstem wysiedleń na Wschód. W dzielnicy zamkniętej mogą pozostać tylko zatrudnieni przez władze lub niemieckie przedsiębiorstwa. Małe getto zostanie wyłączone z dzielnicy zamkniętej i ponownie zasiedlone. Od wyroku nie ma odwołania. Na Umschlagplatz – plac przeładunkowy na północnym skraju getta, przy ulicy Stawki – trafiają tłumy. Są tu młodzi i starzy, zdrowi i ledwie powłóczący nogami z osłabienia.

Rankiem 5 lub 6 sierpnia 1942 roku (relacje historyków są rozbieżne) Niemcy przychodzą na Sienną 16. Około godziny dziesiątej dzieci stoją już na chodniku, uformowane w czwórki. Schludnie ubrane, nie wyglądają na zagłodzone. Z domu wychodzi Korczak, Wilczyńska, reszta personelu Domu Sierot. Idą w kierunku Umschlagplatzu, otoczeni przez policjantów.

* Henryk Makower, *Pamiętnik z getta warszawskiego. Październik 1940–styczeń 1943*, Wrocław: Zakład Narodowy im. Ossolińskich, 1987, s. 76–77.

** Emanuel Ringelblum, *Kronika getta warszawskiego. Wrzesień 1939–styczeń 1943*, tłum. Adam Rutkowski, Warszawa: Czytelnik, 1988, s.154.

*** Janusz Korczak, *Będziecie pamiętali całe życie*, w: *Dzieła*, t. 15 (w przygotowaniu), za: Joanna Olczak-Ronikier, *Korczak. Próba biografii*, Warszawa: WAB, 2011, s. 372–373.

Gdy do Warszawy wkraczają żołnierze radzieccy wraz z 1. Armią Berlinga, przysłani przez złożony z komunistów rząd lubelski eksperci z Grupy Operacyjnej Warszawa krążą po mieście rozklekotanym gazikiem, badając rozmiary strat. Teren na północ od zburzonego dworca przedstawia równie opłakany widok jak jego ruina strasząca naprzeciw wylotu ulicy. Część budynków to wypalone od wewnątrz masywne ściany frontowe, takie jak front największego w okolicy budynku pod adresem Sienna 7, o trzech ścianach wychodzących na Zielną, Sienną i Wielką. Tam przeżył bombardowanie podczas powstania warszawskiego dorosły już Zbigniew Pakalski: „Podszedłem do drzwi od podwórza i dojrzałem, jak w gęstej mgle – mimo słonecznej pogody – fronty od Zielnej i Siennej oraz oficyna tylna stały w całości, ale część domu od Wielkiej nie istniała. Sześć pięter tworzyło teraz kupę gruzu z plątaniną sterczących belek stropowych"[17], zanotował we wspomnieniach. Mury zostały, lecz wiele domów miało drewniane stropy, które się zapaliły i zawaliły do środka.

Kto po powstaniu stracił dach nad głową, jest zadowolony, jeśli uda się mu znaleźć nawet w takim domu kawałek ściany osłoniętej od wiatru, i czym prędzej wije gniazdko wśród gruzów, wcześniej pochowawszy poległych podczas powstania krewnych, jeśli uda mu się znaleźć ich ciała. Mnóstwo trupów wciąż leży w podwórzach i piwnicach.

„Warszawa, która w niczym nie przypomina miasta, przypomina raczej i coraz to bardziej twory natury, jakieś zwały maliniaków i piargów tatrzańskich, poprzerzynane jarami zasypanych ulic"[18], pisze krakowska poetka Wanda Kragen. Choć siedemdziesiąt pięć procent miasta obróciło się w ruinę, rząd, zasięgnąwszy opinii ekspertów, uznaje, że stolica powinna jednak zostać w Warszawie. Zaczynają do niej wracać mieszkańcy.

Niespełna dwudziestoletnia Irena Birnbaum, której udało się uratować z getta, brnie przez pozostałości „tych" ulic, które mieszkańcy zatłoczonej Dzielnicy Północnej uważali za luksusowe, a które później stały się „małym gettem". Teraz to księżycowy pejzaż w kolorze lekko zwietrzałej cegły. Przejście blokują rowy i barykady, gruzy w niektórych miejscach sięgają nawet czterech metrów. Irena szuka swego dawnego domu przy Pańskiej 36, gdzie przeżyła pierwszą miłość i skąd uciekała na stronę aryjską. Jest marzec 1945 roku. „Myślałam, że byłoby lepiej zastać same gruzy. W ten sposób skończyłby się mit niedający mi spokoju. Lecz dom stał na miejscu jak olbrzym pośród samych duchów. Stał nietknięty. Przeszłam przez bramę na podwórze. Ani żywej duszy. Patrzyłam na balkon mojego mieszkania. Po chwili jakaś kobieta zaczęła trzepać dywan. Ogarnęła mnie dziwna atmosfera jakiejś nierzeczywistości. »Co ona robi na moim balkonie?« Jeszcze chwila i ukaże się w nim głowa ojca czytającego gazetę. (...) Jeszcze chwila i usłyszę *Marsz tryumfalny* z *Aidy*. Ocknęłam się, czując na sobie wiele par oczu obserwujących mnie z ciekawością"[19]. Na liście lokatorów Birnbaum odnajduje swoje nazwisko wciąż umieszczone pod numerem 35.

Do życia wraca skrzyżowanie Marszałkowskiej i Alej. Z ulicznych głośników słychać komunikaty Czerwonego Krzyża i bieżące wiadomości na przemian z muzyką. Radio znów nadaje!, cieszą się warszawiacy. Teren wokół zrujnowanego dworca spontanicznie zmienia się w targ pełen zbitych naprędce drewnianych stolików, budek i straganów. Część sprzedawanego mienia pochodzi z szabru. „Czegóż tam nie można kupić? – pisze Zdzisław Sachnowski. – Od garderoby i galanterii poprzez wszystkiego rodzaju artykuły żywnościowe – do czekolady i luksusowych win i wódek włącznie (...). Setki straganów, wypełnionych towarem, herbaciarnie, restauracje, ba – nawet »koła szczęścia« i loteria fantowa – ściągają tu codziennie tysiące klientów. Kramy przesłaniały od strony Marszałkowskiej widok na rumowisko będące ongiś pięknym nowoczesnym budynkiem Dworca Głównego"[20].

Los tych resztek jest już przesądzony. Sprawozdawca „Expressu Wieczornego" odnotowuje w numerze z 30 maja 1947 roku: „Dziś o godz. 5 min. 34 rano »wieża« byłego dworca runęła wśród trzasków, huku i kłębów dymu". Gruzy pojechały na Ochotę, do parku Szczęśliwickiego, gdzie usypano z nich sztuczną górkę.

Czasy, kiedy kolej niepodzielnie rządziła tym miejscem, przechodzą do historii.

Obchody 1 maja 1946 roku. Jeszcze nie na placu Defilad, lecz w miejscu, gdzie stanie Pałac wraz z otoczeniem.

Architekci, którzy przeżyli wojnę i też wracają do dawnych domów, zastają w mieszkaniach kartki od kolegów z wiadomością: zgłoście się pilnie do Biura Odbudowy Stolicy. Z początku BOS zachęca warszawiaków, by własnym sumptem naprawiali to, co jeszcze nadaje się do naprawy. Przęsła żelbetonowego szkieletu ocalałego z bombardowań zasłania się ścianką ułożoną z wyszperanych na rumowisku cegieł, a w środek wstawia zdobyczne okna. Gdy cegieł brak albo nie ma sił do murowania, używa się desek.

„Człowiek, który powrócił na ruiny, znalazł dom rozbity, lecz jedna izba dała się jeszcze uratować – pisze Pola Gojawiczyńska. – Zakasał rękawy i zabrał się do remontu. Znalazł w gruzach potrzebny ku temu materiał, załatał ściany i ulepił rodzaj paleniska, lecz gdy doszło do okna, natknął się na trudności nie do pokonania. Nie było wówczas szyb. Z kawałków, ze skrawków i obrzynków oszklił małe okienko, aby dawało nieco światła, a drugi otwór frontowego okna zabił dyktą"[21].

Powstaje pytanie: co robić dalej z budynkami zreperowanymi tak chałupniczą metodą. Dotąd konserwatorzy zabytków byli wierni doktrynie wypracowanej przez Aloisa Riegla, nakazującej, by podtrzymywać stan autentycznych ruin, jako „zabytków-pomników". Wobec warszawskiej skali zniszczeń takie podejście straciło sens. Inna sprawa, że większości architektów, wykarmionych przed wojną ideami Le Corbusiera i Gropiusa, marzy się zupełnie nowe miasto, wolne od dziewiętnastowiecznych kamienic studni, z szerokimi alejami, budynkami wolno rozrzuconymi wzdłuż zieleni, podziałem funkcji na dzielnice mieszkalne i biurowe. Zakładają, że nowe władze pomogą im wreszcie przebudować je w takim duchu.

Już w marcu jeden z nich, Jerzy Wiland, wystosowuje memoriał do pierwszego przywódcy Polski Ludowej Bolesława Bieruta. Apeluje: „Musimy budować Warszawę jutra, przewidując, iż w tym stanie będzie ona przez setki lat naszą stolicą. (...) Zapomnijmy, a raczej nie wzorujmy się na przeszłości, nie była ona zbyt piękna, ani zbyt wesoła. Nie żałujmy starych pałaców – tak jak nie będziemy żałować ich dawnych mieszkańców. Budujmy nowe pałace, nowe zamki, nowe domy dla społeczeństwa całego, nie dla jednostek. Nowe pałace – teatry, muzea, kina, domy kultury!"[22].

Trzeba się spieszyć, bo miasto dźwiga się już z ruin, wracając do dawnych kształtów. „Ulica Chmielna – donosi »Życie Warszawy« – mimo całego zniszczenia, otrząsa się szybko z zadanych ran. Ciasna uliczka, jakby na przekór »bosowskim« architektom, nakazującym burzenie jej domów i poszerzenie, poczyna na nowo błyszczeć szybami wystaw i z całą bezczelnością, na jaką tylko warszawska ulica zdobyć się potrafi, odzyskuje sławę eleganckich magazynów mody i wytwornej galanterii"[23].

Wśród architektów czuwających nad odbudową szybko narasta konflikt między entuzjastami nowoczesności a zwolennikami zachowania dotychczasowej, starej tkanki miejskiej. Górę biorą ci pierwsi. To przedwojenni moderniści, związani z lewicą, którzy już podczas konspiracji kreślili nowe plany urbanistyczne Warszawy, jakby stała się czystą kartką do realizacji ich urbanistycznych fantazji: Bohdan Lachert, Helena i Szymon Syrkusowie, Roman Piotrowski, Zygmunt Skibniewski. Będą nadawać ton pracom BOS.

Historyk sztuki Janusz Sujecki: – To nie było Biuro Odbudowy Stolicy w jej przedwojennej formie. Już w samej nazwie zawarto kłamstwo. Po upadku powstania warszawskiego Niemcy masakrowali miasto, ale nie dokonali masowych wyburzeń, co widać choćby na zdjęciach lotniczych lub fotografiach wykonanych tuż po wojnie. Puste pierzeje były rzadkością, z wyjątkiem getta, które całkowicie zrównano z ziemią. W Śródmieściu zachowały się całe ciągi zabudowy, tylko wypalonej i pozbawionej okien. Już w 1945 roku BOS zaczął je systematycznie usuwać. W taki sposób w całym mieście zniknęło około dwóch tysięcy nadających się do odbudowy budynków.

Pracownicy BOS bronią się, że chcieli zapewnić ludziom godziwe warunki.

Jan Górski: „Chodziło o osiedla pełne powietrza i słońca, zamieszkałe pospólnie przez robotników i profesorów uniwersytetu, chodziło o miasto bez dzielnic lepszych i gorszych, tylko o miasto dzielnic rozmaitych, bo rozmaite funkcje pełniących; (...) o miasto, w którym uspołecznienie gruntów będzie wstępem do uspołecznienia człowieka"[24].

Transakcja

Wpis do hipoteki. Jedno zdanie, układające się w zakończenie historii Wielkiej 4.

28 lipca 1945 roku Teodor Gryglaszewski, właściciel kamienicy mieszczącej się w Warszawie na ulicy Wielkiej pod numerem czwartym, sprzedaje ją Alicji Grynkiewicz, mieszkance prawobrzeżnej części miasta.

Teodor Gryglaszewski, herbu Boża Wola, pochodzi z rodziny wywodzącej się z Podlasia. Wspólnie z bratem odziedziczył dom po ojcu Adamie, który prócz nieruchomości w stolicy miał jeszcze młyn w Bodzanowie koło Płocka.

Umowę spisuje sędzia w Makowie Mazowieckim, w marcu rok później Alicja Grynkiewicz figuruje już w aktach jako właścicielka.

Skąd miała na ten cel pieniądze w zrujnowanej powojennej Warszawie? Co planowała zrobić dalej z domem w samym centrum miasta? Czy nikt jej nie ostrzegał, że robi zły interes? Czy Teodor Gryglaszewski przeczuwał, że zbliża się kres prywatnej własności, i postanowił pozbyć się tego, co miał, wiedząc, że inaczej niebawem zostanie z niczym? Albo co go do tego zmusiło?

Filip Grynkiewicz nie wie albo nie chciałby czegoś przekręcić. W sprawach rodzinnych najlepiej kontaktować się z jego bratem.

Brat nadal milczy.

Milczeć ma prawo, a on nic nie może na to przecież poradzić.

Uspołecznieni

Historyk Marcin Zaremba, autor książki *Wielka trwoga* o pierwszych latach powojennej Polski, przestrzega przed pochopnym wyciąganiem wniosków.

– W tamtym czasie wiele transakcji odbywało się na wariackich papierach. Komuniści, niepewna przyszłość, mętne interesy. Zwłaszcza w zniszczonej Warszawie sprawy nie wyglądały prosto. Owszem, zdarzały się sytuacje, gdy osoba podająca się za dalekiego członka rodziny zeznawała przed sądem, że cała rodzina zginęła w Treblince i to ona jest jedynym spadkobiercą. Tak bywało w wypadku żydowskich współwłaścicieli, którzy zaginęli bez wieści. Sąd przenosił prawa własności na pozostałych, a oni opłacali zeznającego na ich rzecz Żyda. Wszystko pod presją, ale głównie czasu. Dom trzeba było odbudować, wyremontować, ludzie nie mieli gdzie mieszkać. Trzeba było ustalić sprawy prawne, żeby móc cokolwiek zdziałać.

Jedno jest pewne: Alicja Grynkiewicz ma pecha. Pierwszy przywódca Polski Ludowej nie pozwoli jej cieszyć się długo nowym nabytkiem. Z końcem października 1945 roku ogłasza dekret dotyczący Warszawy: „Na rzecz gminy przechodzą wszelkie grunty bez żadnych wyjątków, a więc zarówno grunty prywatne, jak i grunty stanowiące własność Skarbu Państwa i wszelkich instytucji i osób prawnych”[25].

Jednym ruchem, pod hasłem usprawnienia odbudowy, to co prywatne, trafia w ręce urzędników. Dekret Bieruta teoretycznie dotyczy jedynie gruntów, a budynki znajdujące się na nich mają pozostać w rękach dotychczasowych właścicieli. Przepisy zmuszają ich jednak do odbudowy zniszczonych przez wojnę domów. Jeśli będą działać zbyt opieszale, wyręczy ich miasto i przejmie nieruchomość do czasu spłaty poniesionych wydatków. Mało kogo na to stać, więc wiele kamienic też staje się „wspólną własnością”. By uspokoić właścicieli, dekret otwiera im furtkę do odzyskania wywłaszczonego majątku. Wystarczy, że złożą wniosek o przyznanie czasowej własności. Urząd zgodzi się pod warunkiem, że nie planuje przeznaczyć danego terenu na cele publiczne – na przykład budowę drogi. Nieliczni skorzystają z tej możliwości – wniosków wpływa tylko siedemnaście tysięcy. Część właścicieli nie przeżyła wojny, inni boją się nowej władzy.

BOS, któremu ułatwiono zadanie, raźno bierze się do pracy. Architekci wyciągają stare plany miasta. Dzielnice kroją na mniejsze odcinki – bloki, a w ich obrębie na kwartały. Wysyłają w każdy swoich ludzi, żeby obejrzeli budynki i zdali raport z inwentaryzacji, opisując dokładnie stan ich zachowania i szanse na ewentualną odbudowę. Na mapach pojawiają się litery – A, B lub C i odpowiadające im kolory. Litera C to wyrok bez odwołania, oznacza się nią budynki całkowicie zniszczone. Właściciele domów oznaczonych literą B, czyli nadających się do odbudowy, ale z kategorią IV lub V (częściowo uszkodzony lub spalony), też nie mogą być pewni ich losu.

Skupieni wokół Romana Piotrowskiego i Józefa Sigalina architekci z Biura Odbudowy Stolicy – tu pochyleni nad planem Warszawy – zdecydują, jak będzie wyglądać za parę lat miasto.

Wyburzaniem zajmuje się Pogotowie Budowlane BOS. Reporterowi „Rzeczpospolitej" ich aktywność kojarzy się z miejskim safari. „Wyburzanie odbywa się prostym i wypróbowanym sposobem, między dwa oczodoły okien zakłada się linę umocowaną drugim końcem o jakiś masywny występ, po czym kilkunastu robotników zawisa na linie i rytmicznym bujaniem wprowadza »złapaną na lasso« ścianę w ruch wahadłowy – relacjonuje na żywo z placu boju. – Wytrącona z pionowej równowagi ściana zaczyna się chwiać, po czym z łoskotem, podnosząc gęste tumany kurzu, wali się w dół, zasypując chodniki i jezdnie"[26].

W taki sposób już w 1946 roku likwidują niemal całą zabudowę ulicy Chmielnej na zachód od Marszałkowskiej, zostawiając tylko kilkanaście najmniej zniszczonych kamienic. Narzędzia uderzają z impetem o mury, na jezdnię sypie się gruz. Na tyłach dawnego dworca panuje znów podobny rozgardiasz jak sto lat wcześniej, kiedy ten obszar dopiero budził się do miejskiego życia.

Przemeblowania

Potem resztki Wielkiej oraz Chmielnej, Złotej, Siennej, Pańskiej i Zielnej po wschodniej stronie Sosnowej połyka Pałac. Wbrew tym, którzy chcieliby widzieć w nim głównego niszczyciela zabytkowej części Śródmieścia, tylko dokańcza dzieła. W lipcu 1952 roku, gdy robotnicy zaczynają przygotowywać teren pod jego budowę, na zdjęciach widać pustkowie z nielicznymi skupiskami ocalałych kamienic.

Miejsce pod sąsiadujący z nim plac i park zwolnią, już odremontowane wysiłkiem lokatorów, domy w tej części Śliskiej, Pańskiej, Komitetowej i Zielnej. Sama Sosnowa zostanie ucięta i przerobiona na parkingowe zaplecze nowego osiedla. Ulica Bagno, kiedyś łącząca przydworcowy kwartał z Pociejowem, biegnąca skośnie od placu Grzybowskiego do styku Świętokrzyskiej i Wielkiej, wąska, z tramwajowym torowiskiem, zmieni zupełnie przebieg, odginając się niemal pod kątem prostym w stosunku do swojej poprzedniczki.

Główny piewca socrealizmu, przybyły niedawno z Moskwy architekt Edmund Goldzamt, nie ma wątpliwości, że cel uświęca środki: „Plac Stalina powstaje na terenach przeciętych dawniej kilkunastoma ulicami – wąwozami, ujętymi w kilkadziesiąt zwartych bloków mieszczańskiej zabudowy, w której wnętrzu fałszywa świetność i polor świata dulszczyzny przeplatała się z bytem mieszkańców suteren i poddaszy, obywateli podwórzy-studni, wyrobników i rzemieślników, lumpenproletariatu i bezrobotnych”[27].

Weźmy na przykład Chmielną 66, w której oficynie z początkiem wieku pobudowała się fabryka Syreny Rekord, największej firmy fonograficznej w Królestwie Polskim i Rosji, a potem w Drugiej Rzeczypospolitej. Robotnicy tłoczyli codziennie po piętnaście tysięcy płyt, by warszawscy mieszczanie mogli beztrosko podrygiwać we wnętrzach swoich salonów w rytm płynącej z gramofonu muzyki.

Albo dwupiętrową kamienicę przy Marszałkowskiej 115, na rogu Złotej, gdzie półnagie manekiny przez lata kusiły porządnych ojców rodzin oraz niedorosłych chłopców widokiem podwiązek, gorsetów i pończoch ozdabiających ich plastikowe piersi i uda. Właściciele łódzkiej firmy L. Plihal Spółka Akcyjna Przemysł Trykotażowy i Dziany, wiedząc, że wszelkie przyzwyczajenie rodzi nudę, pilnowali, by zmieniać ekspozycję co kilka dni. Potem, w tym samym miejscu, przymocowany do muru w połowie budynku napis z metalowych liter głosił dumnie: „Singer Sewing Machine Company”. Koncern kupił dom w latach trzydziestych i przebudował na swoje potrzeby, lokując w parterze sklep o ogromnych witrynach.

Przy Marszałkowskiej 125, w pobliżu Siennej, inne burżuazyjne zbytki – futra z wielkiej firmy Maksymilian Apfelbaum i Spółka. To samo w okazałej kamienicy projektu Piusa Dziekońskiego (Marszałkowska 127) – srebra domowe od przedsiębiorstwa Norblin, Bracia Buch i T. Werner. Fryzjer Ewaryst. Pierwsza Warszawska Piekarnia Mechaniczna. Cukiernie Chęcińskiego i Tabaczyńskiego. Bielska Fabryka Sukna Karol Jankowski i Syn przy Marszałkowskiej 112, największy w okolicy sklep o olbrzymich witrynach, z których też spoglądały na przechodniów kobiece manekiny, na szczęście ubrane. Marszałkowska 119, skąd przed wojną roznosił się zapach czekolady z fabryki „Pluton”, a 4 marca 1945 roku Mieczysław Fogg ku radości warszawiaków otworzył pierwszą powojenną kawiarnię – z „niewielkim, dusznym pomieszczeniem, wypełnionym zapachem karbidu i dymu z papierosów”[28].

Pierwsza kawiarnia artystyczna w zrujnowanej Warszawie – Cafe Fogg, otwarta przez Mieczysława Fogga w kamienicy przy ul. Marszałkowskiej 119.

Parasole Ryczer. Niewielki sklep, ale z ogromnym wyborem towaru; jego adres przekazywano sobie z ust do ust w całej Warszawie. Zbigniew Pakalski: „Posiadał parasole męskie i parasolki damskie, zwykłe i wykwintne, ale zawsze solidnie wykonane z trwałych mat, słowem pewne. Sam pan Ryczer urzędował za ladą, traktując każdego jak dobrego znajomego. Człowiek czuł się tu dobrze, załatwiany był od ręki, nawet z najdrobniejszą naprawą, za którą nie brano zapłaty"[29]. No i co z tego? Nie ma co się użalać nad inicjatywą prywatną. Prywaciarz przecież zawsze sobie jakoś poradzi.

Nie wywinie się też ani kamienica przy Marszałkowskiej 56, gdzie od razu po wojnie wznowił działalność mieszczący się w niej kinoteatr Stylowy, ani częściowo naprawiony z wojennych zniszczeń gmach zrzeszenia żydowskich subiektów przy Zielnej 25. To, że dawniej mieściły się tu studia radiowe, nie wzrusza partyjnych decydentów, ale mieszkańcy łudzą się, iż dom pomoże ocalić inne zdarzenie z historii. Lewicujące stowarzyszenie żydowskich kupców, przypominające bardziej związek zawodowy, chętnie udostępniało swoje wnętrza organizacjom o podobnym profilu. To w jego obszernych salach w pewien grudniowy dzień 1918 roku do socjaldemokratów radzących nad przyszłością swojego ugrupowania dołączyli po obradach członkowie pokrewnej ideowo Polskiej Partii Socjalistycznej-Lewicy i połączyli się w jedno pod sztandarem Komunistycznej Partii Robotniczej Polski. Ta co prawda została rozwiązana przez radzieckich towarzyszy w ramach wielkiej czystki, lecz po wojnie nie przeszkadzało to działaczom rządzącej Polskiej Zjednoczonej Partii Robotniczej odwoływać się do jej dziedzictwa, a nawet umieścić na budynku pamiątkowej tablicy.

Widząc przygotowania do prac rozbiórkowych, mieszkańcy podpytują Wydział Historii KC PZPR, co zrobić teraz z tablicą, bo sądzą, że któryś z decydentów złapie się za głowę i zmieni zdanie w sprawie budynku. Sprytny zabieg na nic się nie zdaje. Tablica trafia w depozyt do siedziby partii, a po całym gmachu Bractwa Subiektów Handlowych zostaje tylko kamień ze stosowną informacją.

Wyrok padnie także na Marszałkowską 101, mimo umieszczonej w bramie tabliczki „Dom zabytkowy", teoretycznie chroniącej przed rozbiórką. Parasolnik Józef Ryczer, dowiedziawszy się o likwidacji domu, w którym rodzinny zakład działał nieprzerwanie przez pięćdziesiąt lat, szuka nowego lokalu. Znajduje jakąś dziurę przy ulicy Lwowskiej, naprzeciw Politechniki. Klienci dowiadują się pocztą pantoflową o nowej lokalizacji i jak dawniej napływają z całej Warszawy.

„Wiosną 1954 patrzyłem ze łzą w oku, jak zaczęto rozbierać kamienicę, w której spędziłem do tego czasu większą część swojego życia. Przeszedłem po raz ostatni przez podwórze i stary pusty sklep oraz pracownię z uczuciem, jakbym żegnał umierającego przyjaciela"[30].

Połknięte

Dom uszkodziła wojna, ale twarda z niego sztuka. Ściany nie dały się pociskom, stoją pewnie, choć całe w liszajach, a spod popękanego tynku wyłażą cegły. Ważne, że stoi. Opłakany widok nie przeszkadza dawnym mieszkańcom, którym po wojennych przejściach udało się wrócić do Warszawy. Ściągają na Złotą 25 z różnych stron, a ich perypetie przeżywa cała Polska. Wielu widzów serialu *Dom* nadawanego przez polską telewizję od lat osiemdziesiątych, niezorientowanych w topografii stolicy, wierzy, że pokazywany na ekranie budynek naprawdę dotrwał do współczesnych czasów. Zapisują jego adres na obowiązkowej liście podczas wycieczki do Warszawy. Na miejscu trudno im ukryć rozczarowanie, gdy zamiast Złotej 25, gdzie w bramie powinien przywitać ich wsparty na miotle jowialny dozorca Popiołek, widzą przed sobą kolumny Teatru Dramatycznego.

Gdyby inne charakterystyczne punkty Pałacu nałożyć w podobny sposób na siatkę Złotej, Wielkiej i Siennej, która zniknęła w jego brzuchu, wyglądałoby to tak:

Przez środek, jezdnią Złotej, podzwaniając na przechodniów, przejeżdżałby tramwaj.

W linii wyznaczonej przez Pałacową iglicę stałby dom pod adresem Złota 28. Po jego właścicielce od połowy lat trzydziestych, Szai Rubinlicht, została tylko informacja w urzędowym dzienniku o zaleganiu z opłatami. O samym domu wiadomo, że mieścił się w nim najlepszy w okolicy zakład fryzjerski.

U wejścia do pływalni w Pałacu Młodzieży – parterowy dom przy Wielkiej 20, wędliniarnia Krzysztof Daab i syn, roztaczająca wokół zapachy szynek i kiełbas, a zwłaszcza słynnej na całą Warszawę pasztetowej. Moderniści nadbudowali na domu kilka pięter na propagandowym plakacie, pokazując, jak powinno wyglądać nowoczesne miasto przyszłości.

Na chodniku przy wejściu do teatru Lalka – dom, z którego Janusz Korczak z dziećmi poszedł na Umschlagplatz.

Zamiast ściany z rzeźbą młodzieńca przy bocznym wejściu do Pałacu Młodzieży od strony Emilii Plater – kamienica przy Siennej 27 z mieszkaniem pod dziewiątką, które wynajmował współtwórca futuryzmu Anatol Stern.

Ślizgawka – Sienna 17, kamienica Banku Gospodarstwa Krajowego. Nie zostawiła po sobie nawet zdjęcia.

Kinoteka – Złota 31, dom, którego właścicielem był Abram-Icek vel Roman Fagrek vel Kleniec.

Garść nikomu już niepotrzebnych adresów i faktów, jak pojedyncze litery, których nie da się poukładać w wyrazy, a co dopiero w spójną opowieść.

Łatwiej spróbować za pomocą liczb. Wielkomiejski kwartał zajęty przez Pałac i sąsiadujące z nim place, park oraz skwery to trzydzieści sześć hektarów. Przed wojną, z wyjątkiem nieparzystej strony Chmielnej, gdzie rządziła kolej, było tutaj sto dziewięćdziesiąt siedem adresów, czyli frontowych kamienic wraz z oficynami. Podczas wojny legło w gruzach tylko sześćdziesiąt pięć budynków. Pięćdziesiąt jeden wyszło z niej cało. Kolejnych siedemdziesiąt osiem nadawało się do odbudowy mimo zniszczeń. Spora liczba ocalałych to dowód, że większość kamienic Wielkiej, Złotej, Siennej, Zielnej i Pańskiej, zbudowana nowocześnie, bez drewna, nie zdążyła się nawet zestarzeć.

Najbardziej dostało się Wielkiej. Wojna zniszczyła na niej tylko osiem spośród dwudziestu ośmiu posesji. Siedem przetrwało nietkniętych. Resztę, zależnie od stopnia uszkodzeń, można było przywrócić do dawnej świetności. Pogotowie Budowlane BOS wolało rozbiórkę. Teraz Pałac zagarnia ostatnie budynki, ścierając Wielką z planu miasta. Ale coś trzeba jeszcze zrobić z ludźmi. Urzędnicy, patrząc na cyfry, łapią się za głowę: jak to możliwe, by na mocno przetrzebionym przez pierwsze wyburzenia, zniszczonym terenie mieszkało aż trzy i pół tysiąca osób? Skąd znaleźć dla nich lokum w dopiero co odbudowującym się mieście? W desperacji rozważają jeszcze przesunięcie niektórych dobrze zachowanych kamienic, licząc na wsparcie Rosjan, doświadczonych w podobnych operacjach, lecz podliczywszy koszty, kapitulują, przerażeni nieopłacalnością przedsięwzięcia. Oficjalne statystyki zaniżają liczbę przesiedleńców, nikt zresztą nie używa tego słowa. Akcję ukryto pod hasłem „odgruzowywanie terenu". Idzie opornie. W opisujących jej przebieg raportach poszczególne instytucje i komórki obrzucają się oskarżeniami: wydziały budowlane winią kwaterunkowe za opieszałość w eksmisjach, te drugie nie pozostają im dłużne.

Właściciele, jeśli chcą, mogą zająć się rozbiórką we własnym zakresie i na otarcie łez zabrać z sobą kawałki dotychczasowego domu, „odzyskując cegłę, stolarkę wewnętrzną, konstrukcje dachowe i materiały instalacyjne oraz sanitarne do swojej dyspozycji"[31]. Nie zdadzą się im na wiele w nowych blokach Muranowa czy Mirowa.

Symbol

Filip Grynkiewicz, posiadacz prawa użytkowania wieczystego siedmiuset pięćdziesięciu metrów kwadratowych po kamienicy przy Wielkiej 4, może dziś zaparkować w jej miejscu samochód. Albo przyczepę z jedzeniem na wynos. Parkować może zresztą w dowolnym miejscu pośrodku placu Defilad – on i jego rodzina, bo miasto zwolniło dawnych właścicieli z opłat. Nie płaci też podatku od gruntu.

Nie może – co już wiemy – postawić namiotu ani szklanego pawilonu, bo plan tego zabrania. Nawet gdyby było inaczej, na pawilon musiałby zgodzić się jeszcze konserwator zabytków sprawujący pieczę nad bezpośrednim otoczeniem Pałacu. Chodzi o estetykę.

Może prowadzić bar albo restaurację, zgodnie z miejscowym planem zagospodarowania terenu, ale tylko podczas imprez kulturalnych. Więc przyczepa z jedzeniem działająca całą dobę nieco od tej reguły odstaje.

Musi mieć własny agregat prądotwórczy, bo do skrzynki oddalonej o pięćdziesiąt metrów nie może się podpiąć. Spółce zarządzającej Pałacem nie wolno odsprzedawać prądu innym użytkownikom. Wolno wynająć dostęp, ale tylko tym, którzy wynajmują powierzchnię na placu. Pan G. nie jest najemcą, więc się nie kwalifikuje.

– Plan dla tego terenu jest tymczasowy – mówi Grynkiewicz. – Stały dawałby pewność, jak wolno nam dysponować odzyskaną własnością.

Po co w takim razie było starać się o prawa do gruntu, na którym nie da się nic postawić? Jak można snuć względem niego wiarygodne plany?

– Na razie chcemy przetrwać. Pokazać, że Wielka to nasze miejsce. Naszej rodziny. A ziemia nie zaśmierdnie się przecież.

Pionier

Pierwszy zgłosił się Tadeusz Koss.

Potomek adwokatów i przemysłowców, od czterystu pięćdziesięciu lat osiadłych w Warszawie. Ekscentryk o niewyparzonym języku. O sobie samym mówi: optymista, marzyciel, płci odmiennej czciciel.

Jego dziadek ze strony matki Józef Ostrowski, przedwojenny milioner, który dorobił się na handlu futrami z Rosją, kupił od hrabiego Druckiego-Lubeckiego kamienicę dochodową przy Zielnej 26, naprzeciw siedziby Polskiego Radia. Na parterze dwanaście sklepów, od Zielnej i Świętokrzyskiej, w podwórzu hangar wytwórni filmowej As. Podczas powstania w budynek uderzył pocisk, zostały dwie ściany i pięćdziesiat tysięcy rubli w złocie zakopanych w piwnicy. Niewielką część odnaleźli, reszta przepadła. W 1948 roku dziadek wrócił i zabrał się do odbudowy. Gdy już był na wysokości pierwszego piętra, dostał decyzję o wywłaszczeniu. Bosowskie brygady ścięły dom z powrotem do parteru, a potem zrównały z ziemią.

Tuż po przemianie Polski w państwo demokratyczne w ręce Kossa trafia gazeta z ogłoszeniem. „Byli właściciele Warszawy" skrzykują się na spotkanie. Poszedł. Zakłada razem z innymi Zrzeszenie Właścicieli Nieruchomości (niedługo potem zostanie jego wiceprezesem).

Kraj jest już demokratyczny, żelazna kurtyna znikła, lecz dekret Bieruta nadal obowiązuje. Polska nie kwapi się go znieść. Jako jedyne państwo postkomunistyczne w Europie Środkowo-Wschodniej nie rozstrzygnęła kwestii reprywatyzacji – nie ujęto jej w pakiecie pierwszych reformatorskich ustaw. A gdyby tak udowodnić, że wywłaszczenia dokonano z naruszeniem prawa? – kombinuje Koss wspólnie z kolegami ze zrzeszenia. Dowodem są odwołania od decyzji o przejęciu nieruchomości, składane, gdy dekret wszedł w życie. Wprowadzany na chybcika, przezornie umożliwiał obywatelom odwoływanie się, ale były to tylko pozory demokratycznych procedur: władze oddalały wnioski lub je ignorowały.

Właściciel Zielnej 26 składa wniosek o unieważnienie. Władze radzą mu, by poczekał na ustawę reprywatyzacyjną, która „prawdopodobnie będzie ogłoszona w najbliższym czasie". Mija kilka lat, ustawy nie ma. Koss występuje do ministra budownictwa. Chce, by stwierdził, że decyzja o przejęciu nieruchomości była nieważna. Po trzech latach dostaje upragniony dokument. Zwraca się do władz Warszawy o ustanowienie prawa do gruntu. Tym razem czeka czternaście lat, zaskarżając odmowne decyzje. W 2006 roku wreszcie się udaje. Samorządowe Kolegium Odwoławcze przyznaje mu rację. Tymczasem zdążył zaskarżyć Polskę do Trybunału Sprawiedliwości w Strasburgu, dowodząc, że nie szanuje wyroku własnych sądów. Sprawa jest wciąż w toku, gdy dwa lata później miejscy urzędnicy zwracają Tadeuszowi Kossowi tysiąc trzysta metrów kwadratowych – zaśmiecony kawałek parku u zbiegu ulic Marszałkowskiej i Świętokrzyskiej, tuż obok wejścia do stacji metra. Uszczęśliwiony, przynosi tam fotel, zasiada w nim i pozuje do zdjęć zaproszonym dziennikarzom.

W Polskę idzie wiadomość: „Oddają pod Pałacem".

Pośrednicy

Telefon Tadeusza Kossa dzwoni na okrągło. Firmy deweloperskie dopytują się, czy sprzeda im działkę. Odprawia je z kwitkiem – zgodnie z planem nic nie można na tym terenie zbudować. Odmowa nie zniechęca chętnych – z perspektywy dewelopera tymczasowość miejscowych przepisów to atut. Jest szansa, że zmienią się na jego korzyść.

– Mało ich? – Miejski urzędnik wskazuje szare wielokąty w otoczeniu Pałacu, wykrojone na mapie w kolorze cytryny. – Roszczeń z początku było kilka, teraz jest blisko czterdzieści i będzie jeszcze więcej.

– Zwrot „byli właściciele" to pojęcie symboliczne – wzdycha. – Jakieś siedemdziesiąt procent starających się o zwrot to handlarze, którym udało się odkupić papiery od spadkobierców.

Specjaliści od odzyskiwania gruntów mają swoje sposoby. Według wyliczeń Polskiej Unii Właścicieli Nieruchomości, parcele i kamienice w rejonie placu Defilad utraciło kilkaset rodzin, w większości żydowskich. Ich dzieci i wnuki mogą starać się o ich odzyskanie, nawet jeśli są obywatelami innych państw. Wystarczy więc, że człowiek przedsiębiorczy i cierpliwy ustali za pośrednictwem prawników, kto figuruje w rejestrze jako przedwojenny właściciel, czy żyje i czy miał spadkobierców. Potem – gdy już zyska pewność, że nikt uprawniony nie stanie na drodze – zgłosi się do sądu, by zostać „kuratorem osoby nieznanej z miejsca pobytu". Kurator zamieszcza cyklicznie ogłoszenia w prasie o poszukiwaniach zaginionego, a gdy nie odnoszą skutku, może zażądać w jego imieniu zwrotu nieruchomości. Jeśli prawnicy nie podejrzewają, o co toczy się gra, trudno byłoby mu udowodnić złe intencje: przecież chce tylko zabezpieczyć interesy osoby, której reprezentowania się podjął. Gdyby sąd nie chciał wpisać jego nazwiska do księgi wieczystej, może odwołać się do wyższej instancji. Chyba że w porę powstrzymają go urzędnicy.

Istnieje też prostszy sposób – skupić roszczenia. Tak działa pan M., znany w Warszawie deweloper, właściciel dwóch działek przy placu Defilad. Bywa, że sami właściciele zgłaszają się do niego, zmęczeni ciągnącym się latami postępowaniem. Staje się ich dobroczyńcą, oferującym zadośćuczynienie za stratę poniesioną na rzecz państwa, które do dziś nie potrafi uchwalić ustawy reprywatyzacyjnej.

– To komplikuje nam plany względem placu. – Urzędnik raz jeszcze wskazuje na mapę. Odzyskane działki, zaznaczone na szaro, odcinają się od cytrynowego tła jak pojedyncze wyspy pośrodku oceanu. – Chcąc inwestować, trzeba je wykupić, a nowi właściciele znają doskonale wartość gruntów w centrum Warszawy i dyktują ceny przekraczające możliwości miasta. Pracujemy nad nowym rozwiązaniem. Takim, które będzie w miarę sprawiedliwe dla właścicieli, ale nie zrujnuje też nas. Jest już pomysł, jak to załatwić, ale na razie nie mogę zdradzać szczegółów. Prędzej czy później się uda.

Szansę na zwrot mają na razie tylko byli właściciele kamienic z Wielkiej, Złotej, Siennej, Chmielnej, Marszałkowskiej, Zielnej, Śliskiej i Pańskiej, które ustąpiły miejsca pod plac Defilad. Jeśli nie mieli pecha i ich gruntu nie przecina dziś droga dojazdowa, bo to, co powstało na cele publiczne, przeszło na zawsze na własność miasta.

Oprócz terenów należących do kolei wolny od roszczeń jest również sam Pałac. Właścicielowi, który odzyskuje działkę, zgodnie z prawem trzeba też oddać wszystko, co się na niej znajduje. A jak oddać budynek, który stoi na wielu działkach? Odszkodowań zaś dekret Bieruta nie przewiduje.

36
ЛЕТ
ОКТЯБРЯ

4. Goście

Na wielkim placu budowy, gdzie rozgrywa się akcja, gromadzą się główni aktorzy.

Są dwie ich kategorie. Obcojęzycznym przybyszom przypisano role mistrzów. Mają wtajemniczać w zadanie miejscowych. Ci równie doświadczeni, lecz niewystarczająco pewni, by można było ich zostawić bez opieki, chcąc nie chcąc, znajdą się niżej w hierarchii. Powiedzmy, że to czeladnicy.

Wszystkich dobierano starannie, sprawdzając przy użyciu środków, którymi dysponują systemy kierowane podejrzliwością i strachem.

Nad wyborem mistrzów czuwał sam minister Karawajew. „Nie braliśmy wszystkich. Potrzebni byli konkretni specjaliści – cieśle, malarze, sztukatorzy o najwyższych kwalifikacjach. W tamtych latach poziom profesjonalizmu naszych rzemieślników był wysoki. Wielu uczyło się rzemiosła od ojców, a ci od dziadków i tak do siódmego pokolenia. Dopiero potem więzy pokoleniowe zaczęły się rwać i nie dbano już, by dokładnie wykonywać pracę. Wtedy jednak byli to jeszcze prawdziwi fachowcy”[32].

Złe, jeśli przyjdzie, to dopiero później. Na planie trwa złoty wiek. Ciągną tu zewsząd, ze wsi i miast, z zapałem, na wezwanie najwyższego władcy. Są ich tysiące. Scenariusz przewiduje, że przy wsparciu pomocników z sąsiedniej krainy, leżącej na krańcach tego samego imperium, wzniosą w jej głównym mieście pomnik przyjaźni, podobny z kształtu raczej do wieży Babel, i ofiarują ją tamtejszym mieszkańcom na wyłączny użytek. Niechże ci biedni ludzie, którzy nigdy nie dotarli do stolicy mocarstwa, cieszą się, że patrząc nań, mogą sobie chociaż wyobrażać blask odbity od moskiewskich chmurodrapów daleko na wschodzie. Podobnie ich przodkowie, gromadząc się w ciasnych kościołach ozdobionych wysiłkiem miejscowych rzemieślników, brali te wnętrza za odpowiedniki wielkich katedr, w sam raz na swą miarę. Nie, to złe porównanie, bo gmach, który zaczyna właśnie wznosić w sąsiedzkim darze zdolna i żwawa brygada, nie będzie lichą kopią. Władcy, który go funduje, zależy, by każda darowana przezeń budowla, gdziekolwiek powstanie, była zarazem pomnikiem jego chwały, a zależność tę zaznaczy nadane jej imię.

Już czas zacząć. Mistrzowie i ich pomocnicy wkładają granatowe kombinezony. Nad bramą budowy zapala się napis cyrylicą: „Da zdrastwujet sowietsko-polskaja drużba" – „Niech żyje przyjaźń radziecko-polska".

Wzorzec

Żeby chociaż raz się upił. Rzucił przekleństwo, skompromitował się.

Niechby miał jakieś wstydliwe hobby albo nałóg. Pokazał, że jest leniem, złośliwcem, donosi na innych, oszukuje, gdy nie patrzą, dłubie w nosie, smaruje wywrotowe napisy na ścianach wychodka.

A tutaj – święty z obrazka w socjalistycznym katechizmie. Nie sposób z takim wytrzymać.

Nasz pierwszy bohater hartował się niczym stal już w pierwszych latach po urodzeniu. „Było ich w domu pięcioro: ojciec – na froncie pierwszej wojny światowej, matka – chora, starsza 13-letnia siostra, on – ośmioletni chłopak i jeszcze młodszy od niego braciszek. I krowa – jedyna karmicielka. Ziemi jedna »dusza« – była taka miara, coś niecoś więcej aniżeli hektar. Czy można nie pamiętać takiego dzieciństwa?"[33]

Aleksander Zacharowicz Antonow pamięta, a jakże. Opowie ze szczegółami polskim reporterom (i tak nikt nie będzie tych szczegółów sprawdzał). O wsi odległej o sto kilometrów od Moskwy, gdzie klepali biedę. O ojcu – swoim pierwszym nauczycielu, który przed wojną pracował dorywczo w stolicy i co roku, na wiosnę, jechał tam na kilka miesięcy, wynajmując się na którąś z budów, sypiając w pierwszej lepszej norze, byle było najtaniej, i jesienią wracał do domu, niosąc w zawiniątku na piersi kilka rubli, pod pachą chustkę dla żony, korale dla córki i buty dla Aleksandra, by miał w czym iść do szkoły. Część zarobku pokrywała długi zaciągnięte poprzedniej zimy, za resztę musieli poradzić sobie aż do przednówka, gdy znów Antonow senior ruszał w swoją pielgrzymkę. Pierwsza wojna rozbiła ten rytuał. Przestano budować, a ojciec poszedł walczyć. Gdy wrócił, „trzeba było wytężyć wszystkie siły, aby obronić historyczną zdobycz ludu pracującego: władzę – zapisze słowa Aleksandra dziennikarz. – Trzeba było wykarmić armię walczącą na wszystkich frontach, miasta wyniszczone i wygłodzone. Trzeba było więc zmusić kułaka, by dał miastu chleb. I ojciec Aleksandra Zacharowicza Antonowa pomagał w tym władzy radzieckiej, chodził wraz z jej przedstawicielami od jednego do drugiego spichlerza kułackiego ujawniać pochowane zboże. Na budowę wrócić mógł dopiero później, gdy władza radziecka rzuciła swe siły na front odbudowy gospodarki, a następnie na front budownictwa socjalizmu"[34]. Odtąd, wznosząc osiedle dla robotników w dzielnicy Sierpuchowskiej, będzie uczył fachu swojego syna. Aleksander nie omieszka przy okazji wspomnieć, że robili wszystko własnymi rękami, posiłkując się jedynie kielnią, inaczej niż na tej warszawskiej budowie, gdzie oddano do ich dyspozycji najlepsze i najdroższe maszyny, by mogli stawiać jedno ze skrzydeł Pałacu, przeznaczone na siedzibę teatru.

W jego wypadku status mistrza jest najzupełniej uzasadniony – bądź co bądź przemierzył popisowo całą drogę rozwoju radzieckiego budownictwa, od kielni po wieże dźwigowe. Na dodatek od razu zaangażował się w ruch socjalistycznego współzawodnictwa pracy. Jako ochotnik stanął na czele jednej z pierwszych brygad szturmowych murarzy w Leningradzie. „Chodziło bowiem nie tylko o to, aby rosły nowe domy, aby rozpowszechniały się nowe metody pracy, ale aby rósł nowy człowiek, aby nowe i postępowe odniosło zwycięstwo nad starym i zacofanym, i to we wszystkim – w metodach pracy, w wydajności pracy i w świadomości ludzi"[35], tłumaczy Antonow reporterowi. Z dumą, mówi, spacerował potem w 1947 roku po mieście i oglądał – w jakimś sensie też i swoje – domy wzniesione podczas pierwszej pięciolatki stalinowskiej. By zaś wszystko, czego się nauczył, mogło posłużyć innym, po godzinach zaczął pisać książkę o sztuce murarskiej.

Cóż więc podkusiło tego niezwykłego człowieka, który przyznaje, że kocha Leningrad całym sercem, by porzucić to miasto i zgłosić się (znów jako jeden z pierwszych) na budowę Pałacu Kultury i Nauki w Warszawie? Pytanie z gruntu bezzasadne, bo tak samo przecież jechał na Ukrainę czy na Sybir kształcić nowe kadry murarzy, jeśli tylko życzyły sobie tego władze.

Ech, ci dziennikarze i ich skłonność do uproszczeń. Antonow uśmiecha się wyrozumiale i wyjaśnia:

„Gdy przeczytałem umowę naszych rządów o darze dla Polski Ludowej, ogarnęło mnie poczucie dumy. Za kraj mój, za rząd, za Stalina. Jeszcze czegoś takiego nikt, nigdy i nigdzie nie budował: aby mury były z przyjaźni. To wielki zaszczyt uczestniczyć w pięknym tym dziele"[36].

Zobowiązanie

Zaczęli z opóźnieniem. Miał to być 1 maja 1952 roku, ale dopiero dzień później ruszyły pierwsze wykopy. Stanęli szpalerem wzdłuż dziury rozmiarami przywodzącej na myśl krater. Spojrzeli w stronę, gdzie zgromadzili się przywiezieni czarnymi limuzynami najważniejsi ludzie w satelickim państwie.

„Dźwig nadjechał, wyciągnął on nad dołem swą chudą szyję, na jej końcu chwiał się, jak dojrzała gruszka na gałęzi, pojemnik napełniony betonem. Nadeszła uroczysta chwila. Premier Józef Cyrankiewicz przechylił się przez barierę i rzucił złotówkę"[37].

Wylądowała w brunatnej mazi, co natychmiast uwiecznił operator Polskiej Kroniki Filmowej, zjechawszy na linie w głąb leja z kamerą podtrzymywaną nad głową. Czerpak bryzgnął zawartością w czeluść.

„Na szczastie!", zawołano.

„Młoda murarka, ocierając czoło grzbietem ręki, błysnęła w słońcu kielnią, jakby salutując miastu ze swej podniebnej wysokości. Na chwilę wzrok jej oderwał się od składających się szybko i sprawnie pod jej rękę cegieł i pobiegł gdzieś daleko, ponad naszymi głowami, ponad dachami okolicznych domów, ku srebrnej wstędze Wisły, ku piaszczystym łachom Saskiej Kępy, ku podwarszawskim zieleniącym się już polom... A może jeszcze dalej, ku schowanej gdzieś za wypukłością kuli ziemskiej rodzinnej Moskwie...

Być może młoda murarka przypomniała sobie słowa, wypowiedziane kiedyś przez Wielkiego Stalina do odwiedzających Go na Kremlu przedstawicieli polskiego narodu; o Jego słowach: jasnych, zwięzłych i prostych, jak wszystko co mówił, a tak głęboko zapadających w pamięć: »Nie żądamy, abyście nam wierzyli na słowo, sądźcie nas według czynów«. I pewnie

Prace przy budowie Pałacu. Jako zaplecze materiałowe służy baza produkcyjno-usługowa na Jelonkach. W czerwcu 1952 roku gotowy był już wykop pod fundamenty.

pomyślała wtedy ta podniebna, zapatrzona w dal dziewczyna, że oto dane jej jest być jedną z tych, które słowa te oblekają w czyn, tworząc jeszcze jeden dokument przyjaźni, który będzie wiekopomnym i wiekuistym pomnikiem braterstwa między Polską i Związkiem Radzieckim"[38].

Młoda, pełna zapału dziewczyna pasuje idealnie do sceny zamykającej pierwszy akt. Nawet gdy po odegraniu swej roli odstawi nieporadnie trzymaną w ręce kielnię i wróci do bardziej podrzędnych zajęć – windziarki, kucharki czy nauczycielki dzieci radzieckiego inżyniera.

Kolejne zwroty akcji też dyktuje kalendarz z rocznicami świąt robotniczych, rewolucji i zjazdów. Wylewać fundamenty zaczną 21 lipca, skończą 4 października. Na 7 listopada 1953 roku, w rocznicę Rewolucji Październikowej, gmach ma już mieć wszystkie piętra, stalową konstrukcję z iglicą i kopułę Sali Kongresowej.

Bohaterowie

Nawet przeszłość musi się podporządkować wyzwaniu rzuconemu mistrzom z zagranicy. W ich biografiach, jakiekolwiek byłyby naprawdę, nie ma teraz miejsca na potknięcia ani nawet na przeciętność. Przypominają trochę bohaterów z antycznej epoki, współczesnych herosów, o których sami niedawno uczyli się w szkole – Tanię Wasilczenko z powieści *Daleko od Moskwy* Wasilija Ażajewa, dziewczynę, która wśród śnieżnej zamieci wspólnie z grupą komsomołców przeciągała gołymi rękami druty telefoniczne; Sergiusza Tutarinowa z filmu *Kawaler Złotej Gwiazdy*, pełnego zapału bohatera spod Stalingradu, czy ludzi, którzy na kartach książki Borysa Polewoja połączyli Wołgę z Donem. Napinają muskuły, prężą piersi, demonstrują światu w wyciągniętych dłoniach atrybuty wykonywanych zawodów. Zastygli w gotowych pozach jak rzeźby wykonane przez Azeryjską Fabrykę Ceramiczną imienia 60-lecia Wszechzwiązkowego Leninowskiego Komsomołu w Estonii, które ozdobią rezultat tej pracy.

Budowlaniec dzierżący model wieżowca ma w sobie coś z Aleksandra Zacharowicza Antonowa.

Mężczyzna z łożyskiem, które ma subtelnie nawiązywać do twórczości mechanicznej, wygląda jak Włodzimierz Afanasjewicz Mamonow,

Действителен по 31 XII 1953 г.

Выдан тов. Врушевич

Александр

(фамиля. имя, отчество)

На право входа на территорию строительства Дворца Культуры и Науки и промбазы

Подпись ответственного лица

7. I 1953 г.

Ważna do dnia 31. XII 1953 r.

do wejścia na teren budowy Pałacu Kultury i Nauki i Bazy przemysłowej

Личная подпись
Podpis osobisty

№ 5346

„Prasa" Sm. Z. 3160. 10000.

Niepowołanym wstęp wzbroniony. Wydawana przez władze radzieckie przepustka uprawniająca do wejścia na teren budowy.

lat trzydzieści trzy, kierownik oddziału doświadczalnego w zakładach pracujących na rzecz Pałacu. Co prawda nie ma jeszcze dyplomu ukończenia studiów technicznych, ale nadrabia „systematyczną samodzielną pracą nad sobą, wielkim doświadczeniem praktycznym i wysoce świadomym patriotycznym stosunkiem do swej pracy”[39], o czym świadczy przyznany przez samego ministra dyplom najlepszego racjonalizatora w zakładzie i odznaka przodownika współzawodnictwa socjalistycznego.

Tego dnia, gdy się dowiedział, że jego fabryka będzie pracować na potrzeby Pałacu, po powrocie do domu od razu zawołał córkę Tamarę, by przyniosła mu podręcznik do geografii.

– A po co ci, tatku?

– Chcę przeczytać, co tam o tej Polsce napisano.

– Po co czytasz o Polsce? – zaciekawiła się żona.

– Muszę opowiedzieć o niej kolegom. Żebyście wiedziały, jakie zamówienia otrzymały nasze zakłady! Wykonywanie mechanizmów dla warszawskiego Pałacu Kultury i Nauki. Będą musieli nasi chłopcy dobrze popracować.

„Tego wieczora w mieszkaniu Mamonowych przewertowano całą posiadaną literaturę o Polsce”[40], relacjonuje w „Kurierze Codziennym” dziennikarz podpisujący się jako Preobrażeński.

Mamonow wprost żyje swą pracą. Koledzy z fabryki cenią jego wiedzę i liczą się z jego zdaniem. Gdy trzeba, potrafi też być wymagający. Jak wobec tego robotnika, którego przydybano na opieszałym wykonaniu pojemnika na cegły.

„– Czy ci nie wstyd – mówił Włodzimierz Afanasjewicz, przeszywając robotnika palącym wzrokiem. – Czy wiesz, dokąd idą te pojemniki! – I otworzył przed oczami winowajcy gazetę ze zdjęciem projektu Pałacu Kultury i Nauki w Warszawie. – Czy chcesz splamić honor naszych zakładów?”[41]

Pierwowzorem kobiety z rylcem (nawiązanie do twórczości intelektualnej) mogła być młoda Lidia Gorina, związana z Pałacem jako inżynier planista, choć – podobnie jak Mamonow – jeszcze nie skończyła studiów. Oddana mu całkowicie, bo zawsze można ją spotkać na budowie. Można by myśleć, że przynajmniej po dniówce biegnie gdzieś odsapnąć, jak inne dziewczyny w jej wieku, ale nic z tych rzeczy. „Wieczorem zaś, po dniu pracy wspólnej z kierownikami robót i inżynierami podsumowuje wyniki pracowitego dnia, analizuje, wysnuwa wnioski, by jutro sprawa poszła jeszcze lepiej"[42].

Kołchoźnica to wypisz, wymaluj bufetowa Wala. Jest jedną z najpopularniejszych postaci na budowie, znają ją wszystkie „wierchołazy", jak określa się tutaj robotników z wysokich pięter, specjalistów od montażu oraz spawaczy, pracujących na niewielkich platformach przyczepionych do belek konstrukcji. „Wala troskliwie dba o nich: żeby papierosy, piwo i kanapki były zawsze na górze, w tym podniebnym kiosku, żeby wszyscy dostali to, czego potrzebują. Wystarczy zadzwonić np. z piętnastego piętra do Wali do bufetu, ona zaraz połączy się z operatorem dźwigu, przygotuje paczuszkę i na potężnej stalowej linie pilna przesyłka powędruje do zamawiającego. Rachunki reguluje się potem. Przy pracy szkoda czasu..."[43]

Mechanik ma smagłą twarz i wesołe oczy, jak Iwan Iljicz Frałow, operator jednego z czterech górujących nad konstrukcją Pałacu „niby cztery baszty w rogach twierdzy"[44] dźwigów. Przyjechał tu z rodzinnej Moskwy i stopniowo piął się w górę – w przenośni i dosłownie, bo najpierw pozwolono mu działać w fachu montażysty tylko do wysokości dziesiątego piętra. Odkąd nauczył się obsługi dźwigu, może docierać znacznie wyżej. „Jego »UBK«, stojący w narożniku od strony Świętokrzyskiej i Marszałkowskiej z dokładnością do kilku centymetrów podaje betonowe płyty stropowe, belki, wiązania i skrzynki z lemoniadą. Z tą lemoniadą to skomplikowana sprawa. Belki i płyty podnosi się tylko raz – w górę. A lemoniada, papierosy czy mleko wędrują dwa razy. Raz do góry (teraz na 27 kondygnację) do stalowej budki bufetu. A drugi raz: z bufetu na dół, na niższe piętra, do roboczych stanowisk"[45].

„W budce siedzi dźwigowy. Niezawodnymi, szybkimi dotknięciami palców przesuwa rozstawione na tablicy rozdzielczej dźwignie – gra na nich jak na klawiaturze. Wirtuoz"[46], zachwyca się dziennikarz. A może źle dostrzegł, może chodzi o wirtuoza płci żeńskiej, takiego jak Nadieżda Steliwanowa, weteranka pracy na żurawiach na wielu budowach Ukrainy. „W jej posłusznych rękach wielotonowy gigant, pięknym ruchem wznosząc ażurową wysięgnicę, posłusznie wykonuje równocześnie trzy operacje: przesuwa się sam, podnosi i podaje ładunek w potrzebnym kierunku"[47].

Oto pierwowzór wizerunku młodzieńca z tomem dzieł radzieckich klasyków w dłoni, Wasyli Stupin. Choć podobnie jak Frałow i Steliwanowa wykonuje prozaiczne czynności dźwigowego, duch w nim intelektualisty. „Kabina – jak malutki pokoik, ciepło w niej, stoi popielaty aparat nadawczo-odbiorczy. A na aparacie – dwie książki: *Energia* Gładkowa i biografia Goethego. Kiedy pozostałe trzy dźwigi pracują, a Stupin tylko dyżuruje, wtedy ma czas przerzucić parę stron – notuje ujęty tak niecodzienną postawą dziennikarz Jerzy Janicki, obejrzawszy miejsce pracy robotnika. – Stupin na tej wysokości zajmuje się lekturą, jak żywa iluminacja tego, co nauczał Stalin: »komunista to człowiek z książką«"[48].

Przeszkadzają mu tylko polscy towarzysze: „– Włodek, zadzwoń na dźwig. Zaraz skończą się nam cegły. Ci od Wasiljenki znów nas prześcignęli. A przecież postanowiliśmy, że dziś polska brygada dogoni radziecką..."[49].

Robotnikowi drogowemu mógł użyczyć swej postaci ten bezimienny majster robót ziemnych, którego koledzy nazywali „bezrobotnym", bo najszybciej uporał się ze swoim zadaniem, wykopawszy prawie wszystkie fundamenty, i mógł wracać do kraju, podczas gdy ich czekały jeszcze miesiące harówki.

Sowiecki młodzieniec jest jak ucieleśnienie postaci Kolki Parszykowowa z Nowieńska, co to mając dwadzieścia lat kieruje już własną brygadą. Jako dwunastoletni chłopak mocno przeżył śmierć ojca, poległego w obronie ojczyzny na froncie kijowskim. Miasto było spalone, po powrocie koczowali z matką w ruderach, póki miejscowa starszyzna nie zdecydowała, że czas wznosić nowe domy. Parszykow od razu włączył się w tę akcję i tak mu się spodobało, że wkrótce potem pojechał do Moskwy, gdzie budowano wyżej i więcej. Czy można się więc dziwić, że teraz w Warszawie, w grudniu, wykonał wraz ze swoimi podwładnymi dwieście szesnaście procent normy, przeganiając niejednego starego cieślę? Ale Parszykow nie byłby sobą, mistrzem stale dążącym do doskonałości, gdyby od razu nie zapisał się na nowy kurs dla brygadzistów.

Do postaci komsomołki mogła pozować Anna Lubaszyna. Czterdzieści dwa lata, średniego wzrostu, mocnej budowy. Też związana z Leningradem,

Radzieccy mistrzowie szykują się do bicia rekordów wydajności.

jak Antonow. Gdy Niemcy zaatakowały Związek Radziecki, wstąpiła do Armii Czerwonej. Początkowo była sanitariuszką, potem zastępczynią komendanta do spraw politycznych w szpitalach wojskowych. Awansowała na starszego lejtnanta. Teraz jest specjalistką, wysoko wykwalifikowanym elektrospawaczem, który spawa stalowy szkielet wysokościowca. Ma w tym doświadczenie z Moskwy, ostatnio na budowie uniwersytetu, którego projektantem jest Lew Rudniew, współtwórca projektu Pałacu.

To dowód, jeden z wielu, że mistrzowie, podobnie jak wysłannicy bogów ze starożytnych mitologii, nie zstępują na ziemię ot tak, bez powodu. Wiedzie ich przeznaczenie. Dotknięty nim Aloszka Gawrysz, choć szykowany do zawodu górnika (dlatego trochę będzie go przypominać górnik wykuty w kamieniu), wbrew rodzinnej tradycji został montażystą i trafił do Warszawy, by bić rekordy wydajności. By mieć pewność, że miało się tak zdarzyć, wystarczy zwrócić uwagę na znaczący szczegół w jego biografii: „Urodził się wśród popielatych hałd, dymiących w dzień i świecących gwiazdkami palącego się żużlu nocą, gdzie wśród lasu wyciągowych wież łatwo rozpoznać szyb »Centralnaja Irmino«, niezwykły szyld, bo pod nim dokonał swego pierwszego rekordu Aleksiej Stachanow”[50].

Mówi Anna Lubaszyna: „O tym, że Pałac ma być budowany przez ludzi radzieckich w Warszawie, dowiedziałam się w Moskwie. Pamiętając, jak wyglądała Warszawa w ruinach i wiedząc, jak pięknie się odbudowuje, zapragnęłam wziąć czynny udział w tej odbudowie”[51].

Lubaszyna była w Warszawie w styczniu 1945 roku. „Obraz naszej zniszczonej stolicy wrył się jej głęboko w pamięć”. Dobrze wspomina za to polskich żołnierzy, którymi zajmowała się w szpitalach wojskowych. „– Dzielni chłopcy – powiada. – Po wyzdrowieniu znowu szli na front. Niejeden z nich przysłał mi list z podziękowaniem za troskliwą opiekę”[52].

Gdy Lubaszyna pielęgnowała rannych wojaków ugodzony niemieckim pociskiem w boju o Warszawę, operator wielkiego powietrznego kompresora, a wówczas czołgista Michał Michajłowicz Prutkow przekroczył Wisłę koło Jabłonny, a potem opatrzony przez jakąś polską dziewczynę szedł i szedł naprzód, przed siebie, przez Bielany, Żoliborz, aż do miejsca, gdzie dziś staje Pałac. Pamięta je doskonale. Takich jak on jest znacznie więcej. Tak wielu, że wystarcza chwila nieuwagi i przedstawienie, pomyślane wszak jako gra najzupełniej współczesna, zmienia się w kostiumowy melodramat.

Polski autor donosi: „Oto co pisze na łamach czasopisma »Słowianie« wydawanego w Moskwie dyrektor Moskiewskich Zakładów Mechanicznych, które wykonały dla budowy szereg mechanizmów. Przytacza on wypowiedź brygadzisty Mikołaja Pietrunina, który brał udział w walkach o wyzwolenie Polski: »Nigdy nie zapomnę Warszawy – mówi Pietrunin – miasto leżało w gruzach, a mnie serce ściskało się z bólu, kiedy patrzyłem na dymiące ruiny tego, niegdyś tak pięknego miasta. I przyjemnie jest, przyjaciele, mieć świadomość, że teraz swoimi własnymi rękami pomagam budować stolicę Polski«”[53].

„Własną krwią zrosili ulice Warszawy starszy lejtnant i dowódca karabinów maszynowych Wasil Wasilewicz Jelczanow, ciężko raniony w nogę odłamkiem pocisku po sforsowaniu Wisły na Żoliborzu. Bohatersko odpierał ataki niemieckich czołgów pod Mińskiem Mazowieckim artylerzysta Dymitr Pychtin. Strącał z nieba niosące zagładę płonącej Warszawie samoloty Wehrmachtu starszy lejtnant Andriej Iwanowicz Rybałka. Gromił wroga i niósł niejednokrotnie braterską pomoc polskim uchodźcom uciekającym z bombardowanej Warszawy starszy sierżant baterii »Katiusz«, Aleksiej Iwanowicz Jelesiejew”[54].

Odznaczony pięcioma orderami inżynier o nazwisku Kondraszow – i tylko ono zgadza się w całej historii, bo dla jednych dziennikarzy jest Iwanem, dla innych Piotrem Siergiejewiczem – kierownik jednego z działów budowy Pałacu, „walczy wraz ze swymi robotnikami tlenowym palnikiem i kielnią”[55]. Kiedyś dowódca artyleryjskiej jednostki w 47. Armii Frontu Białoruskiego, stał ze swoimi na praskim brzegu, patrząc na płonącą w powstaniu Warszawę. Nazywa się to, że walczył o jej wyzwolenie.

Kto chce, niech wierzy, że było też tak: dwudziestodziewięcioletni Kondraszow, co to przeszedł szlak bojowy od Lenino do Berlina, by dźwigać, wracając do domu, całą kolekcję medali, po drodze w sierpniu 1944 roku zahaczył też o Warszawę. Jego bateria sąsiadowała z oddziałem

Tygodnik „Świat", okładka z 5 kwietnia 1953.

polskiej artylerii. Mieli wspólny punkt obserwacyjny, przy którym Kondraszow spotykał się codziennie z młodym polskim lotnikiem, i patrzyli przez lornetki na płonące miasto. „Radziecki artylerzysta pocieszał wtedy swego polskiego kolegę, wstrząśniętego widokiem straszliwej zagłady: »Po wojnie odbudujemy razem z wami waszą stolicę«”[56].

Widzowie

Teraz patrzy na nich cała Warszawa. Więcej, cała Polska.

Patrzą (co prawda z niejakiej odległości) podróżni, stając w oknach pociągów, gdy te wjeżdżają do stolicy. „Nad ledwie majaczącą w oddali linią świateł Warszawy, niby gigantyczny pomnik widnieją oświetlone dźwigi – kolosy Pałacu Kultury i Nauki im. Józefa Stalina. W tę stronę kierują się wszystkie oczy”[57].

Na bliższym planie, ze zbudowanego specjalnie w tym celu drewnianego pomostu pracy budowniczych przypatrują się codziennie statyści. W większości to zwykli przechodnie, nieświadomi ról, które dla nich napisano, z czystej ciekawości obserwujący postępy robót. Pomost, nazywany przez niektórych trybuną, stoi przy ulicy Chmielnej, w pobliżu dworca PKS. Wpierając łokcie w balustradę, gapią się jak na ruchomą szopkę albo na teatralne widowisko.

„Wielometrowe dźwigi wystrzeliły nad budowlą, jak sosny w lesie wyniosłe, lecz nie jak sosny nieruchome, bo niektóre z nich, tzw. portalowe, suną powoli po szynach – posłuszne woli człowieka, stalowe olbrzymy. Niekończącym się obrotem biegną szare taśmy i transportery, niosąc na swych barkach materiał budowlany. Na skrzyżowaniach dróg niemal ocierają się o siebie w szybkim pędzie zwrotne samochody, wiozące w zachlapanych »japonkach« gęsty, mazisty beton lub kwadratowe, druciane kosze pełne równo ułożonych cegieł”[58]. Wszystko wygląda jeszcze efektowniej, gdy zapada zmierzch i „na smukłych wieżyczkach zapalają się pęki reflektorów. (...) Gdzieś spod nieba huczy megafon dźwigowego. Ramiona dźwigów, iluminowane szeregami lampek, przesuwają się majestatycznie wśród gęstniejącej w górze ciemności. Jaśnieją litery: »Sława wielkiemu Stalinowi«. Jak świetlne echo odpowiada im napis: »Niech żyje Bolesław Bierut«”[59].

Reprezentatywny przekrój gapiów, którym dano możliwość współuczestnictwa w spektaklu, w razie potrzeby wkładając w ich usta gotowe frazesy: studenci architektury, młoda dziewczyna ze wsi, malarka odtwarzająca niegotowy jeszcze Pałac farbą na płótnie, dziecko na ramionach opiekuna, mieszkańcy Warszawy pamiętający dawne czasy, erę sprzed Pałacu.

Któryś z mieszkańców zauważa: „Panie, tam gdzie ten dźwig, dwa lata temu stała ściana. Na trzecim piętrze tylko kawałek wanny wisiał, a łazienka była na niebiesko. W żółte gwiazdki". Od razu włącza się czujny narrator, dopowiadając: „Rzeczywiście stały tu kiedyś szare kamienice, jedna przy drugiej, jak koślawe schody. Słońce przypiekało piegi brudnych wapiennych plam łatających zygzakowate pęknięcia na murach. Od ulicy na dole – rzeźnicza wystawa, przed nią łaciaty pies z kaprawym okiem. Wewnątrz – żelazne ganki; na pierwszym piętrze, na drugim, na trzecim... A na końcach ganków drzwi od wspólnych klozetów, drzwi skrzypiące i zapisane »Serce Warszawy«"[60].

By całkowicie przegnać tę wizję, odzywa się student architektury, objaśniając swej siostrze w wiejskiej chustce na głowie: „O widzisz, właśnie tam gdzie lecą gołębie, leciał wtedy samolot. Latał w ciasnych skrętach na różnych wysokościach i szukał odpowiedniego poziomu pod najwyższe piętro Pałacu"[61].

Inni studenci, otoczeni przez grupkę kilkunastu ciekawskich, dyskutują z ożywieniem o niezmiernie oryginalnym sposobie łączenia pięter stalowych.

„– To spawanie stykowe, zastosowane w Polsce po raz pierwszy"[62] – mówią.

Wykład przerywa krzyk dziecka. Kilkuletni chłopak domaga się, by wuj podniósł go wyżej, bo nic nie widzi. Usadowiwszy się na ramieniu szpakowatego mężczyzny, rozdziawia szeroko buzię z zachwytu.

– Przychodzę tutaj codziennie – mówi szczupły brunet w skórzanej kurtce – i za każdym razem dostrzegam coś nowego, jakiś nowy szczegół, którego nie zauważyłem przedtem.

Eugeniusz Grabowski, robotnik budowlany z Warszawy: – Często przychodzę popatrzeć, jak postępuje praca przy budowie tego wspaniałego wieżowca. Związek Radziecki ma wspaniałe maszyny i jeszcze wspanialsze kadry budowniczych. My, budowniczowie Warszawy, uczymy się od naszych radzieckich kolegów i czerpiemy z ich doświadczeń, dzięki czemu osiągamy coraz lepsze wyniki.

W tłumie obserwatorów są też i tacy, którzy przyjechali specjalnie do stolicy, żeby ujrzeć rosnący Pałac na własne oczy. Zorganizowane odgórnie wycieczki młodzieży, chłopów, robotników, architektów i inżynierów ściągają w tym celu z całego nieomal kraju. Wycieczek przewinie się blisko pięć tysięcy, razem pół miliona osób. Niektórym szczęśliwcom, na przykład delegatom ze spółdzielni produkcyjnej imienia PKWN z Wierzchosławic w powiecie tarnowskim, udaje się nawet przestąpić próg budowy. „Józefa Budziarek z Helenowa, gmina Brzeziny, zgrabnie przeskakuje z miejsca na miejsce, by jako tako »suchą nogą« przejść przez błotnisty teren budowy. Już niemłoda Budziarkowa żwawo biegnie w pierwszej grupie zwiedzających. Przecież musi swoim towarzyszom w spółdzielni dokładnie wszystko opowiedzieć! W zjazdowym notatniku zapisuje: »...w czwartej części budowy... fundamenty pod okrągłą salę, gdzie się będą odbywać wszystkie krajowe kongresy. Założonych już 8 pięter...«”[63].

– Patrząc na piękny dar Związku Radzieckiego, na jego ogrom i niewidziany przeze mnie nigdy rozmach prac budowlanych, zrozumiałem jak mamy w swojej spółdzielni pracować – wyznaje Mieczysław Sopel, przewodniczący RZS Śreniawa z powiatu miechowskiego.

Nawet ci, którzy nie mogą sami przyjechać, śledzą rozwój akcji z oddali, wypytując o szczegóły specjalnych wysłanników.

Ilekroć Franciszek Żupnik, urodzony w Krakowie, a mieszkający w Staniątkach w powiecie bocheńskim, zastępca kierownika laboratorium w Śremskich Zakładach Ceramiki Budowlanej w Mosinie, wraca z Warszawy, koledzy obskakują go, dopytując się:

– Byłeś na Pałacu?

– A dlaczegóż by nie? – droczy się Żupnik.

– Rośnie nasz Pałac?

– Chciałbyś tak rosnąć!

– A jak nasze cegły? Dobrze?

– Ujdą. Patrzą na więcej.

„Znaczy to, że trzeba jeszcze wzmóc wydajność pracy. (...) Partia w Śremskich Zakładach Ceramiki Budowlanej w Mosinie umiała przepoić ludzi z cegielni dumą, szczęściem, radością, że właśnie im, właśnie im powierzono ten wielki zaszczyt produkowania cegieł dla najwspanialszej budowli Warszawy. (...) Świadomą decyzją gospodarze cegielni odrzucili pomoc koparki: glina, z której powstają cegły dla Pałacu, musi być zupełnie czysta, bez domieszek iłów"[64].

Na miejscu pracy robotników przypatrują się uważnie pracownicy Polskiej Akademii Nauk. Pod kierownictwem inżyniera Stanisława Hempla dziesięciu specjalistów z różnych dziedzin budownictwa gromadzi materiał badawczy potrzebny do dalszych prac przy montażu wielkich budowli. Pomaga im kilku kandydatów na inżynierów, którzy kształcą się na wyższych uczelniach ZSRR, w tym czterej na kursach Akademii Architektury w Moskwie.

Patrzą wreszcie kamerzyści, dokumentujący przebieg prac w poszczególnych dziedzinach z zastosowaniem innowacyjnych metod przywiezionych z rodzinnego kraju budowniczych. Prace murarskie, zbrojarskie, stawianie konstrukcji – każdą z nich utrwali na taśmie obiektyw, a zdjęcia opatrzy się polskim instruktażem, odczytywanym przez lektora. Filmów zatytułowanych prosto: *Produkcja płyt stropowych* czy *Produkcja betonu* będzie trzydzieści dwa. Powstają jednocześnie. Przydadzą się jako instruktaż na innych krajowych budowach, w tym na nowohuckiej, jeśli komuś zechce się je wyświetlać.

Garderoba

By świat nie przeszkadzał wysłannikom podczas misji, dostaną do użytku własne miasteczko. Już powstaje, w szczerym polu, w stosownej odległości od budowy, za miastem. Łatwo przyjdzie im uwierzyć, że wcześniej były tu nieużytki, bo właściciele tutejszych sadów i pół uprawnych ustąpili im miejsca, wynosząc się jeszcze dalej pod Warszawę albo na Ziemie Odzyskane. Ich argumentów przeciw przeprowadzce nikt nie wziął pod uwagę.

„Na czterdziestohektarowym obszarze budowy osiedla każdy dzień dyktuje coraz szybsze tempo pracy. (...) Świetnie zorganizowane kombajny w niezwykle szybkim tempie przeistaczają puste pola Jelonek w willowe miasto-ogród. Nieprzerwanym transportem dostarczane ze Związku Radzieckiego elementy prefabrykowane, urządzenia wnętrz oraz dokumentacja techniczna gwarantuje szybkie i terminowe ukończenie osiedla, na które oczekują budowniczowie warszawskiego Pałacu Kultury i Nauki"[65].

Wbrew plotkom, że pierwsze budynki stawiali niemieccy jeńcy, przyszli mieszkańcy wznoszą je sami, własnymi rękami, dzieląc jeszcze czas między powstający jednocześnie gmach radzieckiej ambasady przy ulicy Belwederskiej. By czuli się w pełni bezpiecznie w obcym kraju, osiedle otoczy ogrodzenie z drutem kolczastym, a przy bramie stanie budka wartownika. Jakby mało było niepoprawnych skojarzeń, wzorcowe domki dla robotników urządzi się w barakach przetransportowanych spod Olsztynka, z obozu jenieckiego Stalag I-B Hohenstein dla polskich żołnierzy i podoficerów. Są w świetnym stanie, czterdzieści kilka największych może pomieścić ludzi i w dwudziestu pokojach. Nic nadzwyczajnego, już wcześniej do stolicy trafiło przecież trochę baraków z niemieckich obozów, w sam raz na hotele robotnicze. Osobne, jednorodzinne budynki dla inżynierów przyjadą z Finlandii, wymienione na polski węgiel. Ozdobią je charakterystyczne dla wiejskich domów w Rosji skromnie obramowane okiennice i ganki, z którymi będzie kontrastować kolorystyka niebiesko-czerwonych i niebiesko-białych fasad. Zmontują je Polacy według sowieckich standardów, korzystając z dostarczonych przez Rosjan prefabrykatów. Będzie trochę kłopotów z oddaniem osiedla do użytku w terminie, na przykład płyty wiórowe do montażu domków nie przyjadą na czas, ale cicho sza. Rosjan, którzy już zdążyli przyjechać do pracy, tymczasowo ulokuje się gdzie indziej.

Polskich pomocników zakwaterowano oddzielnie, w wybudowanym dla nich Ośrodku Hoteli Robotniczych przy ulicy Elekcyjnej i hotelu dla kobiet przy ulicy Marymonckiej.

Po sąsiedzku działa baza produkcyjno-składowa, zaopatrująca budowę w potrzebne materiały.

„Na przestrzeni kilkudziesięciu hektarów rozłożyło się tam ok. 70 obiektów, wykonujących tutaj poszczególne części budynku i jego urządzeń. Tutaj pracowała automatyczna betoniarnia i wytwórnia zaprawy murarskiej. Tutaj, na wielkim placu rozłożył się warsztat konstrukcji stalowych, w którym wykańczano poszczególne części wykonane

Osiedle „Przyjaźń" na Jelonkach – miejsce zamieszkania budowniczych PKiN, 1954 rok.

w hutach radzieckiej Ukrainy. Tutaj warsztaty mechaniczne, elektrotechniczne, urządzeń sanitarnych wykonywały całe fragmenty wyposażenia, które następnie były przewożone na plac budowy i tam montowane. Najcharakterystyczniejszą cechą budownictwa systemem przemysłowym, zastosowanym przy budowie Pałacu, jest to, że znaczną część prac związanych z jego wzniesieniem wykonano poza placem budowy"[66].

Nieliczni Polacy mieszkają w radzieckim osiedlu jako pracownicy. Osiedle mistrzów jest odgrodzone, ale jego bram nie zamyka się na noc, a wchodzących nikt nie legitymuje, więc gdyby ktoś bardzo chciał, na przykład polski robotnik zainteresowany radziecką dziewczyną, mógłby przecież przemknąć się tutaj, by kochać się z nią i zrobić jej dziecko, którego ona potem będzie próbowała się pozbyć, bo to wstyd przed innymi i kłopot, z rosnącym brzuchem nie da się przecież pracować. Nie wiadomo jednak, czy któryś próbował, w ogóle nie wiadomo, jak jest naprawdę. Choć osiedle nazywa się „Przyjaźń", miejscowym przykazano, by bratali się z gośćmi tylko pod kontrolą, nie odrywali od zajęć. Na wszelki wypadek polski Urząd Bezpieczeństwa stworzył specjalną Grupę Operacyjną „Jelonki" składającą się z pięciu funkcjonariuszy. Sens życia mistrzów ma wyznaczać praca, nauka i sen.

Między osiedlem a placem budowy kursuje jeden autobus, identyczny jak te w Moskwie, z napisem: „Posiełok Drużba – Dworiec Kultury i Nauki". Dowozi każdego ranka budowniczych do pracy, a po każdej zmianie bierze kurs z powrotem, by mogli wspólnie zjeść obiad w osiedlowej stołówce. Wśród pasażerów nietrudno więc rozpoznać obcych.

„Nie tylko Rosjan widzimy w osiedlu; daje się tu słyszeć także język polski, bo przecież osiedle otwarte jest dla wszystkich. Wielu ludzi z okolicy chętnie odwiedza radzieckich budowniczych, u których może przyjemnie spędzić czas, przyglądając się treningom sportowców, posłuchać muzyki, obejrzeć film czy potańczyć na otwartym powietrzu na specjalnie do tego przeznaczonej estradzie"[67], donoszą gazety. Głupio przy tym wspominać, że głównym powodem wizyt jest ulokowany na osiedlu sklep pełen towarów, których ze świecą szukać gdzie indziej w Warszawie.

Na osiedle z początku mówiono po prostu Jelonki. „Przyjaźnią" stało się dopiero w listopadzie 1952 roku. We wnętrzu autobusu, wyłożonym skórą i niklem, mogą więc toczyć się takie oto rozmowy:

„– Wy dokąd jedziecie, towarzyszko? – pyta młody robotnik radziecki współtowarzyszkę podróży, jedną z radzieckich dziewcząt.

– Do Jelonek – odpowiada zagadnięta.

– Do Jelonek? To wy nie dojedziecie do Jelonek! Ten samochód do Jelonek nie jedzie.

– Nie jedzie? – niepokoi się dziewczyna. – Jak to nie jedzie? A dokąd?

– Ten samochód jedzie do »posiełka Drużba« – odpowiada triumfalnie młody człowiek.

Sposób, w jaki robotnik »nabrał« swoją koleżankę, budzi powszechną wesołość"[68].

Można stąd w zasadzie nie wychodzić. Mają łaźnię parową i pralnię, fryzjera. Średnią szkołę wieczorową, którą zorganizowano, przywożąc ze Związku Radzieckiego grupę pedagogów. Jest dom towarowy i sklepy spożywcze, przedszkole, kioski z gazetami i książkami, niedługo pojawi się kinoteatr. To miejscowy Pałac Kultury, czyli klub, w którym ma toczyć się życie kulturalne i społeczne osiedla. W budynku, odstającym kubaturą od otaczającej go zabudowy, mieści się sala teatralna na przeszło sześćset osób i pomieszczenia zarezerwowane na inną działalność. Tu mają spotykać się szachiści, muzycy, sekcja teatralna, różne sekcje sportowe. Jest też „kolektyw tańca", skupiający dwieście osób podzielonych na pięć grup. Prowadzi go artysta baletu Teatru Wielkiego w Moskwie N.N. Sobołow.

„– Nasi ludzie – mówi mistrz Sobołow – nie mają uznania dla tańców kosmopolitycznych jak tango czy różne fokstroty. Przepadają za to za tańcami narodowymi i ludowymi"[69].

Typowy drewniany dom na Jelonkach, nazywany „obszczeżytiem"[70], obejmuje kilkanaście pokoi połączonych korytarzem, kuchenkę oraz niewielką świetlicę.

W zwyczajnym pokoju robotniczym cuchnie papierosami, potem i odzieżą roboczą, po podłodze walają się ciśnięte byle jak skarpety, jego gospodarz po powrocie zwala się bez sił na łóżko, a później, jeśli był wystarczająco przezorny, odkorkowuje kupioną po drodze ćwiartkę i zachęcającym gestem zaprasza współlokatorów, by się dołączyli. Mieszkańcy „Przyjaźni" zwyczajni nie są, więc nawet w ich czterech ścianach też musi być inaczej: „Pokoik na cztery osoby, urządzony jest schludnie i przytulnie, z wyraźnym zamiłowaniem do estetyki. Na ścianach barwne makatki. Co jednak najbardziej uderza – to obfitość książek. Nie tylko w tym pokoiku. To samo widzimy we wszystkich pokoikach mieszkalnych »obszczeżytia« – zarówno żeńskiego, jak i męskiego. Wszędzie, w każdym pokoju spotykamy – nie poszczególne książki, ale całe biblioteki. Są to prywatne podręczne biblioteczki robotników. Zaczęli je tworzyć natychmiast po przybyciu; widać, że książka w ich życiu jest nie mniej ważna od chleba"[71].

Z kołchoźników zamontowanych na ścianach wszystkich pokoi grzmi *Pieśń o Jermaku*. Radiowęzeł nadaje audycje lokalne i programy z Moskwy.

„Widziałam ich kilka godzin temu, i wczoraj, i onegdaj – ale nie wszystkich poznaję – zapisuje przejęta polska reporterka, przywieziona osiedlowym autobusem do »Przyjaźni« z wizytą. – Widziałam ich w ciepłych watowanych kurtkach przepasanych monterskimi pasami, w wysokich gumowych butach, w brezentowych płaszczach z kapturami – teraz noszą sportowe bluzy, treningowe ubrania, kolorowe jedwabne koszule. Wyświeżeni, ogoleni, pachnący wodą kolońską, z włosami mokrymi jeszcze po prysznicu – wyglądają na grupę studentów, może sportowców. A są montażystami, dźwigowymi, spawaczami".

To nie koniec zdziwień. Bo chciała pomówić o robocie, o montażu, o organizacji pracy. Ale gdy weszła do pokoju brygadzistów, Korostielewa i Alafiordowa, rzucił się jej w oczy stos książek złożonych na krześle. Kilka tomów Wiktora Hugo, *Podżegacze*, wybór dzieł Gogola...

„– A dlaczego po dwa egzemplarze?

– Jak to, przecież nas jest dwóch.

– Moglibyście sobie nawzajem pożyczać do przeczytania.

– Pożyczać to możemy z czytelni w klubie, a te książki zawieziemy do domu. Już mam całą biblioteczkę w walizce".

O literaturze, a konkretnie o poezji, można też pogawędzić z dwudziestoletnią Tają Kłoczkową, najmłodszą spawaczką radziecką, „której jeszcze trochę tęskno za rodzinną Moskwą, ale która już serdecznie polubiła

Warszawę". Taja – w osiedlu też wyglądająca inaczej niż na budowie – jest miłośniczką Puszkina, zwłaszcza *Eugeniusza Oniegina*, gdy fragmenty recytuje jej Fiedia Ałafiordow.

„Może Fiedia zechce powiedzieć wiersze o Tatianie? I zadarty nosek Tai zwraca się prosząco w stronę Ałafiordowa.

Ale on mruży tylko mądre, czarne jak węgiel oczy i potrząsa przecząco kruczą czupryną. Więc Taja wzdycha, opiera okrągły podbródek na dłoni i wyznaje, że wielki to dla niej zaszczyt budować w bratniej Polsce pałac przyjaźni – ale tęskno do Moskwy, do domu, do mamy... I w ogóle, co tu ukrywać, chciałaby wyjść za mąż, mieć dwoje dzieci.

– Jeśli zechcesz, to i tu wyjdziesz za mąż – wtrąca Korostielew. Czy mi się wydawało, czy też rzeczywiście rzucił znaczące spojrzenie na Ałafiordowa?", notuje dziennikarka.

Gorąco robi się w tym wzorcowym robotniczym pokoiku. Można by sobie wyobrazić, że i autorka reportażu zaczyna wodzić zaczepnym wzrokiem za wypachnionym towarzyszem Korostielewem, tak odmiennym od zakutanego w waciaki przedstawiciela klasy robotniczej, którego spotkała na budowie. Lecz wysłannicy radzieckich bogów, nawet gdyby nie byli bezcieleśni, wzorem ażajewskiego Aleksieja Kowszowa umieją odrzucić pokusy.

„– Ech, sprowadzę tu moją Zinę i dzieciaka, niech się mały przypatrzy, jak tata pomaga bratnią stolicę budować", rzuca Korostielew jakby mimochodem.

Jego syn ma zaledwie rok, a już został piłkarzem. Kopie w domu wszystkie meble, ucząc się, że emocje należy rozładowywać sportowym wysiłkiem. Lokatorom „Przyjaźni" nie trzeba tego tłumaczyć. W samym sercu osiedla ulokowano stadion, wokół niego domki klubowe, szatnie z natryskami, salę do tenisa stołowego i gry w szachy. Oprócz boiska do piłki nożnej są tu korty, boiska do siatkówki i koszykówki, bieżnia, urządzenia gimnastyczne. Działa dwanaście współzawodniczących z sobą drużyn piłki nożnej, dwadzieścia dwa zespoły siatkówki, trzydzieści trzy zespoły popularnej radzieckiej gry w wybijankę („gorodki"). Nie byle jakie to grupy, na przykład atletykę trenują z czwartym z najlepszych zapaśników w ZSRR. Na okrągło odbywają się jakieś zawody. W konkurencjach lekkoatletycznych nie do pobicia jest zaledwie

Domki jednorodzinne na osiedlu „Przyjaźń". Widok z lotu ptaka, 1961 rok.

dziewiętnastoletni murarz Aleksiej Czeremnikow. Biega i skacze najlepiej z wszystkich. Czy można więc się dziwić, że na Pałacu wznosi akurat skrzydło, w którym przewidziano halę sportową? Niedawno odbyła się spartakiada zorganizowana przez koło sportowe Stroitiel przy DKN (rosyjski skrót oznaczający Pałac Kultury i Nauki). Wzięło w niej udział aż ośmiuset sportowców. Żółtobrązowe ZIS-y z napisem „Osiedle Przyjaźń" przed południem przywiozły zawodników i licznych kibiców, a przed wieczorem rozwiozły ich do domów. Spotkanie poprzedziła defilada. Zawodnicy ustawieni po dwóch – polscy i radzieccy – przemaszerowali czwórkami dookoła stadionu przed publicznością w takt marsza wygrywanego przez amatorską orkiestrę osiedla, a po przemówieniach odebrali z rąk kilku przejętych swą rolą dziewczynek olbrzymie bukiety kwiatów.

„Pracować i uczyć się. Pracować i żyć wesoło, kulturalnie – oto prawo radzieckiej rzeczywistości"[72].

Jeśli komuś znudzi się sport, to mają i kółka artystyczne: orkiestrę smyczkową i dętą. Chadzają do warszawskich teatrów: byli na przedstawieniu *Rewizora* i oczywiście wszystko zrozumieli. Latem jeżdżą codziennie nad Wisłę, a zimą szykują się na łyżwy i narty – bo słyszeli, że narciarstwo dobrze w Polsce stoi.

Oczytany, przejmujący się sprawami wagi międzynarodowej brygadzista Korostielew rzuca na pożegnanie wysłanniczce polskiej prasy, odprowadzając ją do autobusu: „– Pomyśleć tylko, że gdyby nie tamci, budowałoby się na całym świecie a budowało. Tak jak w mojej Turkmenii buduje się teraz kanał przez pustynię. Tak jak w waszej Warszawie budujemy ten Pałac. Jak w Syberii będziemy zmieniali bieg rzek. Można by tak we wszystkich krajach. Gdyby nie podżegacze..."[73].

Nawet w liczbach związanych z budową co rusz kryją się rekordy przedstawiane przez prasę. Na przykład na placu otaczającym Pałac zmieściłoby się około trzystu tysięcy uczestników pochodu pierwszomajowego i „pozostałoby jeszcze dosyć miejsca dla wszystkich mieszkańców tak dużego miasta, jak na przykład Gdańsk". Wszystkimi windami obsługującymi budynek Pałacu będzie mogło jechać jednocześnie ponad sto siedemdziesiąt osób. Kubatura budynku Pałacu pomieściłaby ponad piętnaście wieżowców Prudential, a w gmachu może znajdować się jednocześnie około dwunastu tysięcy osób, czyli wszyscy mieszkańcy Sochaczewa lub Mińska Mazowieckiego. Gdyby ułożyć wzdłuż prostej wszystkie klepki dębowe potrzebne do wyłożenia powierzchni użytkowej budynku, ich szereg ciągnąłby się od Warszawy po Paryż. Sama konstrukcja stalowa pochłonie zaś około dwudziestu tysięcy ton stali, tyle co pięć mostów przez Wisłę.

Albo gdyby zliczyć wszystkie samochody ciężarowe zatrudnione przy pracach transportowych w otoczeniu Pałacu, byłoby ich około tysiąca, czyli tyle, ile wszystkich samochodów ciężarowych zarejestrowanych w Warszawie w 1938 roku. Największe zainteresowanie wśród zaangażowanych w budowę wozów budzi „awtopogruszczik" z „nosem ściętym jak u mopsa. (...) Gdy tylko ciężarówka wioząca cegły z bazy na Jelonkach zatrzymuje się, „nagłym szusem podsuwa się ku niemu przedziwny stwór, na pierwszy rzut oka wygląda to jak samochód, któremu obcięto platformę i została tylko szoferska budka. Z tyłu – poprzeczna, żelazna belka z uchwytami. (...) Ma jedną, ale za to żelazną łapę. Chwyta nią pełne zasobniki i układa obok w olbrzymie góry. Stąd dźwig rozniesie je na piętra murów i tam dopiero murarz dotknie cegłę ręką"*. „Ta przemyślna maszynka robi wszystko, czego od niej zażąda jej kierowca: przewozi, podwozi, podnosi, dźwiga, ciągnie – co kto chce"**.

Nie pierwszy to raz obcowanie z radziecką myślą techniczną budzi w dziennikarzach skojarzenia z przyrodą ożywioną. Piękno można dostrzec nawet w pozornie nieciekawych urządzeniach: „Ludzi tu jest mało – nad podziw mało – a maszyn wiele. Najrozmaitszych. I wystarczy przystanąć dłużej przy jednej z nich, przyjrzeć się jej pracy, a ogarnie cię wrażenie, że to nie maszyna, a mądre, zwinne, sprawne zwierzę. Bo z maszynami jest trochę tak, jak ze zwierzętami. Są maszyny wierzgające, stające dęba, zacinające się z oślim uporem – i wtedy wiadomo, że zły jeździec. I są maszyny »ujeżdżone«, czułe na każdy ruch ręki człowieka, zrośnięte z nim w jedno. I wtedy wiadomo, że jeździec dobry. Ci radzieccy budowniczy, których oglądamy na budowie Pałacu, to mistrzowie swej sztuki. Spójrzmy na szybkie, obrotne, piękne koparki E-505 rozstawione przemyślnie w strategicznych punktach budowy. Oto jedna z nich, stojąca nad brzegiem głębokiego wykopu, zarzuca w głąb czerpak – jak rybak zarzucający sieć na głębię. Już czerpak idzie w górę, napełnia się ziemią. W tej samej chwili, gdy jest pełen, operator podrywa go z ziemi i płynnym półobrotem obraca koparkę ku oczekującej z niecierpliwym drżeniem motoru ciężarówce"***.

* Jerzy Janicki, *Jutro będzie wyżej*, „Nowa Kultura", nr 12, 22 marca 1953.
** Karol Małcużyński, *Szturmowa brygada przyjaźni*, „Trybuna Ludu", nr 358, 24 grudnia 1952.
*** Tamże.

Występy gościnne

Gdy nie ćwiczą, nie czytają ani nie kształcą się po godzinach, tymczasowi mieszkańcy Jelonek ruszają w trasę. Niedawno odwiedzili garnizon lotniczy w Bydgoszczy, gdzie podjęto ich w udekorowanym amfiteatrze polowym. Otrzymali w prezencie dwa modele samolotów szturmowych z radzieckimi i polskimi znakami na skrzydłach, wykonane z aluminium i szkła organicznego, jak odnotowali relacjonujący wydarzenie przedstawiciele prasy lokalnej. Było też spotkanie z młodzieżą Radomia pracującą w zakładach metalowych imienia Generała Waltera, gdy na stadionie tamtejszej Stali do zgromadzonych przemawiał Aleksander Biezobrazow, szef delegacji. Radomianie przyjechali później z rewizytą. To wszystko w odstępie zaledwie kilku dni. Skoro już trzeba zacieśniać odgórnie narzucone więzy, wielu pragnie obejrzeć radzieckiego nadczłowieka dokładnie, z bliska, na własne oczy, jak jeszcze nie tak dawno przyglądano się osobliwym ludzkim okazom obwożonych po prowincji przez cyrkowców. On zaś wie, że jest obserwowany i nie wolno mu zawieść oczekiwań, więc odtwarza posłusznie wyuczoną sztuczkę, opowiadając, że choć w Związku Radzieckim jest wspaniale, jednak cieszy się, że wspólnie z towarzyszami mógł przybyć do Polski, by dostąpić zaszczytu uczestnictwa w tak prestiżowej budowie.

Dziennikarze zwiedzający „Przyjaźń" chcą wiedzieć, czy przybysze mieszkający w osiedlu dobrze znoszą polski klimat.

– To zależy od miejsca ich pochodzenia – tłumaczy urzędujący w lecznicy na Jelonkach moskiewski doktor Prokimnow. W lecznicy dysponującej „najnowocześniejszymi aparaturami rentgenologicznymi i fizykoterapeutycznymi produkcji leningradzkiej" ma niewielu pacjentów, stawia bowiem na profilaktykę. „Mieszkańcy Leningradu czy Archangielska od początku czują się tu świetnie. Natomiast mieszkańcy obszarów centralnych, Moskwy, jak również Syberii Środkowej musieli przejść okres aklimatyzacji, wynikającej stąd, iż znaleźli się w klimacie bardziej wilgotnym. W pierwszym okresie można było zaobserwować pewne nasilenie zaziębień i reumatyzmów. Ale to szybko mija, organizmy przystosowują się, o ile zapewnimy im odpowiednią pomoc lekarską"[74].

Dbałość o zdrowie to podstawa, gdy jest się tak rozchwytywanym. Krajowe tournée zdaje się nie mieć końca. Ledwie wrócili, już czekają kolejne zaproszenia z okazji świąt państwowych: od sportowców warszawskich, od lokalnego koła Ligii Kobiet, spółdzielców, pracowników hut, cementowni i kopalni.

Rywale

„Myśli radzieckich załóg splatają się w jeden wysiłek z myślami polskich robotników, którzy tu, na wielkiej budowie pracują i uczą się"[75], zapewniają gazety.

Kilogram chleba żytniego kosztuje w warszawskich sklepach trzy złote, kilogram ziemniaków (zależnie od jakości) od siedemdziesięciu groszy do złoty czterdzieści, kilogram kiełbasy – ponad dwadzieścia złotych.

Za „śniadanie popularne" w warszawskiej kawiarni, złożone z dwóch kawałków chleba z masłem i białej kawy zbożowej, trzeba zapłacić złoty pięćdziesiąt, za „wiedeńskie" – taki sam zestaw, tylko wzbogacony dwoma jajkami na miękko w szklance – pięć pięćdziesiąt. Najtańszy obiad w barze mlecznym, czyli mleko zsiadłe z ziemniakami, to wydatek rzędu dwóch złotych. Trzydaniowy obiad w stołówce dla robotników budowlanych kosztuje miesięcznie sto trzydzieści pięć złotych, gdy ma się abonament, jednorazowy posiłek bez abonamentu kosztuje pięć pięćdziesiąt.

Najtańszą koszulę można kupić w sklepie za pięćdziesiąt złotych, lepszą, popelinową – za dwieście czterdzieści. Tania marynarka samodziałowa wyceniana jest na czterysta sześćdziesiąt złotych.

To mniej więcej połowa średniej miesięcznej pensji warszawskiego budowniczego Pałacu, wypłacanej przez radziecki Zarząd Budowy w dwóch ratach co dwa tygodnie.

Wszystko przez tych mistrzów z Moskwy, mruczą między sobą polscy fachowcy. Ile zarabiają tamci, nie wiadomo. Jedna pogłoska mówi, że dwa razy więcej ze względu na uprzywilejowaną pozycję, inna – że wręcz odwrotnie, ich stawki są żenująco małe w porównaniu z tym, co płaci się w Warszawie, i dlatego też nasi dostają znacznie mniej, niż powinni, tym bardziej że Pałac to najważniejsza budowa stolicy. Bo płace muszą być równe, jak obywatele w socjalizmie. Ruskim nie przeszkadza, przyzwyczajeni są. Poza tym przecież nie uciekną. Nie mają wyboru.

Polski budowniczy ma wybór. Kraj dźwiga się po wojnie, pną się w górę nowe osiedla i urzędowe gmachy. Roboty wokół w bród, można przebierać w ofertach. Niejeden, wyrwawszy się ze wsi, krąży już od miesięcy po kraju, bo spodobało mu się takie życie: zaczepi się na kilka miesięcy w jednym miejscu w fabryce czy na budowie, pokłóci się z majstrem albo przestanie mu się podobać, to wsiądzie w pociąg i znów coś znajdzie, choćby na drugim końcu Polski, byle był dach nad głową w hotelu robotniczym i przyzwoita dniówka.

Na Pałac nikomu nie spieszno. Żadna to atrakcja. Nawet ZTMP-owcy nie chcieli, choć próbowano ściągnąć ich tutaj z prowincji. Chyba że kogoś za karę przyśle dyrektor ze zjednoczenia budowlanego, zamiast zwalniać na zimę.

Zawsze można jeszcze się bronić: „Nie mogę pójść na Pałac Kultury z powodu nie mogę chodzić po piętrach bo mam słabe serce i jestem chory na reumatyzm. Jak słyszałem są słabe zarobki a mam dwoje dzieci i żonę na utrzymaniu ponieważ nie mam żadnych zasobów". Albo: „Nie mogę pójść na Pałac Kultury z powodu nerw, chore oczy. Możecie mnie zwolnić a ja nie pójdę"[76].

Dyrektorzy mają twardy orzech do zgryzienia. Ktoś na górze uznał, że urząd zatrudnienia nie gwarantuje w tym wypadku zadowalających efektów rekrutacji.

Gdzie znaleźć odpowiednich kandydatów na to odpowiedzialne zadanie? Jeśli są, dawno pochowali się po kątach, zwłaszcza że koledzy, którzy wcześniej przez Pałac się przewinęli, ostrzegają, iż niebezpiecznie, kiepsko wynagradzają, bez przerwy pilnują i ogólnie atmosfera należy do nerwowych. Nikt nie lubi, jak codziennie sprawdza się mu postępy prac, a bezeciarze, czyli pracownicy umysłowi obliczający wysokość zarobku, kantują na potęgę. Bez przerwy trzeba się chandryczyć o wypłaty za czas przestojów i nieustannie doszkalać. Nie ma nawet jak wygarnąć tych wszystkich frustracji radzieckim kierownikom, bo przecież po polsku nie idzie się z nimi dogadać, a polski budowniczy, choć powinien znać rosyjski „w słowie i w piśmie", zna najczęściej tylko kilka podstawowych słów.

Wystarczą w zupełności, by dogadać się w sprawach handlowych. Rosjanie sprzedają Polakom koszule po osiemnaście zł (skąd mają je tak tanio?) i gruzińskie koniaki, przywożone z osiedla Przyjaźń.

„Wspólna praca, wspólne troski i walka z trudnościami, mocnymi, serdecznymi więzami zespoliła ze sobą radzieckich i polskich towarzyszy pracy"[77], obwieszczają gazety.

W rzeczywistości polscy majstrowie muszą czuć się jak uczniacy, którym belfer stawia za wzór kolegę zarozumialca, faworyzowanego ze względu na to, że urodził się pod czerwoną gwiazdą. Muszą też pogodzić się z rolą głupszego, którego trzeba dopiero przysposobić do prawdziwej pracy. „Bo budowa Pałacu Kultury i Nauki – to także wspaniały Uniwersytet Budowlany. Tutaj, pod okiem najlepszych radzieckich fachowców, wyrosną – razem z Pałacem – kadry przyszłych budowniczych następnych wysokościowców, których nowa Warszawa mieć będzie wiele"[78].

„Przyjechali tu robotnicy ze Zjednoczeń Budowlanych, z różnych miast. Wcześniej widzieli makiety.

– Piękny. Ogromny – stwierdzali. Nikt z nich jeszcze takiego nie widział – tym bardziej nie budował. Przypuszczali, że robota przy takim obiekcie, jak Pałac Kultury i Nauki im. Stalina, musi inaczej wyglądać, ale dopiero tu, na miejscu przekonali się, jak bardzo na tej budowie wszystko różniło się od tego, co widzieli, znali, lub sobie wyobrażali"[79].

Ot, choćby ośmioosobowy zespół polskich murarzy z brygadzistą o nazwisku Rusek na czele. Przedtem ciągnął szychty cegieł na boku 8-b na MDM. Jeden z jego podwładnych, Tymiński, warszawiak, robił na tej samej budowie, inny, Mieczysław Kondruś, trafił tu prosto z Koła.

Tablice ostrzegawcze umieszczane na budowie Pałacu nie ustrzegły robotników przed wypadkami.

„Muszą dobrze wziąć się w garść, by nie dać się zawstydzić radzieckim towarzyszom”[80], dopinguje ich prasa.

Poskutkowało. Z początku radziecka brygada Konstantina Iwanowicza Byczkowa, umocowująca na ceglanym murze Pałacu na wysokości dwudziestego piętra ceramiczne licówki, czekała, aż będzie mogła wejść na stawiane dopiero przez Polaków mury. Ludzie Ruska złościli się, że tamci skończyli i już na nich czekają. Wtedy Rusek, nie unosząc się niepotrzebnie fałszywym honorem, świadom swego miejsca w hierarchii, szedł do Byczkowa i podpytywał, jak przygotować materiały, jak odpowiednio rozstawić ludzi. Wkrótce brygady zaczęły iść łeb w łeb, a teraz mur już czeka, aż zajmą się nim radzieccy koledzy.

Ileż daje szlachetne współzawodnictwo pracy!

Na półkolistej ścianie z czerwonych cegieł, która odgrodzi od ulicy Salę Kongresową, oddzieleni betonowym przesmykiem podpory pracują zgodnie dwie murarskie grupy: radziecka Michaiła Sidorowicza Jakuszyna i polska Stanisława Stańskiego. „Wspólne mają radości – że załomy przyszłych krużganków rosną szybciej niż przewidywały harmonogramy. Wspólne mają czasem kłopoty – jak odmierzyć, by wypukłość półkolistej rotundy zachowała się w każdym calu. Stański nigdy przedtem, przed przyjściem na tę budowę, nie murował okrągłych ścian. Ale pomógł mu Jakuszyn. Pokazał, jak bez szablonu, przy pomocy warstwopionów i sznura można odmierzyć właściwy kształt”[81].

Czesławowi Błautowi, mającemu podwójny fach – ślusarza i spawacza, wydawało się z początku, że wszystko już poznał w Nowej Hucie, z której prosto przyjechał. Pewność siebie szybko go opuściła, gdy zobaczył wielkie dźwigi przerzucające stalowe konstrukcje i masy budulca, ruchliwe wywrotki transportujące zaprawę, stacje pomp i inne maszyny, których przeznaczenia nawet nie rozumiał.

– To już nie budowa, to fabryka budowy – oznajmił.

Czterdziestolatek pewnie plątałby się nadal z kąta w kąt, markując właściwą robotę, jak podczas kilku pierwszych dni, gdyby nie skierowanie do warsztatu mechanicznego i pomocna dłoń wyciągnięta doń w porę przez zarządzającego nim dwudziestoośmioletniego mechanika Jurija Riezancewa. Poczęstował Błauta papierosem, usiedli razem na ławce przed barakiem i ten usłyszał, jak bardzo nowy szef cieszy się z jego przybycia, bo właśnie tutaj mogą wspólnie wymyślać rozwiązania, które usprawnią dalszą budowę Pałacu. Tak nawiązała się ich przyjaźń.

„W uznaniu za dobrą, pełną poświęcenia pracę, spawacz Błaut otrzymał od radzieckiego kierownictwa budowy wysoką premię pieniężną. Nie pierwsza to już nagroda w życiu spawacza Błauta. A jednak o tej nagrodzie opowiada wszystkim, i najbardziej się nią cieszy.

– Otrzymałem ją od radzieckich towarzyszy – mówi z dumą. – Oni widzą pracę każdego i potrafią ją ocenić"[82].

Inżynier Tadeusz Wierzbicki studiuje na budowie Pałacu systemy organizacji i metody zatrudnienia. Nie może się nachwalić: „– Pierwsza rzecz – to przemyślane do najmniejszych szczegółów procesy technologiczne. Tu, na placu budowy, odbywa się właściwie tylko montaż. Wszystkie części przychodzą ze Związku Radzieckiego przygotowane, opisane, ponumerowane. Łatwo się można od razu zorientować, gdzie skierować nadesłane materiały. Dokumentacja techniczna inaczej niż, niestety, jeszcze na wielu naszych budowach – wyprzedza postęp robót"[83].

No i jak tu lubić Ruskich? Najśmieszniejsze, że zwyczajni z nich ludzie, trafiają się mali, brzydcy, nieciekawi, jak wszędzie, a nawet z wyglądu przedstawiają ich jak półbogów, lepszą rasę, co to ma zawsze jasne, wesołe i bystre oczy, muskularną budowę ciała i opalone twarze, a spod czapek rozsypują się im na czoło bardzo jasne, prawie białe włosy. Każdy by chciał być taki.

Pracownicy Służby Bezpieczeństwa, bacznie lustrującej teren budowy, notują: „W połowie sierpnia dwaj pracownicy polscy Przedsiębiorstwa Robót Wydzielonych, Szurgot i Przeor, podszywając się pod pracowników radzieckich (mówili po rosyjsku), popełnili w sklepie przy Górczewskiej drobną kradzież. Ww. zostali zatrzymani. Władze bezpieczeństwa badają, czy jest to prowokacja, czy zwykłe przestępstwo".

„W m-cu sierpniu niejaki Ob. Blicharski, podszywając się pod budowniczego PKiN, wywołał w tramwaju awanturę, wymyślając po rosyjsku itp. Został on zatrzymany przez MO. Władze bezpieczeństwa prowadzą dochodzenie"[84].

Grunt, to się nie przejmować. Na budowie ciągle czegoś brakuje, więc skoro za przestoje nie płacą, można poświętować. Wśród robotników krąży anegdota: radziecki inżynier z początku się złości, że świętowanie nieplanowane, ale potem macha ręką. „– Wytłumaczcie mi, co to za święto? – Widzicie, było trzech królów. Szli do Betlejem. Każdy niósł podarek. Jeden złoto, drugi kadzidło, trzeci mirrę. – Ech, żeby tak który z nich cegły nam przyniósł – wzdycha inżynier”[85].

Gdy się mało zarabia, nietrudno sobie wytłumaczyć, że kradzież powinna ujść na sucho. Można też rozładować emocje na boisku, podczas obowiązkowych sportowych spędów, w atmosferze wzajemnej przyjaźni pokazując radzieckim przyjaciołom, kto tutaj rządzi. Albo niszcząc im na złość urządzenia, niby że przypadkiem. Rzucać w swoim gronie nieprawomyślne odzywki. Jak nawet zwolnią, nic się nie stanie, szybko znajdzie się miejsce na innej budowie, gdzie można będzie przestrzec tych, na których może jeszcze zadziałać wizja udziału w prestiżowej inwestycji.

Tylko radzieckie dziewczyny mogą liczyć na pobłażanie ze strony Polaków. Same lekko na tej budowie nie mają. Towarzysze radzieccy zlecają im drugorzędne, niskopłatne i niewdzięczne zajęcia, często przerzucają z jednej roli do innej. Jedyny sposób, by wyrwać się z tego kołowrotu, to poznać miłego polskiego chłopaka, doprowadzić go do urzędu albo przed ołtarz i zostać już tutaj na zawsze. Nielicznym się poszczęści, jak Rosjance, z którą pracował Ryszard Salwin, dziewiętnastoletni wówczas murarz spod Pułtuska. Po latach opowiada dziennikarce lokalnej gazety:

„– Wyszła za Polaka i nie chciała wracać do Związku Radzieckiego, ostrzegała, że prędzej sobie życie odbierze, niż wróci. Takich żon ze świecą szukać, jak są Ruskie. – Przyznaje, podziwiał te panny, nie tylko za ich determinację, ale i dokładność w pracy. – Dużo robiły, gzymsy eleganckie wykuwały”[86].

W żadnej jednak się nie zakochał, wolał wziąć Polkę za żonę.

Dziedzictwo

19 marca plac zamarł po raz pierwszy od początku budowy. Załopotały czerwone flagi. Na niedokończonym jeszcze Pałacu Młodzieży zawisł obramowany kirem wielki portret Stalina. O ósmej trzydzieści z głośników popłynęły pierwsze słowa transmitowanego z Moskwy sprawozdania z uroczystości żałobnych. Mistrzowie, majstrowie i pomocnicy zdjęli z głów czapki.

Dziennikarze piszą o budowniczych, kroczących w milczeniu, by złożyć hołd swemu Wielkiemu Nauczycielowi, Najdroższemu Wodzowi, Umiłowanemu Ojcu..

Możliwe, że już przypuszczają, co ich teraz czeka.

Minister Karawajew przekazał Józefowi Sigalinowi, że jego pryncypał przed śmiercią nakazał zakończyć budowę do 22 lipca 1955 roku.

„Od pierwszych dni powstawania projektu troszczył się i interesował osobiście rozwojem tej potężnej budowy Wielki Budowniczy Dnia Dzisiejszego – Józef Stalin. Już niedługo na placu przed Pałacem stanie Jego pomnik – pomnik Człowieka, który dał miastu dary największe – Wolność i Piękno”[87], zapowiedziały gazety.

„Aby uczcić pamięć Wielkiego Stalina, budowniczowie przyrzekli jeszcze bardziej wzmóc swoje wysiłki i ukończyć Pałac przed zaplanowanym terminem”[88].

„Przodują murarze, wznoszący prawe skrzydło gmachu. Wśród nich słynne jest nazwisko młodej robotnicy Walentyny Okolełowej. Stosując metody szybkościowego układania cegły przez brygadę złożoną z sześciu osób, Walentyna osiąga codzienne wykonanie planowego zadania w 190–200 proc. Młodą murarką kieruje doświadczony majster, mistrz swego fachu – instruktor stachanowskich metod pracy Michał Martynow”[89].

Rywalizacja – niby nic niezwykłego, podobnie pisano w swoim czasie o Muranowie, MDM i Nowej Hucie. Tu jednak wydajność, przynajmniej wśród radzieckiej części załogi, napędza przekonanie o świętej woli zmarłego władcy.

„Nie ma brygady, nie ma robotnika, który by wysoko nie przekraczał swych norm. Korostielow – montażysta – osiąga 300 procent normy. Cieśla Szyszkanow prawie nigdy nie obniża swej wydajności poniżej 250 procent. Przodująca brygada murarska Politykowa wyrabia 200 proc. normy, a młodzieżowa brygada ciesielska Glitwiana – 180 proc. normy”[90].

Praca wre na trzy zmiany, bez ustanku. A nawet na cztery, gdyby do godzin pracy zaliczyć występy podczas wyjazdów. Niektórzy po skończonej dniówce nie wracają nawet na noc do osiedla w Jelonkach. Rozścielają na belkach murowanego właśnie piętra słomiane maty i przysypiają jak w gnieździe.

Groby radzieckich budowniczych Pałacu w odrębnej kwaterze cmentarza prawosławnego na Woli w Warszawie.

„Budowniczowie Pałacu ignorują noc. Zapalili jupitery. Na stalowej konstrukcji wiszą niewidzialni spawacze, idealnie zharmonizowani z czernią nieba, zdradzają swą obecność błękitnym ogniem i żółtymi iskrami. Murarze uparcie murują. W kabinach dźwigów sterują maszyniści – chwytają nieomylne kadzie z cementem, przenoszą ciężkie belki, oni tam w nocy widzą, że sowa by lepiej nie zobaczyła. Dookoła parskają ciężarówki, syczy para podgrzewaczy, kręcą się ludzkie postacie.

Tylko strażnicy są trochę senni. Ludzie przy otworze poruszają się żywo, pokrzykują jak w biały dzień. Akompaniuje im huk młota gryzącego ziemię. Huk rozchodzi się falą, wprowadzając wszystko dookoła w miarowe drżenie. Dniem i nocą bije tętno Warszawy"[91].

„Troska o człowieka jest podstawowym warunkiem dobrej, zmechanizowanej budowy[92]" – notują naukowcy ze Stacji Naukowo-Badawczej PAN w przygotowywanej publikacji.

Napięte terminy, niewyspanie, bałagan, przemęczenie. Na wszelki wypadek plakaty ostrzegające o niebezpieczeństwie i wymogach zachowania się na budowie są w dwóch językach. Niewiele to pomaga. Śmierć już krąży po budowie. Oficjalnie zabiera tylko siedmiu, ale robotnicy szepczą między sobą, że tych, którym przecięła drogę, jest znacznie więcej. Zdarza się, że na jeden miesiąc, jak w feralnym maju 1954 roku, przypada dwanaście wypadków. Kostucha może dopaść na dole, jak tego pomocnika, który dostał w głowę wysięgnikiem dźwigu, albo na wysokościach, skąd zabrała prosto na ziemię polskich murarzy Stanisława Wypucha i Józefa Anuszewskiego. Załamało się pod nimi rusztowanie.

Innym razem spadło na dwulatków, Nataszę Dwerkiną i Władimira Kukuszkina. Skąd dzieci na placu budowy? Wina matek, nie dopilnowały, biorąc je z sobą w odwiedziny do mężów, którym niosły posiłek.

Kilku traci równowagę, ląduje w świeżym betonie na placu Defilad. Zanim koledzy zdążą zawezwać pomoc, będzie po nich. I tak nie opłacałoby się wyciągać, usłyszą od pomocy.

Jeden popełni samobójstwo w idealnym osiedlu na Jelonkach. Drugi wpadnie pod pociąg na pobliskim przejeździe kolejowym przy Górczewskiej, podobno przypadkiem. Jak ta rosyjska dziewczyna, której ciało wyłowią z Wisły.

Iwan Iwanowicz Arżawiszin w dniu śmierci ma dwadzieścia pięć lat. Oprócz daty urodzenia to wszystko, co o nim wiadomo. Rodzina wie jeszcze, że jako przodownik pojechał w nagrodę do Polski stawiać wysoką wieżę i słuch o nim zaginął. Pochowają go, jak trzynastu innych, w osobnej kwaterze na wolskim cmentarzu prawosławnym.

Tyle naprawdę wart był ich udział w całym tym przedstawieniu dla tego, który je wyreżyserował.

5. Kronikarka

Jest wczesny ranek, kiedy H. stoi pod Pałacem. Świeci słońce, wszystko kwitnie, dziewiąty dzień maja. Miasto obchodzi akurat kolejną rocznicę zwycięstwa nad tymi, którzy niespełna dwadzieścia lat wcześniej próbowali obrócić je w pył. Nie udało im się, a Pałac, symbol życia po nowemu, jest doskonale widoczny na tle bezchmurnego nieba. H. stoi przed nim w harcerskim mundurze. Gdy po powrocie z rajdu po Górach Świętokrzyskich usłyszała od matki, że ją wzywają, zdążyła tylko wziąć prysznic, ubrać się i zaraz wybiegła.

Piętnaste piętro, pokój naczelnika, siódma trzydzieści. Wysiada z tramwaju z telegramem w ręku, śmiało skręca w stronę pustego jeszcze o tej porze placu dzielącego ją od głównego wejścia. Pałac nie budzi w niej ani lęku, ani zachwytu, ani nienawiści. Raczej pospolitą niechęć, jak u każdego, kto musiał czytać i słuchać o nim na okrągło. Zapowiadał go nawet Jan Brzechwa:

To, co bajarz ludowy napisał,
To, co lud w wyobraźni kołysał,
Wkrótce wszyscy ujrzymy na jawie:
Pałac z baśni powstaje w Warszawie![1]

Teraz jest wszędzie – na plakatach, na zdjęciach w gazetach, na opakowaniach papierosów i czekolady, na etykietach zapałczanych. Wciąż ten sam, znany na pamięć kształt rakiety kosmicznej, zakleszczonej na zawsze w przyciężkawej wyrzutni i smętnie celującej iglicą w przestworza.

Ale widziany od wewnątrz, nie odpowiada wcześniejszym wyobrażeniom H. o przeogromnych, niezdobytych zamkach z bajek. Przekonała się o tym już kilka lat wcześniej, gdy trafiła w jego progi z obowiązkową wycieczką z okazji jakiegoś święta. Stała na posadzce w czarno-białą szachownicę wśród masy uczniów spędzonych tutaj ze wszystkich chyba szkół Warszawy i walcząc z sennością i zaduchem, słuchała rówieśników występujących w konkursie wiedzy na temat narodów azjatyckich.

Za poprawne wskazanie nazw poszczególnych stolic można było wygrać książkę. Wnętrza Ogrodu Zimowego w Pałacu Młodzieży przypominały jej szkolną aulę, może przez tę górną galerię, z której gapili się na porozstawiane na niższym poziomie wielkie palmy w donicach. Sufit w świetlicy, podtrzymywany przez śliskie w dotyku stropy o kształcie kielichów, wisiał nisko, przywodząc na myśl piwnice. Było tam ciemno, a niewygodne krzesła gwarantowały powrót do domu ze świeżą kolekcją siniaków. Tylko sala z basenem robiła wrażenie, bo wyglądała jak nawa w kościele. H. odwiedziła jeszcze kiedyś teatr Lalka dla młodych widzów, ale niewiele z tej wizyty zapamiętała. Niewykluczone, że było nawet tak, jak pisano: „(...) jest coś charakterystycznego w tym właśnie teatrze, coś lekkiego, pogodnego, coś, co sprawia, że informacja przewodnika: »a to jest, proszę obywateli, Teatr Młodzieżowy«, staje się zbędna, niepotrzebna. Może figlarne płaskorzeźby, którymi pokryte są białe ściany widowni, te różne zajączki, chyże jelenie, zadziorne koguty, poczciwe barany, może ta właśnie zieleń foteli ma w sobie coś z wiosny, z uśmiechu, jednym słowem – z młodości”[2]. Może usiadła wtedy przy stoliczku z ceramicznych płytek i wskazała palcem pozycję w karcie: lizaki, lody, kakao albo ciastka, bo „(...) sufit zaostrza apetyt – ileż tu smakowitych jabłek, winogron i gruszek rozmieszczonych dookoła żyrandola”[3]. To było dawno i nie ufałaby sobie w tej kwestii. Czy to niedziwne, że Pałac, który w zamierzeniu jego twórców miał przybliżać mieszkańcom miasta kulturę i naukę, choć widoczny zewsząd, to właśnie z oddali, mimo całej swej wyniosłości, wydaje się znacznie bliższy, niż gdy dociera się do jego stóp? – zastanawia się, przemierzając pospieszne plac. Nie da się zwyczajnie wejść tutaj z ulicy, przypadkiem przechodząc. Trzeba złożyć mu wizytę, nadłożyć w tym celu drogi. Najpierw odpycha on szerokim stepem placu, który latem przypomina rozgrzaną patelnię, zimą zaś naraża na przewianie do szpiku kości. Potem wznosi kolejne bariery: przed nim – stopnie w górę, wewnątrz – znowu w dół, do wind.

Ku swojemu zdziwieniu, H. dalej wchodzi swobodnie. Pamięta, że jeszcze kilka lat wcześniej wpuszczano do środka tylko z przepustką. Trzeba było być specjalnym gościem albo jednym z uczniów pierwszej warszawskiej tysiąclatki imienia Andrzeja Frycza Modrzewskiego, nad którą Pałac roztoczył patronat (przez pierwsze dwa lata przysługiwały im darmowe bilety). Najłatwiej było sforsować wejście do Pałacu z wycieczką – szkolną lub przodowników pracy. Gdy wejściówki rozdzielano jako nagrodę, chętnych do spojrzenia na miasto z najwyższej kondygnacji było jakoś mniej – ocenia, patrząc na tłumek okalający dwie windy dojeżdżające do dwudziestego ósmego piętra. Nie wiedzą jeszcze, że dalej czeka ich krótka wspinaczka. Wind nie przewidziano więcej, bo architekt umyślił sobie, że na ostatnim, trzydziestym, piętrze znajdzie się otwierana tylko latem kawiarnia Pod Iglicą, z okalającym ją tarasem. A iluż może mieć ona gości?

H. wysiada na piętnastym piętrze, waha się chwilę pod drzwiami, ale szybko naciska klamkę. W kieszeni, oprócz telegramu, tkwi dyplom kursu korespondencji biurowej i maszynopisania prowadzonego przez Stowarzyszenie Stenografów i Maszynistek PRL, który to kurs ukończyła z wyróżnieniem. Trójka najlepszych absolwentów może wybrać przyszłe miejsce pracy. Pośredniak na Karowej przesyła H. trzy propozycje: Ministerstwo Budownictwa na Żurawiej, Biuro Studiów i Projektów Łączności na Długiej oraz Pałac. Ona wybiera ten ostatni, bo najbliżej domu. Z Mokotowa bezpośredni tramwaj 23. Wszystko wskazuje na to, że rozmowa w gabinecie naczelnika będzie formalnością.

– Niech pani siada, słucham – odzywa się mężczyzna zza biurka. Wysoki, chudy jak śmierć, z przylizaną gładko fryzurą. W jego zachowaniu jest coś rażąco staroświeckiego. Nie pasuje do tych wnętrz, niczym mumia przeniesiona wraz z całym dobytkiem prosto z epoki, w której nosiło się zarękawki, smarowało włosy brylantyną i ćwiczyło sztukę kaligrafii. Nim H. zdąży pomyśleć, że zaraz pocałuje ją w rękę, mężczyzna orientuje się, że to tylko ona, i po krótkim podrygu opada z rezygnacją na krzesło. – Słucham – powtarza, żeby jak najszybciej przykryć czymś pomyłkę. – Pani w jakiej sprawie?

– W sprawie pracy. Dostałam skierowanie i wybrałam Pałac – odpowiada H., zbliżając się do biurka.

Bierze od niej dokument, nawet nie spojrzawszy, i rzuca okiem na harcerski mundurek.

– Wszystko pięknie, wszystko w porządku, ale my nieletnich – akcentuje to słowo – nie zatrudniamy.

– Ale zaraz – protestuje H. – ja przecież...

Skrzypnęły drzwi. Do pomieszczenia wchodzi kobieta z tacą z piętnastoma parującymi szklankami wetkniętymi w srebrne koszyczki z uchem.

– Herbata dla pana naczelnika. – Stawia szklankę na biurku i rusza dalej w głąb korytarza, nie zamykając drzwi.

Naczelnik zrywa się zza biurka, jakby chciał ją dogonić. Na dnie szklanki zalega czarny osad. Gruzińska – myśli H.

– Nieletnich nie zatrudniamy! – powtarza naczelnik. – Czemu jeszcze tu stoisz, dziecko?

– Mam dziewiętnaście lat, proszę zajrzeć do dokumentów! – oponuje jeszcze gwałtowniej.

Chudzielec spogląda na zaświadczenie wyraźnie zbity z tropu. Po chwili odmrukuje, udając, że nic się nie stało:

– A więc tak. Dziewiętnaście. No dobrze, proszę więc udać się do działu kadr i od jutra może pani w zasadzie zaczynać. Wydział Organizacyjny, na tym samym piętrze. To tyle z mojej strony, teraz muszę pilnie wyjść. Do zobaczenia.

H. patrzy w lekkim osłupieniu za zgiętą w pałąk personą w szarym garniturze, oddalającą się szybko w stronę przeciwną do tej, gdzie zniknęła herbaciarka. Słyszy skrzypnięcie drzwi kolejnego gabinetu i na korytarzu znów zjawia się kobieta z tacą, lecz już bez szklanek.

– Kościej! – chichocze, zbliżywszy się ku zdezorientowanej H. – Tak go tu nazywamy – mówi szeptem. – Kościej, od kościotrupa. Elegancik przedwojenny, prima sort! Wiesz, gdzie pobiegł? Do toalety, rączki umyć, bo z brudnymi nie będzie herbaty pił przecież. Czasem potrafi tak kilka razy dziennie, myje i przed, i po! A poza tym – dodaje konfidencjonalnie – niech ci się nie wydaje, że z niego jaki hrabia. Owszem, uparty, skończył przed wojną szkołę handlową, został księgowym i magistrackim urzędnikiem. Pracował przy rozbiórce soboru Aleksandra Newskiego na placu Saskim, choć teraz za skarby świata by się do tego nie przyznał. To, że pedancik, w dodatku wymuskany, woniejący prawdziwym yardleyem, o niczym jeszcze nie świadczy. Syn kotlarza-trasera. Z Czer-nia-ko-wa. A ja – kobieta wyciąga ku H. rękę bez tacy – mam na imię Janina i coś czuję, że jeszcze się tutaj nieraz spotkamy.

Dwudziestoletnia Hanna Szczubełek przed wejściem do Pałacu.

Dzień, w którym H. powierzone zostaje zadanie

Po kilku dniach H. zadomawia się na piętnastym piętrze. Na przywitanie dostaje deputat: przydział mydła, ręczników i papieru toaletowego, które mają jej starczyć na miesiąc. Zgodnie z radą udzieloną przez nowych kolegów, zamyka te dobra na klucz w szafce. Współpracownice H. zza sąsiednich biurek, również wystukujące z mozołem korespondencję na maszynach do pisania, są w podobnym do niej wieku. Szybko dochodzą do porozumienia i naczelnik Kościej staje się głównym obiektem ich kpin. Gabinet ma tuż obok, od czasu do czasu wpada do pokoju z jakimś poleceniem, zostawiając za sobą woń męskiego pachnidła. Okazuje się człowiekiem wielu obsesji. Największą wagę przywiązuje do spraw papierkowych. Ogląda pisma z każdej strony i zdarza mu się wpaść w rozpacz na widok krzywo przybitej pieczątki. Dostaje nerwowych drgawek, odkrywszy na dokumencie zszywkę umieszczoną pod niewłaściwym kątem, kiedy indziej traci nad sobą panowanie z powodu banalnej literówki. Nie chodzi o trzymanie się reguł ani o siłę autorytetu – niechlujne traktowanie akt godzi wprost w jego wrażliwość. Nawet gdy trzęsie się z obrzydzenia wobec odkrytego właśnie braku wyczucia, pióro trzyma w palcach prosto i pewnie, kreśląc złożone z idealnie symetrycznych liter adnotacje w rodzaju: „pijana pieczątka" lub „zły kierunek zszywki". Dowodzi tym samym, że emocje wzorowego urzędnika nie powinny pozostawiać śladu w jego dziełach. Jego ulubiony refren brzmi: „Pamiętajcie, panie, aby szanować swój podpis i zawsze stawiać datę na pismach". Odrzucone przez niego dokumenty trafiają z powrotem do hali maszyn, gdzie pracownice przepisują je mozolnie, czasem po kilka razy.

Herbaciarka Janina, powtarzająca rytuał obchodu biurowych korytarzy z zastawioną tacą w dłoniach, nie jest, jak się okazuje, jedyną przedstawicielką grupy, którą w czasach młodości naczelnika Kościeja nazywano by służebną, a teraz – gospodarczą. Pełnią swą misję w trzewiach Pałacu. Szybko wdrażają się do nowych ról, choć zaczynając pracę, większość z nich musi wspomagać się strzałkami kreślonymi kredą po ścianach, by nie zgubić drogi w pałacowym labiryncie, zwłaszcza na piętrach pod ziemią. Do grona tych pomocników, którzy zajmują miejsce na samym dole wewnętrznej hierarchii, zalicza się między innymi szatniarki, a także sto pięćdziesiąt sprzątaczek, z wyjątkowo liczną reprezentacją – jak powiedziano H. – samotnych matek. Obowiązki przydzielane tej grupie często się zmieniają. Choć sprzątaczki zjawiają się w Pałacu codziennie, przynależą tak naprawdę gdzie indziej – do prostego, swobodnego świata, w którym można bezkarnie plotkować, śmiać się i nie zważać na każde słowo. Inną jego przedstawicielką, doskonale uzupełniającą krzątaninę Janiny, jest pracownica o imieniu Michalina, do której zadań należy przygotowywanie napojów – mleka, naparu z mięty, wody mineralnej. Pobrzękując wózkiem z wiadrami, zstępuje w czeluści najniższych kondygnacji, by ukoić pragnienie tamtejszej obsługi, która wypełnia swoje obowiązki na tyle dyskretnie, że na co dzień pozostaje niemal niezauważalna dla pozostałych. Po godzinach, na specjalne zamówienie, zajmuje się cukiernictwem i produkcją kanapek. Potrafi zrobić ich dowolną liczbę, pod warunkiem że zamawiający dostarczy na swój koszt potrzebne produkty.

Pomocnikom z wyższych pięter – może ze względu na opiekuńczy charakter ich zadań – przypisuje się zachowania typowe dla dobrych, lecz złośliwych skrzatów zadomowionych w pałacowych murach. Takich, które znają każdy zakamarek i dzięki temu nigdy nie dają się przyłapać na gorącym uczynku. Ten i ów widział ponoć, jak do odsuwanych bezszelestnie szuflad dostawały się żywe myszy, przywodząc kadrowych, naczelników i księgowych na skraj apopleksji. Krążą też opowieści o czekoladkach na przeczyszczenie dostarczanych solenizantom, by mogli je rozproszkowane dosypać do porcji tortu dla nielubianego szefa. A gdy cieszący się estymą załogi urzędnik musi ustąpić miejsca nowemu, na drzwiach gabinetu tuż po nominacji pojawiają się napisy w rodzaju: „świętej pamięci" lub „zoo", wykonane trudno zmywalną farbą olejną. Przyciśnięci do muru rezydenci z tej samej kondygnacji zaklinają się, że nie widzieli w okolicy nikogo podejrzanego.

H. uświadamia sobie, że Pałac w zasadzie nigdy nie zasypia. Zarzuciła pomysł, by opisać godzina po godzinie dzień z jego życia od chwili, kiedy się budzi, aż po moment wygaszania świateł przed snem. Nie odpowiadałoby to ani trochę prawdzie, bo nawet gdy po skończonej zmianie pracownicy biur rozchodzą się do domów, nadal pracują teatr, Pałac Młodzieży, Sala Kongresowa, a pojeni miętą i mlekiem ludzie z centralnej dyspozytorni, ulokowanej w piwnicach, na zmianę wykonują swoje zajęcia przez całą dobę. Mimo wszystko H. obiecuje sobie notować na własny użytek co ciekawsze obserwacje, tworząc coś w rodzaju nieregularnego pamiętnika.

Pisać lubiła zawsze i nie przeszkadzał jej w tym słaby wzrok – już w wieku dziesięciu lat okulista odnotował u niej minus siedem dioptrii. Pisała wytrwale, najpierw wiersze do szuflady, a potem reportaże do harcerskiego miesięcznika z wyjazdów, na których była drużynową.

Okazuje się, że prócz harcerek te relacje śledzi ktoś jeszcze.

– H., jesteś proszona do gabinetu – wzywa ją pewnego dnia, krótko po zjawieniu się w Pałacu, sekretarka dyrektora Stefania Stocka. Lojalna, dyskretna i niezmiernie elegancka, od pierwszej chwili budzi szacunek samym tylko wyglądem. Poza tym ma złote serce i sprzyja maluczkim zaludniającym piętra Pałacu. Każdemu zależy, by być z nią w dobrej komitywie. Doświadczeni stażem chełpią się, że po niuansach w tonie jej głosu potrafią odgadnąć bezbłędnie, czego życzy sobie najwyższa władza i w jakim jest akurat nastroju. Teraz brzmiała, jakby oznajmiała wezwanej audiencję u głównego bóstwa z pałacowego panteonu.

Wbrew temu, co można byłoby przypuszczać, dyrektor Barszczewski nie rezyduje na najwyższym piętrze, skąd mógłby omiatać wzrokiem podwładnych i cieszyć się obrazem odbudowywanego z ruin miasta, lecz w połowie gmachu, na wysokości jednej z narożnych baszt.

– Czytałem pani teksty w „Harcerstwie". Przejrzałem też kilka pism i widzę, że wychodzi pani poza ramy korespondencji biurowej. Dobrze pani pisze. Może zechciałaby pani dodatkowo utrwalać historię Pałacu? Nie chciałbym, żeby to, co się tutaj dzieje, poszło w zapomnienie.

Zaskoczona H. kiwa głową.

– Krótko, zwięźle, bez skrótów nazw i organizacji, bo tego będzie sporo. Zapis w czasie przeszłym, w formie, jaką uzna pani za stosowną, ale bez własnych komentarzy, i w ciepły sposób, ma się rozumieć.

Wracając do swego pokoju, nie wiedziała jeszcze, że nieoczekiwany zwrot w karierze zawdzięcza osobistej obsesji dyrektora Barszczewskiego.

Ten urzędnik, który zasłużył się przemarszem z kościuszkowcami całego szlaku od Lenino do Berlina, choć z pozoru przeciwieństwo Kościeja, ma z nim jedną cechę wspólną: pedanterię, tyle że dotyczącą wyłącznie budynku. Wydaje mu się pomnikiem, na którego fasadzie nie ma prawa pojawić się choćby najmniejszy pyłek kurzu, i wierzy, że jeśli każdy będzie obchodzić się z nim jak z cennym eksponatem, obiekt przetrwa wieki w pierwotnej glorii. Nie wszyscy podzielają ten pogląd, więc gdy dyrektor dostrzega przypadkiem ogłoszenie przypięte pinezką do drewnianej boazerii, od razu rusza tropić winnego, a gdy już go dopadnie, potrafi w zapamiętaniu użyć siły. „Nigdy więcej tego nie zrobisz, powtórz! Zapamiętaj sobie!", syczy, szarpiąc delikwenta za klapy marynarki i przysuwając swą czerwoną ze złości twarz ku jego twarzy. Kilka godzin później, gdy szał mija, z przepraszającym uśmiechem zachodzi do pokoju, gdzie siedzi wciąż dochodząca do siebie po tym zajściu ofiara, i nie zauważając, jak na sam jego widok kuli się w fotelu, zagaja, co u niej nowego słychać i czy na pewno wszystko w porządku. Bo wygląda na zmartwioną.

„Prezencję miał świetną, był bardzo wysoki, przystojny, miał ujmujący uśmiech, a przy tym był bardzo życzliwy dla ludzi, pomagał wielu osobom i troszczył się o załogę"[4] – zapisuje H. o dyrektorze w swoim nieregularnym osobistym dzienniku. Z kolei w oprawnej w płótno księdze, której założenie poprzedza tygodniowe przekopywanie się przez trzy worki wycinków i wiele stron dokumentacji Polskiej Agencji Prasowej o wydarzeniach z pierwszej pałacowej pięciolatki, pod datą „1952 r." kaligrafuje pierwsze zdanie:

„Teren, na którym został wzniesiony Pałac Kultury i Nauki, zajmowała w 1945 roku całkowicie zrujnowana dzielnica Warszawy. Większość bardzo zagęszczonej przed wojną zabudowy uległa zniszczeniu"[5].

Poniżej widnieje kolorowy geometryczny szlaczek – dzieło etatowego pałacowego plastyka Marcina Piroszewskiego, którego obowiązkiem jest przygotowywanie wszystkich okolicznościowych dekoracji. Pod szlaczkiem napisano:

„5 kwietnia 1952 r. w Warszawie podpisano umowę między Rządem Związku Socjalistycznych Republik Radzieckich a Rządem Polskim o budowie Pałacu Kultury i Nauki".

H. wrasta w Pałac, ale o mało nie kończy się to gwałtownym rozstaniem

Zanim zacznie tu pracować, Pałac tylko raz wydaje jej się sympatycznym miejscem.

Z Kroniki Pałacu, 3 sierpnia 1955 roku:

„W Sali Kongresowej odbył się galowy koncert delegacji Związku Socjalistycznych Republik Radzieckich na V Festiwalu Młodzieży i Studentów. Na placu im. Józefa Stalina przed iluminowanym gmachem Pałacu bawiła się do późnej nocy młodzież festiwalowa".

Cała młoda Warszawa ciągnie na miasteczko festiwalowe, żeby poznać gości przybyłych z różnych stron świata. Tych o innym kolorze skóry większość po raz pierwszy może zobaczyć z bliska. Wymieniają metalowe znaczki, zdobywają jak najwięcej autografów w wydrukowanych specjalnie na tę imprezę notesach z inną flagą na każdej stronie albo różne pamiątki: chustki, krawaty, kapelusze, paski do spodni z plastikową klamrą i emblematem światowej federacji młodzieży socjalistycznej. H. ma przewagę w kolekcjonerskich zmaganiach i nie zawaha się jej wykorzystać: miasteczko urządzono na Mokotowie, niedaleko jej mieszkania. Po raz pierwszy zwiedza wtedy dokładnie pałacowe wnętrza. Kryształowe żyrandole skrzące się w każdej sali, niekończące się ciągi pomieszczeń i pachnące jeszcze lakierem luksusowe parkiety zmieniają nieco jej wrażenia z pierwszej szkolnej wycieczki. A może jednak Pałac ma coś z bajkowego zamczyska? Przechodząc później przez otaczający go park, często przypomina sobie tę scenę: siedzi na ławce, pije wodę z saturatora i ogląda swoje zdobycze. Czuje się szczęśliwa. Najbardziej bawi ją wpis zostawiony w notesie przez zagadniętą na ulicy dziewczynę z holenderską flagą: „*Love Warsaw. Barbara Karaluch – Amsterdam*".

Takie powiewy wolności są rzadkie, choć gdy H. co dzień opuszcza budynek Pałacu, często powtarza sobie, że wychodzi na wolność. Jego grube mury skutecznie izolują od zewnętrznego świata. Zajęci codzienną krzątaniną, biegając w zaaferowaniu po labiryntach schodów i korytarzy, mogliby nawet od razu nie zauważyć, że miasto wokół nich znów przestało istnieć na skutek jakiejś nagłej katastrofy. Bo to,

Tak pałacowa kronika przedstawiała przekazanie daru od narodu radzieckiego dla Polski.

że akurat Pałac by przetrwał, było jasne od początku. Ale jeśli istotnie ludzkość, podzielona na dobry Wschód i zły Zachód, postanowi wytępić się wzajemnie za pomocą atomowego grzyba, czym coraz częściej straszą w radiu i gazetach, kto przetrwa, by czytać zdeponowane w pałacowym wnętrzu notatki? Na przykład tę dotyczącą dnia rozpoczęcia przez H. pracy?

Z Kroniki Pałacu, 9 maja 1960 roku:

„W Sali Marmurowej odbyło się otwarcie wystawy współczesnej plastyki Bułgarskiej Republiki Ludowej. Ekspozycja objęła 71 obrazów olejnych, 34 rzeźby oraz 102 grafiki. Zakończył się II Krajowy Zjazd Związku Młodzieży Socjalistycznej, który obradował w Sali Kongresowej".

Kto w postapokaliptycznym świecie coś z niej zrozumie?

Pierwszą pensję H. wydaje na radziecki zegarek z cyferblatem Wiesna. Kaligrafowanie szybko wchodzi jej w krew, więc relacje z Kościejem układają się poprawnie. Trudniej ma jej koleżanka z pokoju numer 1515 Anna. Najmłodsza stażem (zjawiła się w Pałacu kilka tygodni po H.), od początku ignoruje wytyczne naczelnika co do symetrycznego przybijania pieczątek, więc na przepisywanych przez nią dokumentach aż roi się od złośliwych dopisków.

H. jest jej żal, bo dziewczyna wyjątkowo źle znosi uwagi Kościeja. Na złość mu H. sama zaczyna stemplować pisma krzywo i w niewłaściwych miejscach. Złośliwe dopiski nie przynoszą skutku – na ich widok przystawia pieczęć jeszcze bardziej na ukos, śmiejąc się w duchu.

– Pani H., czy nie rozumie pani, co napisałem? – zwraca jej w końcu uwagę naczelnik.

H. tylko na to czeka.

– Nie rozumiem, bo jestem średniowiecznym rycerzem!

Mężczyzna robi wielkie oczy, tak jak się spodziewała.

– Co to ma znaczyć?

– Że mam zakuty łeb!

Koleżanki wybuchają śmiechem, a Kościej pąsowieje, spina się i wnet prostuje jak struna:

– Pani zachowanie podważa mój autorytet. Żądam przeprosin, inaczej otrzyma pani wypowiedzenie.

– Nie widzę powodu – odpyskowuje H., patrząc na niego z triumfem.

– Zatem będę musiał dotrzymać słowa – odpowiada chłodno naczelnik i wychodzi.

– Zakuty łeb? Chyba niewyparzony język – wzdycha jedna ze dziewczyn, a H. przypomina się, że nie pierwszy raz słyszy te słowa.

Kościej słowa dotrzymuje. Wypowiedzenie z trzymiesięcznym terminem ląduje na jej biurku już następnego dnia. H. nie przejmuje się szczególnie – wie, że ostatnie słowo w Pałacu należy do dyrektora, a ten pewnie ją wybroni. Koleżankom imponuje jej zimna krew, gdy pracuje jak gdyby nigdy nic. I ma rację – dyrektor wraca z urlopu i cofa wypowiedzenie. Od tamtej pory, gdy H. wita Kościeja uprzejmym „dzień dobry", ten odpowiada, ale stara się nie patrzeć w jej stronę.

Ani się obejrzała, a na przepisywaniu, poprawianiu i odnotowywaniu kolejnych wydarzeń w kronice mijają jej dwa lata. Przychodzi październik, z nim czterdziesta piąta rocznica Wielkiej Socjalistycznej Rewolucji Październikowej, a pod numerem 1515 zapada ciemność. Na fasadzie od strony ulicy Marszałkowskiej między piętnastym a dwudziestym czwartym piętrem zawisa olbrzymia czarna głowa Lenina z brodą na krwistym tle, przypięta klamrami do listwy z drewna. Wódz rewolucji przesłania szczelnie okna w kilkunastu pokojach. W nieliczne o tej porze roku słoneczne dni w pokoju H. dominuje barwa buraka. Bez światła elektrycznego nie da się teraz pracować.

Z okazji tak ważnych świąt Pałac udekorowano czerwonymi i biało-czerwonymi flagami oraz wielkimi belami materiału rozpiętego na drewnianych ramach i przyozdobionego a to okolicznościowym czerwonym goździkiem z napisem „Niech się święci 1 Maja", a to wieńcem z polnych kwiatów otaczającym hasło „22 Lipca – Święto Odrodzenia Polski". Najważniejszym punktem październikowej fety miał być występ Państwowego Zespołu Pieśni i Tańca „Mazowsze" przed pierwszym sekretarzem partii. Chociaż uroczysta akademia się odbyła, minął tydzień, drugi, Lenin zaś zdaje się wisieć wiecznie. Wśród zajmujących pokój maszynistek, trapionych przez zapalenie spojówek i ból głowy, trwają konspiracyjne dyskusje, czy i w jaki sposób zasugerować dyrekcji, że może już czas pozbyć się uciążliwego płótna. Żadna z kobiet nie ma jednak odwagi, by wystąpić z tą sprawą. Atmosfera w pokoju staje się coraz bardziej napięta. Wreszcie H., minus siedem dioptrii w jednym oku i minus dziewięć w drugim, nie wytrzymuje. Niewiele myśląc, wyjmuje z biurka harcerski nóż, otwiera okno i przejeżdża na oślep po materiale wzdłuż i po bokach futryny. Dolna część tkaniny opada na parapet, a do pomieszczenia wdziera się znów światło. Koleżanki H. patrzą na siebie nieco oślepione, ale bardziej osłupiałe.

– Cudownie, ale co teraz będzie? – pyta któraś.

– H., co ty najlepszego zrobiłaś! – załamuje ręce kolejna, odsuwając okiennicę. – Obcięłaś Leninowi brodę!

Śmiech zamiera im w gardłach, gdy zdają sobie sprawę z grozy sytuacji. Kilka minut później rozlega się stukanie do drzwi i nie czekając na odpowiedź, do pokoju wpada dwóch nieznajomych mężczyzn w towarzystwie dyrektora. H. rzednie mina.

– Kto z obecnych dopuścił się tak haniebnego i karygodnego czynu? – pyta jeden z nich, groźnie tocząc wzrokiem po wnętrzu.

– Ja. – H. unosi się z miejsca. – Prawie przez miesiąc było nam tutaj ciemno i wszystkich bolą oczy.

– Czy obywatelka zdaje sobie sprawę z konsekwencji? Proszę za mną!

H. rusza za nimi korytarzem do gabinetu dyrektora. Spisują protokół. W ciągu trzech dni ma się stawić w miejskim komitecie partii na dodatkowe wyjaśnienia. Koleżanki z pokoju witają ją jak bohaterkę.

Nie mija nawet godzina, a znów stoi przed biurkiem dyrektora. Wzywająca ją Stefania Stecka tym razem ma nieprzeniknioną twarz, unika spojrzenia H.

– Zażądali twojego zwolnienia – mówi dyrektor, obracając w dłoniach skuwkę, jakby maskował tą zabawą nerwowość. – Powiedzieli, że to, co zrobiłaś, to nie tylko profanacja, lecz także sabotaż. Pałac jest – mam nadzieję, że zdajesz sobie z tego sprawę – darem radzieckiego narodu.

H. kiwa głową, lecz wszystko jej jedno. Straci pracę, ale przynajmniej już nigdy dobrowolnie nie zechce zamknąć się w ścianach gmaszyska, którego okna można wykorzystywać jako okolicznościowy słup ogłoszeniowy.

– Wybroniłem cię, choć z trudem – ciągnie dalej szef. – Dobrze piszesz i zależy mi, żebyś nadal prowadziła kronikę. Nadajesz się do tego. Niestety, nie unikniesz kłopotów. Musisz stawić się na przesłuchanie i na pewno przez pewien czas będziesz pod obserwacją, więc jeśli ci zależy na pozostaniu tutaj, proszę, licz się z tym, co robisz i mówisz. Możesz już iść. Powodzenia.

Trzy dni później pracownik za biurkiem w komitecie partii nie był już tak wyrozumiały.

– Zdaje sobie pani sprawę, że to, co pani zrobiła, to nie tylko profanacja, lecz również sabotaż? – zapytał.

– Nic podobnego. Chciałam tylko wpuścić do pokoju trochę światła.

– Oczywiście wie pani, czym jest dla nas wszystkich Pałac? To dar narodu radzieckiego. Dlaczego podjęła pani pracę w tym miejscu?

– Ukończyłam kurs maszynopisania z wyróżnieniem i mogłam wybierać w ofertach. Do Pałacu miałam najbliżej – odpowiada H.

– Zapewne zdaje sobie pani sprawę, że doskonale znamy pani sytuację rodzinną. Wiemy, kim był pani ojciec. Wszystko układa się w pasującą całość. Ma pani niewiele lat. Szkoda, by została pani uznana za wroga ludu.

– Nie mam z tym nic wspólnego. Chciałam tylko wpuścić do pokoju trochę światła.

Podobne rozmowy trwają kilka godzin – tak przynajmniej zdaje się H. Mężczyźni za biurkiem zmieniają się: jeden mówi do niej łagodnie, jak do głupiego dziecka, które w końcu zrozumie, że należy się przyznać, by uniknąć kary, a drugi surowo, nie szczędząc pogróżek. H. powtarza wciąż jedno i to samo zdanie. Czuje się jak zacięta katarynka.

Jak mogła o tym nie pomyśleć? Dyrektor nazywał ją „Rzodkieweczką" – bo czerwona z zewnątrz, a biała w środku. Dom H. stale nachodzili dziwni mężczyźni zadający pytania, na które nie było dobrych odpowiedzi. Po każdej wizycie babka z matką długo rozmawiały na osobności przyciszonymi głosami. Swojego ojca nigdy nie poznała, ale wiedziała, że był lekarzem, zginął w powstaniu warszawskim jako kapitan Armii Krajowej, pseudonim „Jaszczur", dowodził batalionem „Oaza" na Sadybie, w forcie Dąbrowskiego. Został po nim ryngraf, imieninowy prezent od kolegów z oddziału, ofiarowany dwa miesiące przed śmiercią. H. nie mogła nawet przypuszczać, że wiele dziesięcioleci później jego imieniem zostanie nazwany jeden z parków w mieście, ale że teraz ojciec – a raczej wspomnienie o nim utrwalone na fotografii – sprawia pozostałej przy życiu reszcie rodziny głównie problemy, przekonywała się na każdym kroku. Matka, mimo starań, nie mogła znaleźć płatnej pracy, a schorowana babka pracować nie mogła. Ich zrujnowane miasto, do którego wróciły od razu po wojnie, przyjęło je niezbyt gościnnie. Była akurat zima – H. zapamiętała widok śniegu padającego na ruiny, a także wychudzonego kota ogryzającego resztki starego buraka pod wypalonym murem ich domu. Zamieszkały w trójkę w ogrodowej chatce, którą zaoferował im ktoś znajomy. „Nie było żadnej pościeli, a za łóżka służyły sienniki. Rozpalona koza dała trochę ciepła, szron na ścianach powoli się topił i spływał strużkami na podłogę. Do przykrycia jeden koc i stare palta" – notowała później w pamiętniku, choć i tak wiedziała, że tamte doświadczenia zostaną z nią na zawsze. Długo nie dało się tak wytrzymać, więc po roku ruszyły wszystkie trzy na zachód, na Ziemie Odzyskane. W Opolu matce zaoferowano mieszkanie i pracę w starostwie. Babka nie mogła jednak przyzwyczaić się do nowych warunków. Nieustannie narzekała, że tęskni za Warszawą, że na Bródnie u rodziców i na Powązkach u męża nie ma kto zapalić świeczki. I że sama chce umrzeć we własnym mieście.

– Wracam – powiedziała któregoś dnia. – Wy, jeśli chcecie, możecie tutaj zostać, ja wyjeżdżam.

Wyjechały w trójkę. Tym razem matce udało się znaleźć pracę, wynajęły pokój. Zarobki starczały ledwie na komorne i węgiel. Od początku było więc jasne, że H. po skończeniu liceum musi od razu poszukać sobie płatnego zajęcia. Na studia i tak nie miała szans się dostać – znów z powodu ojca. Brakowało jej przymiotów premiowanych w nowej rzeczywistości nie mniej niż dobre oceny, takich jak chłopskie pochodzenie i bliscy niezaliczani do wrogów ustroju.

– No dobrze – mówi w końcu ten mniej sympatyczny, rzucając na stół jej dokumenty. – Ma pani szczęście, że dyrektorowi zależało na pozostawieniu pani w pracy, choć nie obejdzie się pewnie bez nagany. Hufiec harcerski też wystawił pani dobrą opinię. Proszę iść. Będzie pani pod stałą obserwacją. Zapewne spotkamy się jeszcze.

Spotykają się kilkakrotnie, w odstępach dwu- albo trzytygodniowych. Na szczęście nie wpadli na pomysł, by odwiedzić ją w domu, za każdym razem to ona przychodzi do nich. Matka z babką nie wiedzą nic o zajściu.

Rozmowy w pokoju 1515 przycichają. Nie słychać już śmiechów.

Smutni panowie ubrani po cywilnemu jeszcze nieraz zjawiają się w Pałacu. Nie ma to jednak nic wspólnego z H. Najczęściej można ich spotkać w tygodniach poprzedzających zjazd. Pierwsze dwa odbyły się wprawdzie w auli Politechniki Warszawskiej i w hali Akademii Wychowania Fizycznego, lecz odkąd oddano do użytku Pałac, nikt nie ma wątpliwości, że to on jest najwłaściwszym miejscem na zgromadzenie, podczas którego wybiera się pierwszych sekretarzy Komitetu Centralnego partii. Wewnątrz i wokół gmachu robi się nerwowo. Przybywa postaci w roboczych kombinezonach, których imion, twarzy ani funkcji za nic nie może skojarzyć żaden z zatrudnionych w gmachu na stałe pracowników gospodarczych. Zawzięcie i nieco teatralnie wymachują miotłami na parkingu przed budynkiem lub na dachu Sali Kongresowej poszukują usterek, często przy użyciu kieszonkowych lornetek. Wejście przez dziedziniec od strony ulicy Emilii Plater zarezerwowane jest wówczas wyłącznie dla gości zjazdu, odseparowanych od zwykłych śmiertelników, którzy muszą nadkładać drogi, by dostać się do pracy wejściem od Marszałkowskiej. Zaangażowani do pilnowania pięter pracownicy Biura Ochrony Rządu wyruszają na polowania do toalet sąsiadujących z windami na poziomie poniżej głównego wejścia. Biada parom, które nieświadome kalendarza obrad zjazdu, zamykają się tutaj w poszukiwaniu intymności, jeśli nie wzięły ze sobą odpowiedniej ilości gotówki. Cena za puszczenie wolno po spisaniu danych z legitymacji wynosi równowartość jednej półlitrówki. Dla par tej samej płci – całego litra.

Podczas Trzeciego Zjazdu, zgodnie z przewidywaniami, na pierwszego sekretarza namaszczony zostaje Bolesław Bierut. Dziesiątki dziennikarzy uwieczniają go z tej okazji na tle pałacowych wnętrz, wypucowanych z wyprzedzeniem przez armię sprzątaczek i lśniących jeszcze intensywniej niż zazwyczaj. Dyrektor Barszczewski jest jednak niepocieszony. Czegoś mu brakuje. Pałac na pewno wywarłby większe wrażenie na delegatach, gdyby prezentował się podczas tej uroczystości bardziej godnie.

Sztandar – olśniło dyrektora. Że też nikt od razu nie zakrzątnął się wokół tej sprawy. Podczas pochodów pierwszomajowych pracownicy (wspólne maszerowanie w tym dniu jest ich służbowym obowiązkiem)

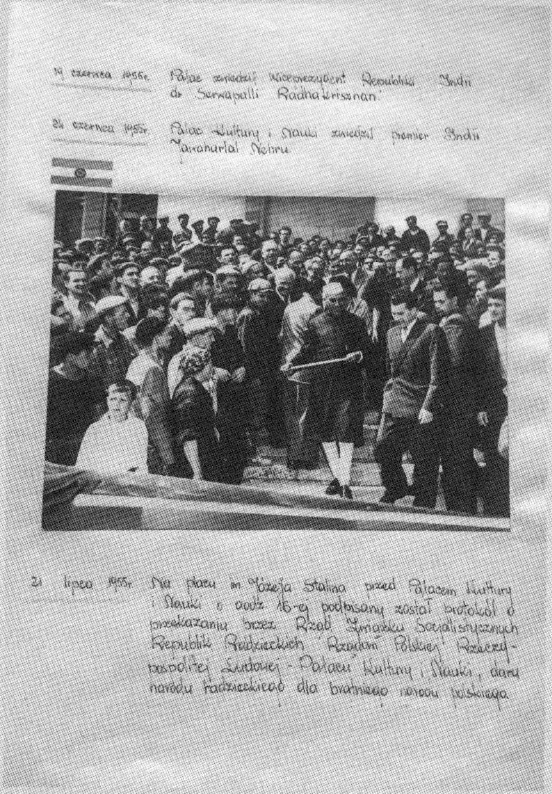

19 czerwca 1955 r. Pałac zwiedził Wiceprezydent Republiki Indii dr Serwapalli Radhakrisznan.

24 czerwca 1955 r. Pałac Kultury i Nauki zwiedził premier Indii Jawaharlal Nehru.

21 lipca 1955 r. Na placu im. Józefa Stalina przed Pałacem Kultury i Nauki o godz. 16-ej podpisany został protokół o przekazaniu przez Rząd Związku Socjalistycznych Republik Radzieckich Rządowi Polskiej Rzeczypospolitej Ludowej - Pałacu Kultury i Nauki, daru narodu radzieckiego dla bratniego narodu polskiego.

Wydarzenia z historii Pałacu wyszczególnione w pierwszym tomie pałacowej kroniki trzeba było odtworzyć na podstawie archiwalnych wiadomości i napisać ręcznie.

wymachują polskimi i radzieckimi flagami w stronę trybuny honorowej zapełnionej przez najważniejszych ludzi w państwie, dzierżą transparenty obwieszczające: „Niech żyje nierozerwalna przyjaźń polsko-radziecka", „Pozdrawiamy bratni naród radziecki", „Pokój, Mir, Peace"; obnoszą również po trasie pochodu makietę Pałacu. Wygląda to mało poważnie. Dyrektor rozmawia z kim trzeba i niedługo potem Stefania Stecka z triumfalną miną kładzie przed nim pismo, w jakim najwyższe czynniki – te same, które gościły w Pałacu podczas zjazdów – wyrażają zgodę na wykonanie sztandaru.

Najpierw kolory. Faworytem od początku jest niebieski. Takie tło ma odznaka „Budowniczy Pałacu Kultury i Nauki im. Józefa Stalina" przyznawana w 1955 roku wszystkim, którzy zdaniem władz przyczynili się do wzniesienia gmachu, w tym również przedszkolance prowadzącej zajęcia dla dzieci radzieckich robotników. Pałac na odznace lśni złotem, a na granatowych tarczach noszonych przez wartowników i dźwigowych – bielą. Po długich dyskusjach stawiają więc na błękit, złoto i biel. „Będzie pięknie" – myśli dyrektor, patrząc na wstępny projekt, gdzie jedna strona ozdobionego frędzlami materiału przypomina lazur nieba z odcinającą się na jego tle złotą sylwetą Pałacu, a na tle drugiej, białej, biegnie napis złotymi literami: „Zarząd Pałacu Kultury i Nauki – Warszawa".

Długo się nim nie cieszy. Urzędnicy – kolejno w Prezydium Rady Narodowej Miasta Warszawy, partyjnym Wydziale Kultury oraz Głównym Urzędzie Kontroli Prasy, Publikacji i Widowisk – pochylają się nad propozycją oniemiali.

– Co to za kościelne kolory? – przemawia wreszcie któryś.

– Nie ma czerwieni! – zauważa oskarżycielsko inny.

– Gdzie wzmianka o tym, że Pałac jest darem narodu radzieckiego? Tak się nie godzi – uzupełniają się teraz na wyścigi kolejni, bo już wiadomo, że można sobie pozwolić.

– Kto za to zapłaci? – rzuca najbardziej przytomny, a może najsprytniejszy w tym gronie. – Trzeba jeszcze zlecić plastykowi projekt graficzny, potem uszyć i wyhaftować. Przecież zarząd Pałacu to jednostka budżetowa. Czy sądzicie, towarzysze, że naszych obywateli stać na finansowanie podobnych fanaberii?

Projekt ląduje na zawsze w szufladzie dyrektora. Jedyną po nim pozostałością są oficjalne barwy używane przez zarząd na firmowych blankietach. Podczas kolejnych zjazdów działacze nadal pozują fotografom na tle okolicznościowo umajonych wnętrz, a pracownicy, krocząc w pochodach, wymachują chorągiewkami w narodowych barwach.

H. nigdy nie uczestniczy w zjazdach. Wystarczył jej udział w akademii z okazji pięciolecia Pałacu, która odbywała się w najbardziej reprezentacyjnym miejscu – w Sali Kongresowej. Wówczas trafiła tam po raz pierwszy. Na scenie, pod wielką rozetą w kształcie słońca, ustawiono prezydium. Zasiedli na nim: ambasador ZSRR Piotr Abrasimow, były pełnomocnik rządu polskiego do spraw budowy Pałacu architekt Józef Sigalin, liczni ministrowie i dyrektorzy. Pod kryształowymi żyrandolami zwisającymi spod balkonów od ścian pokrytych brązowymi marmurami z Bolechowa i kolumn ozdobionych geometrycznym ornamentem odbijał się głos przewodniczącego koła Towarzystwa Przyjaźni Polsko-Radzieckiej, który z powagą wypowiadając każde zdanie, odczytywał list od Wielkiego Nieobecnego – premiera Związku Radzieckiego Nikity Chruszczowa. Gdy skończył, rozległy się brawa, a potem nastąpiły trwające w nieskończoność przemówienia, wystąpienia i podziękowania. H. ocknęła się dopiero na moment wręczania podarunku od narodów radzieckich, jakim okazał się olbrzymich rozmiarów portret Lenina.

Przysypianie w Kongresowej podczas oficjalnych zgromadzeń stało się już pałacową tradycją. Wiele lat później miało być głośno o pracowniku, który znużony całodziennym dyżurem podczas narady aktywu wojewódzkiego partii, gdy minęła północ, a obrady ciągnęły się nadal, zasnął na stojąco i opadłszy bezwładnie ciałem na pulpit, wcisnął guzik sterujący pierwszą w Europie kurtyną ognioodporną z włókien szklanych. Ważąca półtorej tony, szeroka na czterdzieści osiem metrów tkanina zamknęła się błyskawicznie, zmiatając prelegenta wraz z mównicą i wielkim wazonem czerwonych goździków.

Pracownicy gospodarczy, którzy przemykali do Kongresowej podczas zjazdów w roli wysłanników do specjalnych poruczeń, opowiadają, że czują się trochę jak na osobliwej mszy: stojący na mównicy najważniejszy uczestnik, pierwszy sekretarz, przemawia długo i zawile niczym

Luksusowa restauracja Kongresowa kategorii S i typowe dla niej atrakcje. Wioletta Brankowa śpiewa podczas występu rewiowego.

świecki kapłan, a pozostali słuchają, przysypiając. Następnie ustępuje miejsca wybranym spośród nich, by wygłosili własne mowy, krótsze, lecz równie monotonnym tonem. Zamiast śpiewów w przerwach słychać oklaski. Aby ceremonia przebiegła zgodnie z planem, przed jej rozpoczęciem posłańcy muszą przygotować podscenium: z ukrytego pod podłogą pomieszczenia skrywającego plątaninę kabli, przekładni i silników wyjeżdżają cztery rzędy foteli wraz z mównicą, dokładnie tyle, by mogły pomieścić pięćdziesięciu dwóch członków prezydium rządu. Skryci w rozmieszczonych po bokach kabinach prasowych dziennikarze, udając zaaferowanie, nadają za pośrednictwem telefonu korespondencje do redakcji. Podczas przerw w obradach zstępują do restauracji lub sąsiednich sal konferencyjnych na zakulisowe dysputy. Restauracja Kongresowa, z wnętrzem w mieszanym stylu łączącym art déco, socrealizm i polski historycyzm, ozdobionym wielką fontanną, ulokowana w podziemiach pod Salą, reprezentantka najwyższej, luksusowej kategorii S (w całym mieście jest tylko dziesięć lokali zaliczanych do tej klasy), służy nie tylko przedstawicielom partii, lecz także posiadaczom odpowiednio grubych portfeli, czyli nielicznym prywaciarzom, dewizowym turystom i luksusowym prostytutkom. Nocne życie toczy się tu wokół kamiennej fontanny, ze względu na swe rozmiary ustawianej jeszcze przed pokryciem Kongresowej dachem, a umilają je programy variétés, które z czasem przeradzają się w rewię ze striptizem. Po pałacowych pokojach krążą pogłoski, że każda radziecka delegacja przed przyjazdem rezerwuje sobie wizytę na striptizie w Kongresowej, jednak z zastrzeżeniem, by nie ujmować jej w żadnych oficjalnych dokumentach. Kierownik lokalu stempluje więc rachunki pieczątką z napisem „Pałac Kultury i Nauki w Warszawie, Restauracja Trojka". O kategorię niższa Trojka, początkowo przeznaczona dla dyplomatów, za czasów H. obsługuje również zwykłych, lecz dobrze sytuowanych gości.

„Czynna od 13 do 23 – czyta H., dokształcając się podczas prac nad archiwalną częścią kroniki – jest obliczona na 300 konsumentów. Jej specjalnością jest kuchnia rosyjska. Można tu zjeść te same potrawy, które były ulubionymi potrawami budowniczych Pałacu – pielmieni w rosole, bliny w śmietanie itp. Można też napić się słynnej wody mineralnej Borżomi, sprowadzanej z ZSRR".

To tutaj miano ujrzeć Leonida Breżniewa, który zaszczycił Pałac swą obecnością podczas Piątego Zjazdu i na własne życzenie zwarł się w nieporadnym uścisku z Edwardem Gierkiem. Z okazji wizyty najważniejszego radzieckiego przywódcy jakieś pałacowe licho przygotowało specjalną niespodziankę. Pracownicy wchodzący rankiem w dniu zjazdu do głównego holu, gdzie już dzień wcześniej ustawiono stosowną dekorację w postaci wielkiego wazonu pełnego białych i czerwonych goździków, stelaży z flagami oraz portretu Breżniewa, również na podwyższeniu, poczuli niespotykany w tym miejscu zapach. Nad portretem rozstawiono już drabinę, z której korzystano przy wymianie żarówek w plafonach i żyrandolach. Spocony z wysiłku pałacowy strażak czyścił oblicze pierwszego sekretarza, nie kryjąc przy tym grymasu obrzydzenia, zwłaszcza gdy musiał schylić się, by zanurzyć gąbkę w wiadrze wypełnionym lekko brunatną wodą. Jemu jednemu było najmniej do śmiechu – pozostali, gdy poznali prawdę przekazywaną z pokoju do pokoju, nie kryli zadowolenia. Nocą, podczas ostatecznego czyszczenia sal, okazało się, że służąca do tego celu hydronetka w tajemniczy sposób napełniona została nie tylko wodą, lecz także fekaliami. Ustawiono ją tak, by trysnęły wprost na odmalowaną na obrazie twarz dostojnego gościa. Portret Breżniewa trzeba było usunąć. Epizod wstydliwy na tyle, że ważniejsze od wykrycia winnych (których zresztą nie znaleziono) okazało się zachowanie go w tajemnicy. Strażników dla porządku ukarano naganami, nie zwalniając ich z pracy, wszystkim zaś przykazano, by pod groźbą najcięższych konsekwencji trzymali język za zębami przed dziennikarzami, którzy zresztą nie węszyli wówczas zbyt gorliwie. Podziałało.

Przed partią i tak nie udaje się niczego ukryć. Czuwa na co dzień we wnętrzach Pałacu. Rozsiadła się w jego części wieżowej, wprowadzając tu spokrewnione instytucje.

Do partii należą piętra: ósme, dziewiąte, dziesiąte (gdzie mieści się Instytut Nauk Społecznych), jedenaste (zajmowane przez Wydawnictwo Klasyków Marksizmu-Leninizmu) oraz dwunaste i trzynaste, na których działa Wieczorny Uniwersytet Marksizmu i Leninizmu. Nauce, obdarzanej wyjątkową estymą przez panujący ustrój, oddano piętro szóste, urządzając tam bibliotekę Polskiej Akademii Nauk. Aby zaznaczyć dominującą pozycję uczonych, szef tej placówki i jego zastępcy otrzymali przepastne gabinety na dwudziestym czwartym piętrze, wyposażone w odrębne łazienki. W otoczeniu okazałych mebli zaprojektowanych przez znanych architektów mogą spoglądać z wysokości nawet na samego dyrektora Pałacu.

H. odkrywa ducha u Dzierżyńskiego i dentystę na czwartym piętrze

H. jest w gmachu nową lokatorką. Większość pracowników zatrudniono jeszcze na etapie budowy. To oni stopniowo wprowadzają ją w tajniki pałacowego życia. Pokazują na przykład niepozorne, zakamuflowane drzwiczki na piętnastym piętrze, przypominające wejście do składzika na szczotki, przez które – jak przez szafę do Narnii – wstępuje się w inny świat, prosto na pałacowe tarasy oszałamiające rozmiarami.

Parter odwiedzają często inteligenci poszukujący pierwszych egzemplarzy nowości wydawniczych, dostępnych w mieszczącej się na tej samej kondygnacji księgarni naukowej PAN. Na siedemnastym piętrze pracują redakcje „Kobiety i Życia" oraz „Filipinki" (łączny nakład pism dla polskich kobiet spragnionych porad na każdy temat, przepisów kulinarnych i wieści ze świata mody – osiemset trzydzieści tysięcy egzemplarzy) złożone, nie licząc jednego mężczyzny, z samych pań, które odbierają dziennie po dwieście listów od czytelniczek. Tam z kolei H. dowiaduje się, że w budynku nie ma trzeciego piętra, bo reprezentacyjne sale na drugim i czwartym okazały się zbyt wysokie, by starczyło na nie miejsca. Jego ślady znaczy tylko kilka niewielkich pomieszczeń gospodarczych, które upchnięto między przestrzenią skrywającą opasłe trzewia sufitów drugiej kondygnacji. Piąte jest wyłącznym królestwem ochrony, choć w pierwszych latach istnienia Pałacu nadaje stamtąd telewizja. Na czternastym nie zatrzymują się windy, mimo że istnieje, skrywając liczne rury, pompy i sprężarki dopompowujące do tego poziomu wodę i powietrze. Jest tam też pałacowe archiwum liczące tysiąc pięćset tomów dokumentacji związanej z budową, głównie w języku rosyjskim, oraz sporo artefaktów: kolekcja odznaczeń nadanych Pałacowi, makat, miniaturowych modeli budynku, prac nadesłanych na konkurs zabudowy otoczenia pałacu, tablic ostrzegawczych. Windziarki, przycupnięte na stołkach bez oparć, niedozwolonych ze względu na przepisy bezpieczeństwa, i w wolnych chwilach zabijające czas lekturą gazet, relacjonują jej przygody z turystami licznie zmierzającymi na taras widokowy. Aby zapobiec tłokowi na tarasie, wprowadzono sprzedaż biletów na określoną godzinę, ale teraz przyjezdni awanturują się, że przez bezsensowne wymysły nie mogą zdążyć na pociąg. Gdy dla ich wygody zdecydowano, że wszystkie windy, a nie tylko dwie jak na początku, będą dochodzić do dwudziestego siódmego piętra, od razu zaczynają się pretensje, że płacą, a muszą jeszcze chodzić po schodach.

– Jeden napisał skargę, że gołąb mu pobrudził ubranie, i chce, żeby mu za to zapłacić – przypomina sobie H. treść jednego z listów do zarządu.

– Ano właśnie, dobre sobie! A kto zapłaci nam za zniszczenia klatki schodowej? Cała pobazgrana napisami. Rozglądają się, czy nikt nie patrzy, i mażą albo dłubią. Autografy, miłosne wyznania albo jakieś wulgaryzmy, psia ich mać.

H. myśli czasem, że gdyby zliczyć pokoje mieszczące się w Pałacu, zapewne dorównałyby mnogością izbom mieszkalnym wypełniającym kiedyś kwartał miasta, który się tu znajdował, i że to dość dziwaczne oglądać teraz jego odpowiednik w tym samym miejscu, tyle że wyniesiony w górę i rozpostarty na boki. Takie zwiedzanie zajęłoby jej dziewięć lat, jeśli zechciałaby przebywać codziennie w innym pomieszczeniu.

Gdy któregoś dnia skarży się, że pobolewa ją ząb, radzą jej, by udała się na czwartą kondygnację.

– Przejdę się i przestanie? – pyta ironicznie.

Przypomina sobie historię z dyrektorem, który dotarłszy na trzydzieste piętro, zapragnął jeszcze wdrapać się po drabinie w pobliże iglicy, nie zważając na tabliczkę ostrzegającą przed silnym promieniowaniem. Nadajniki były akurat włączone. Chorował przez trzy dni.

Życzliwy kolega z biura, którego radę wzięła za żart, spogląda na nią i odburkuje:

– Pokaż mi kogoś, kto leczy lepiej od Kaki. Jeszcze nie zaglądała ci w zęby?

H. ma wrażenie, że to szyfr, który rozumieją wszyscy dookoła oprócz niej. Jak kiedyś, gdy do pokoju przyszła jedna ze sprzątaczek, najwyraźniej się nudząc, i zaczęła wspominać, jak to na samym początku Kieliszek, Biskup i Bania przez pomyłkę nie wpuścili do Pałacu prezydenta Bieruta.

– Mówcie, co chcecie, ja tam uważam, że odznakę zasłużonych powinni za to dostać. Spisali się przecież na medal, nie? Wtedy było przecież przykazane, by nie wpuszczać do Pałacu nikogo bez zezwolenia.

– Kieliszek i Bania rozumiem, pewnie nie wylewają za kołnierz, ale Biskup? Czemu go tak nazywacie? – chciała wiedzieć H.

Spojrzeli na nią jak na istotę niespełna rozumu.

– Bo mu tak mamusia na chrzcie dała! Albo raczej tatuś! – Wybuchnęli śmiechem.

– Żarty sobie stroicie! – burknęła H. i chodziła obrażona, dopóki nie udało się jej potwierdzić, że wszystkie trzy określenia naprawdę były nazwiskami.

Tym razem nie chce dać po sobie poznać, jak bardzo ją irytuje takie gadanie dla wtajemniczonych, więc idzie na czwarte piętro, by zgłębić temat na własną rękę. Wkrótce staje przed drzwiami z napisem „Gabinet dentystyczny" oraz „Gabinet fizjoterapii". W zasadzie czemu miałoby ją to dziwić, każde miasteczko ma przecież lokalnego felczera.

– O, widzę, że też przyszłaś odwiedzić Kakę i Akę. – Zza drzwi wyłania się sprzątaczka. Czy H. się wydaje, czy istotnie w jej uszach lśnią okazałe kolczyki? – Ze złota. Teraz nie mogę zdejmować ich przez tydzień, aż się zagoi. Prawie nic nie bolało! – śmieje się ich posiadaczka, dotykając ucha dłonią. – One są w tym świetne. Ludzie z miasta ciągnęliby tutaj i ustawiali się w kolejki, gdyby tylko wiedzieli!

– Dlaczego Kaka i Aka? – odzywa się H.

– Krystyna Kozińska, dentystka, i Anna Kotyńska, fizjoterapeutka. Skróty od pierwszych liter imienia i nazwiska, w obu przypadkach. Nieźle się zgrały, co? To jak, wchodzisz?

– Może przy innej okazji – waha się H. Istotnie, jakby po spacerze ból przestał dokuczać.

– No to idziemy, co tak stoisz! – Zabieg najwyraźniej poprawia sprzątającej humor. – Wiesz, że w ostatki czasem pożyczają nam sterylizator? Inaczej nie byłoby jak nakłuć pączków. Ale zupełnie mi to nie przeszkadzało.

Korytarze czwartego piętra, na którym za dnia królują Kaka z Aką, wieczorami przemierza bezszelestnie Duch Zdzisław sprawujący pieczę nad pracą wszystkich telefonów w gmachu oraz zegarów sterowanych z centrali przez dwa główne, nazywane matką i ojcem. Nowo przyjętych, jak H., z początku usiłowano zwodzić opowieściami, że w Pałacu straszy robotnik zamurowany niegdyś żywcem w jego ścianach. Wraz ze sprawnością poruszania się po jego wnętrzach nowi szybko orientowali się, że jedynym prawdziwym duchem, jakiego mogą spotkać podczas pracy, jest Duch Zdzisław. Bezszelestna, dyskretna profesja, coś więc było na rzeczy.

Czwarte piętro nocą przeczy jednak racjonalnemu osądowi wydarzeń. Sprzątaczki i wartownicy pełniący tam dyżury szepczą między sobą, że po salach wystawowych na tej kondygnacji ktoś lub coś chodzi – i nie mieli na myśli Zdzisława. Słyszano, jak zrzuca książki ze stelaży, przewraca kosze na śmieci, stuka ciężkimi drzwiami z metalowych kratownic. Sale, rozświetlane blaskiem kryształowych żyrandoli, są pozbawione okien, trudno więc przypisywać działanie przeciągom. Gdyby te historie opowiadała jedna osoba, można byłoby zrzucić to na karb jej nadwrażliwości i omamów, jednak pracownicy wiedzą dobrze, że akurat na czwartym piętrze, ze względu na cenne eksponaty i rozmiary sal – mierzących po blisko tysiąc metrów kwadratowych każda – dyżurują zawsze dwie osoby. Pogłoska o duchu rozprzestrzenia się po całym Pałacu i gdy któryś raz z rzędu żadna z kobiet nie zgłasza się na nocną zmianę, dyrektor zaczyna się zastanawiać, co zrobić z tym fantem. Zmora jest jednak szybsza. Pewnej sierpniowej nocy 1964 roku w sali imienia Feliksa Dzierżyńskiego, wyłożonej żółtobeżowymi marmurami, wybucha pożar. Parkiet, ułożony na smołowcu, zajmuje się natychmiast, sypiąc iskry. Buchające w górę płomienie topią żyrandole, a ściany wypalają się do gołej cegły, nim natychmiastowy alarm zgromadzi w Pałacu strażaków. Komisja wezwana do zbadania przyczyn pożaru stwierdza zwarcie instalacji elektrycznej. W korytarzowych plotkach chwali się Historię, która tym sposobem zemściła się na Krwawym Feliksie.

Po remoncie opowieści o duchach przygasają, lecz nie ustają zupełnie. Atmosferę podsyca zwłaszcza Wydział Urządzeń Sanitarnych. Według zatrudnionych tam osób chodzi o ducha jednego z robotników pracujących przy budowie, który dostał się pod pas transmisyjny i zginął na miejscu. Gdyby istotnie straszył, jak mawiano, nie czyniłby tego sam – podobnych duchów powinno snuć się po Pałacu co najmniej kilkanaście.

W dzień, w którym miano świętować dziesięciolecie Pałacu na uroczystej akademii, nadciąga inny kataklizm. Jeszcze z rana nic go nie zapowiadało. Tuż przed piętnastą zrywa się nagły wiatr, zaciągając niebo czarnymi chmurami, zupełnie jakby złe myśli i życzenia zagłady, słane przez całą dekadę w stronę gmachu przez wielu mieszkańców stolicy, postanowiły znaleźć ujście akurat tego dnia, by popsuć wszystkim zabawę. H., którą ulewa zastaje przy placu, brnie do budynku na bosaka ze szpilkami w dłoniach i patrzy z mieszaniną przerażenia i fascynacji, jak ulice dookoła zmieniają się w rwące potoki. Po wyłączeniu podstacji energetycznych sieci tramwajowej i trolejbusowej przestaje kursować komunikacja miejska, a pałacowe burzowce nie nadążają z odprowadzaniem nadmiaru deszczówki z tarasów. Pałac zostaje częściowo zalany.

„Akademia lekko się opóźniała, a i nasz wygląd nie był zbyt elegancki. (...) Fryzury oklapły i spływały strużkami wody, suknie i garnitury lepiły się do ciał. I tak w parującej atmosferze odbył się nasz Pałacowy jubileusz"[6] – odnotowuje tego dnia H. w dzienniku.

Wskutek zamulenia kanałów wentylacyjnych musi wstrzymać pracę maszyna matematyczna Urał-2 na szóstej kondygnacji, należąca do Urzędu Energii Atomowej. Na szczęście nic się nie stało radiostacji. Na piątym piętrze mieści się bowiem najprawdziwsze studio radiowe. Oddając Pałac do użytku, robotnicy zainstalowali wewnątrz gmachu ponad cztery tysiące głośników. Rozmieszczono je we wszystkich salach pałacowych i w części biurowej. Gdy H. zaczyna pracę, studio ulokowane w jednym z pokoi – gdzie oprócz pracowników muszą zmieścić się cztery wielkie jak biurka magnetofony produkcji radzieckiej, szafa z taśmami magnetofonowymi i mnóstwo pomniejszych przenośnych urządzeń – nadaje Program Pierwszy Polskiego Radia. Sąsiaduje z nim dźwiękoszczelne studio nagraniowe obsługujące wszystkie konferencje i rejestrujące obrady. Podczas którejś wizyty w Pałacu Młodzieży H. odkrywa, że studio ma wewnętrzną konkurencję o równie długim stażu: klub krótkofalarski SP5PKN, szczycący się tytułem najsilniejszej amatorskiej radiostacji w Polsce.

„Przez trzy doby po słynnym porwaniu przez generała Galvao statku portugalskiego stacja SP5PKN była z nim w kontakcie. SP5PKN ma też numer wywoławczy Fidela Castro, który jest zapalonym radioamatorem. Młodzież stara się od dawna uzyskać choć chwilę rozmowy z Fidelem”[7] – czyta H., wertując publikacje o Pałacu. Z okazji następnego, dwudziestoletniego, jubileuszu budynku z inicjatywy sekretarki Steckiej w głównej pałacowej radiostacji zostaje uruchomiony własny program pod nazwą „Antena 20”. Raz w tygodniu nadaje wiadomości z życia gmachu, komunikaty zarządu, dowcipy i informacje polityczne, a czasem również koncerty życzeń (dla pracowników darmowe, dla pozostałych słuchaczy – dostępne po opłaceniu biletów w kasie zarządu). H. zgadza się zostać sekretarzem redakcji i spikerką. Raz w tygodniu, o wyznaczonej godzinie, zgłasza się na piątym piętrze. Radiowiec pełniący dyżur uruchamia przycisk i na magnetofonie zaczyna się obracać wielka taśma. Po sygnale dźwiękowym H. bierze głęboki oddech i oznajmia do mikrofonu: „Tu Studio Centralne Pałacu. Nadajemy felieton...”.

Pałac wciąga ją. Niepostrzeżenie staje się jego częścią.

Jak dzięki sobotniemu dyżurowi w ogrodzie poznać księgowego z pasją

Robocze soboty w Pałacu należą do Łazienek. Dzień jest piękny. Od rana przygrzewa słońce. O wyznaczonej godzinie stają już w komplecie u bramy parku z niezbędnymi narzędziami w dłoniach. H. wymiguje się od przydzielenia jej łopaty, nie chce też grabi. Staje na rafie – ustawionej skośnie metalowej siatce rozpiętej na drewnianej ramie, która służy do przesiewania kompostu. Pilnuje, by po drugiej stronie zostawała wyłącznie sypka próchnicza ziemia.

„Ale przyjemnie” – myśli H. Zamyka oczy i wystawia twarz do słońca. Wokół niej uwijają się inni pracownicy. Z zapałem przeczesują trawę, kopią grządki, pielą rabaty tulipanów.

Z dziennika H.:

„Prezydium Rady Narodowej podjęło uchwałę w sprawie uporządkowania systemu zarządzania obiektem »Łazienki«, na mocy której Zarząd Pałacu przejął wszystkie obiekty Parku Łazienkowskiego w administrację i użytkowanie, tworząc jednocześnie Wydział Zieleni. Na czele wydziału stanęła inżynier-ogrodnik Anna Lubowicka. (...) Plan uporządkowania Łazienek obejmował prace inwestycyjne, remonty kapitalne i konserwację zieleni. Na terenie Ermitażu rozpoczęto hodowlę roślin na potrzeby Pałacu, a ich nadwyżki sprzedawano. Zarząd zajmował się także hodowlą karpi i ptactwa ozdobnego"[8].

„Nagły zawrót głowy. Za dużo czasu spędzasz przy biurku. Powinnaś częściej przebywać na świeżym powietrzu, bo któregoś dnia nadmiar tlenu cię zabije" – H. karci się w myślach. Spostrzega, że jej koledzy wyglądają zupełnie inaczej niż na co dzień, spotykani w pałacowych wnętrzach – od razu nabrali kolorów. Można ich pomylić z kimś obcym.

Na przykład ten niepozorny i cichy mężczyzna, który zbliża się teraz w jej kierunku, już samą postawą ciała i sposobem poruszania daje znać, że najchętniej zniknąłby z pola widzenia i zaszył się w głębi parku. Idzie prosto na rafę pogrążony w myślach, zupełnie nie zauważając H., dopóki omal się o nią nie potyka.

– O, dzień dobry! – wita się nieco zbyt wylewnie, próbując zamaskować gafę.

– Dźbry – odpowiada H., licząc, że mężczyzna szybko sobie pójdzie. Wypada jednak porozmawiać, żeby się nie obraził. Nie może już udawać, że gorliwie zajmuje się robotą.

– Pani też u nas pracuje? – upewnia się kurtuazyjnie i natychmiast atakuje ją potokiem słów, jakby chciał przykryć nimi niekorzystne pierwsze wrażenie. – Pewnie w administracji? Wydaje mi się, że widziałem panią kilka razy na naszym piętrze, ale – odchrząknął – w tym słońcu nic nie jest takie, jakim się wydaje... To znaczy można się pomylić co do ludzi... Dokładnie miałem na myśli, że słońce świeci, przyroda wokół i w tym otoczeniu trudno zgadnąć, kto jest kim. Ja jestem głównym księgowym.

H. z trudem powstrzymuje się od ziewnięcia. Ludzie jego pokroju zawsze na swój sposób ją fascynowali – zastanawiała się, czy to możliwe, by którykolwiek z nich wybrał profesję z wrodzonej namiętności do zliczania cyfr i ustawiania ich w równe szeregi. Nie wykluczałaby jednak, że wśród zastępów pochylonych nad papierami gryzipiórków od czasu do czasu trafia się człowiek szukający algorytmu objaśniającego porządek wszechświata, traktujący codzienne finansowe łamigłówki jako ćwiczenie przed wielkim wyzwaniem, nad którym ślęczy po nocach. Albo przynajmniej z nudów układa równania, w których występują liczby odpowiadające liczbie pięter, pokoi i schodów Pałacu, i łudzi się, że za którymś razem rozwikła jego zagadkę, odnajdzie przypadkiem przekaz zakodowany w strukturze budynku. Jakoś musi przecież odreagowywać codzienną udrękę.

– ... mogą przynieść całkiem niezły dochód – ciągnie tymczasem buchalter natręt – podobnie jak hodowla tulipanów i innych roślin ozdobnych. Sądzę, że jeśli się dobrze przyłożymy do jego utrzymania, jeszcze w tym roku na naszych wigilijnych stołach zagości łazienkowski karp. Widzę też pewne perspektywy w odniesieniu do psów. Nie wiem, czy pani zauważyła, lecz psy wartowników są pięknymi, rodowodowymi owczarkami niemieckimi. Na pewno będą mieć równie urodziwe potomstwo, na które szybko znajdą się kupcy.

W zasadzie mogła się tego spodziewać: tej samej nocy, zapewne od nadmiaru słońca i świeżego powietrza, śni się jej księgowy. Siedzi w Łazienkach, wśród zarośli, i na ogromnym rozłożonym w trawie arkuszu rozrysowuje genealogię rodu owczarków niemieckich, podliczając na boku zyski z ich sprzedaży. Drzewo rozrasta się w takim tempie, że niebawem brakuje miejsca na papierze, kreśli więc w transie kolejne odgałęzienia wprost na gołej ziemi.

„Nic nie jest takie, jakim się wydaje" – mówi, nie podniósłszy nawet głowy znad rachunków, gdy ona staje za nim.

H. przypomina sobie te słowa kilkanaście miesięcy później, gdy nazwisko księgowego, uchodzącego dotąd za spokojną, niewadzącą nikomu postać, na którą nie zwraca się uwagi, jest na ustach wszystkich zatrudnionych w Pałacu.

Dziewczynom z pokoju 1515 wszystko referuje oczywiście najlepiej, jak zwykle, poinformowana Jadwiga. To ona przynosi hiobową wieść:

– No i po nim.

– Jak to?

– Jak mówię. Powiesił się. Księgowy, znaczy. A dyrektora odwołano. Czyli po nich obu. A trupy w sumie dwa. Bo jeszcze kasjerka. Nie zniosła presji.

Podsuwają Jadwidze krzesło, zaczyna opowiadać.

Dyrektor Barszczewski, mąż opatrznościowy H., który przyjmuje ją do pracy, dwukrotnie do niej przywraca i zleca pisanie kroniki, nie ma szczęścia do ludzi. Albo też darzy ich zbytnim zaufaniem. Z księgowym poznali się jeszcze na froncie – czy coś może lepiej spajać ludzi niż wspólne żołnierskie doświadczenia? Nie wie jednak, że mruk i odludek, ożywiający się jedynie na widok rachunkowych arkuszy, ma zgoła inną pasję, która pochłania jego myśli, sny i – po kawałku – również kasę zarządu.

Naprzeciw okna pokoju na piętnastym piętrze, gdzie urzęduje, w jednym z budynków w Alejach Jerozolimskich znajduje się przybytek rozpalający w księgowym krew. Im bardziej stara się nie zwracać na niego uwagi, tym częściej jego myśli biegną w tamtym kierunku, domagając się zaspokojenia. Nie potrafi wówczas skupić się na niczym, rzędy cyfr tańczą mu przed oczyma, wierci się na krześle, zaciska pięści, broniąc się przed pokusą, by wstać, zamknąć pokój na klucz, wyjść z Pałacu z wysoko postawionym kołnierzem u płaszcza (naiwnie sądzi, że ten podpatrzony w filmach trik nie pozwoli go rozpoznać), pchnąć dobrze znaną bramę i wejść po schodach na piętro, podejść do zielonego stołu, gdzie czeka już obsługa gotowa wprawić w ruch kolorowe wirujące koło. Spryciarze, znając już jego skłonność, od pewnego czasu dają mu znaki, że lokal jest otwarty, puszczając z wnętrza sygnały odbierane za pomocą lornetki. Potrzeba pali go od środka, nie pozwala normalnie pracować, a co najgorsze – domaga się ciągłego zasilania banknotami, których nawet on, człowiek na stanowisku, nie ma aż w takim nadmiarze. Gdy pierwszy raz staje przed dyrektorem, podsuwając mu do podpisu czek in blanco, jeszcze drżą mu dłonie – tik nowicjuszy. Kategorię, z której zamierza uszczknąć, wybiera starannie, trzeciorzędna, nieprzykuwająca zanadto uwagi – wpływy ze sprzedaży biletów na taras widokowy ostatniego piętra.

Pech chce, że jedna ze współpracownic księgowego, jedna z tych pracowitych mrówek, które wybrały swój zawód z zamiłowania, więc nie muszą rekompensować sobie jego trudów spełnianiem innych fantazji, spostrzega, że coś nie zgadza się w rachunkach, i powiadamia kogo trzeba. Zaczyna się kontrola. Po sprawdzeniu kasy, magazynu biletów i akt księgowych rozpętuje się piekło.

– To niemożliwe. Tak mu wierzyłem. To nie może być prawda! – powtarza na zmianę dyrektor Barszczewski, ale to mu już nie pomoże. Traci posadę za brak dozoru.

Życie odbiera sobie kasjerka, która najwyraźniej była wspólniczką księgowego. W dniu, w którym on sam ma złożyć wyjaśnienia, znajdują go w domu martwego. Zostawia testament, a w nim również zapisy na rzecz byłych koleżanek z pracy, ponieważ był nieświadom, że jedna z nich go wydała. Zgodnie z ostatnią wolą nieboszczyka, podarowano jej komplet *Wielkiej encyklopedii powszechnej*.

Po odejściu dyrektora marny kres czeka również Kościeja. Nie popełnił żadnych wykroczeń, ani by mu to przez myśl nie przeszło, lecz za nic nie może znaleźć wspólnego języka z następcami szefa. Któryś wreszcie go zwalnia i by zademonstrować swój stosunek do biedaka, jeszcze w trakcie wypowiedzenia wyrzuca mu wszystkie rzeczy z biurka na podłogę. Gdy znaleziony w jednej z szuflad sznurek zaczepia o klamkę w futrynie okna, oznajmia ubawionym tym widokiem współpracownikom:

– Teraz tylko to mu zostało, by mógł się powiesić!

Opieka nad Łazienkami – zgodnie z proroctwem księgowego – zaczyna przynosić Pałacowi spory dochód. Ale szczęśliwa era trwa zaledwie pięć lat. Kończy się nagle, po fatalnej nocy, gdy do parku wdarli się wandale i porozbijali ustawione tam kamienne posągi. Choć obwiniono nowego dyrektora o nazwisku Palamarczyk, wyśmianego natychmiast karykaturą w tygodniku „Stolica", wszyscy wiedzieli, że była to wina modelowych owczarków niemieckich: rozpieszczone psy, zaangażowane wszak do pilnowania Łazienek, zupełnie zignorowały obecność intruzów.

„Nic nie jest takie, jakim się wydaje" – słowa wypowiedziane przez senną marę będą dźwięczały H. w uszach jeszcze kilkakrotnie. Przypomni je sobie, gdy dyrektor Palamarczyk, przedstawiający się na oficjalnych dokumentach naukowym tytułem doktora, jak się okaże, nie był nawet magistrem, oraz później, gdy znów cały Pałac będzie huczał od plotek o pewnej atrakcyjnej pani inżynier imieniem Majka, zatrudnionej przez kilka lat w wydziale architektoniczno-budowlanym, której kariera zakończy się wymarszem z budynku w towarzystwie dwóch milicjantów. „Nikt nie chciał uwierzyć w to, co było smutną prawdą: nasza Majka miała ukończoną zasadniczą szkołę krawiecką, a w domu ogromny księgozbiór literatury fachowej i lewy dyplom uczelni wrocławskiej. Natychmiast została zwolniona z pracy i nie wiem, jak zakończyła się jej sprawa i jak w ogóle doszło do ujawnienia fałszywego dyplomu, ale jedno trzeba przyznać: Majka była genialnym samoukiem" – zapisze w swoim dzienniku H.

H. odkrywa, gdzie można kupić konspiracyjną karkówkę

Pałac szarzeje. Przybywa mu lat, podobnie jak H., powiększającej jego kronikę o nowe tomy. Kruszą się ceramiczne płytki, gdzieniegdzie odpada tynk. Na blaszanych gzymsach wykwita rdza.

Z Kroniki Pałacu, wrzesień 1981 roku:

„Na basztach piętnastego piętra zamieszkały sokoły. Uwiły gniazdo i przebywały przez całe lato".

Mają zostać w Pałacu na dłużej. Wydzielono dla nich kąt na czterdziestym trzecim piętrze, za przepierzeniem z siatki ustawiono drewnianą skrzynię.

Władzę nad Pałacem próbują przejąć rośliny. Zwłaszcza na K2, jak w pałacowej terminologii nazywa się dach obok Sali Kongresowej. Gniazdnice pospolite, wiechliny roczne, karmniki rozesłane, mszaki, niesione z wiatrem, lgną do pęknięć w murze, torują sobie drogę wśród kruszejącego lepiku i asfaltu, znajdują dogodny grunt w nasiąkniętych wodą szczelinach. Od strony schodów atakują młode topole, brzozy i wierzby w towarzystwie śliw, jabłoni, pomidorów, pałek wodnych i trzciny. Przywlekają je ptaki oraz... turyści zrzucający ogryzki i pestki z tarasu na trzydziestym piętrze. Rośliny zagarniają coraz większe połacie elewacji. W zewnętrznych ścianach pałacu zdumieni biolodzy odnajdują zanokcicę murową, która upodobała sobie mury starych budynków. Tę paproć widziano w Warszawie po raz ostatni w dziewiętnastym wieku.

Wewnątrz panuje cisza. Nad gmachem zalega w grudniu. W Teatrze Dramatycznym trwają obrady Kongresu Kultury Polskiej. Zwołujące go środowiska artystyczne chcą zademonstrować dystans wobec władz. Otwierając obrady, pisarz Jan Józef Szczepański mówi: „Spotkałem się z opinią, że Kongres Kultury Polskiej będzie przypominał koncert okrętowej orkiestry na pokładzie Titanica. W tym porównaniu, bardzo pesymistycznym, są pewne cechy prawdopodobieństwa"[9]. Andrzej Wajda, mówiąc w drugim dniu obrad o zmarnowanych szansach polskiej inteligencji, zaznacza, że to „nie robotnik wymyślił Pałac Kultury"[10]. Trzeciego dnia, w słoneczny, mroźny poranek, uczestnicy zastają zamknięte drzwi teatru. W środku roi się od mundurowych. Nakreślony odręcznie na kartce komunikat na drzwiach oznajmia, że decyzją prezydenta Warszawy Kongres rozwiązano.

– Nie rozwiązano – prostuje jeden z profesorów, który wcześniej zdążył się spotkać z ministrem kultury. – Zawieszono. Jest stan wojenny.

Uczestnicy Kongresu, lekceważąc zakaz, przenoszą się do kościoła Wszystkich Świętych na dalsze obrady. Z Pałacu znikają wszelkie imprezy kulturalne. Nie ma już zjazdów, konferencji, wystaw, koncertów. Zamknięte zostają Kongresowa i sale wystawowe. Życie tli się tylko w biurach.

Z Kroniki Pałacu, styczeń 1982 roku:

„Załoga Zarządu Pałacu nowy 1982 rok rozpoczęła w nieco odmiennych warunkach pracy. Szczególny nacisk położono na zwiększenie wydajności pracy i podniesienie dyscypliny. Opracowano plan zatrudnienia części służb technicznych, aby zapewnić pełne wykorzystanie pracowników, którzy ze względu na brak wystaw, imprez, obsługi itp. nie mogą wykonywać swojej normalnej pracy".

Na trzydzieste piętro wprowadza się generał Rudolf Dzipanow, zasłużony dla władz dowódca Wojska Polskiego, pół Serb, pół Polak. Mianowano go pełnomocnikiem ministra obrony narodowej przy Polskiej Akademii Nauk. Funkcja ta oznacza komisarza wojennego odpowiedzialnego za Pałac. Na podestach wyższych pięter rozsiadają się pełniący tam służbę umundurowani żołnierze z kałasznikowami. Ich obecność przygnębia, ale też budzi ciekawość. H. i jej koleżanki, z braku innych rozrywek, obserwują przybyszy i szybko zauważają, że z chłopakami mają coś wspólnego: znudzenie. Na klatkach schodowych nie ma okien. Żeby się rozruszać, żołnierze wymykają się często na papierosa. Spotykają tam zatrudnione w Pałacu dziewczyny. Od rozmowy do rozmowy, od flirtu do flirtu dwie z nich zachodzą w ciążę. Dzipanow pilnuje, żeby wszystko odbyło się jak należy, i niebawem cała pałacowa administracja dostaje zaproszenia na dwa śluby.

Poza tym radosnym przerywnikiem dominują smutek i pustka: w Pałacu, na ulicach, w sklepach. Zwłaszcza w sklepach.

– Na szczęście mamy naszą Lucynkę – pocieszają się pałacowi ludzie zamknięci teraz podczas pracy w jego wnętrzach jak w strzeżonej przez żołnierzy twierdzy. – Nie da nam zginąć.

Lucynka jest sprzątaczką z trzydziestoletnim stażem, samotną matką trzech synów, dorabia na ich utrzymanie jako babcia klozetowa. Przede wszystkim ma silny charakter. Dowiodła tego, sprzeciwiając się planom pałacowych związkowców, którzy by ją odciążyć, zaproponowali wspaniałomyślnie, że pomogą umieścić chłopców w domu dziecka.

– Ja ich urodziłam i ja wychowam, żebym miała ziemię gryźć! – krzyki Lucynki było słychać chyba aż w gabinecie prezesa PAN.

Teraz, odkąd w jego wnętrzu rozsiada się Dzipanow, Lucynka zagląda do pokoi i mówi szeptem:

– Dziś schabik. I piękny boczek jak marzenie!

– To ja poproszę – decyduje się H.

– Przyjdź do mnie na dół jutro o czternastej.

Na dole, przy holu dźwigowym, za dębowymi drzwiami z wizerunkiem damskiej sylwetki są cztery kabiny. Lucynka wchodzi pierwsza, rozgląda się bacznie, chwilę nasłuchując. Zamyka drzwi. Otwiera ostatnią kabinę. Na sedesie przykrytym szeroką deską stoi waga. Obok leży nóż. Z haków zwisają potężne, wypełnione czymś torby.

– Proszę, oto schabik. – Gmera w jednej dłonią, wydobywa kawał mięsa i sprawnie go przepołowiwszy, wręcza H., która nie wierząc własnym oczom na widok tak cudownego zjawiska, wykrztusza tylko:

– Skąd pani to ma?

– Prosto ze wsi, kochana. Mam tam znajomych. Wszystko badane przez weterynarza. Nie mogę sobie pozwolić na wpadkę.

Na wydatnym świńskim udzie odznacza się równie okazała fioletowa pieczęć.

– Coś jeszcze? – mruczy przymilnie Lucynka. – Może wiejskie masełko? Jeśli przyniesiesz kartki, wymienię.

Z Kroniki Pałacu, styczeń 1982:

„23 stycznia 1982 roku pracownicy Zarządu Pałacu przystąpili do Strajku. Nie kursowały Pałacowe Dźwigi".

Prasa pisze, że to nieodpowiedzialność i zagrożenie dla budynku. Bo co by się stało, gdyby wybuchł pożar? Nie pomagały tłumaczenia H., że żelazną zasadą bezpieczeństwa w przypadku pożaru jest zakaz korzystania z wind.

W holu głównym, na trzymetrowej rzeźbie *Przyjaźń* autorstwa Aliny Szapocznikow, przedstawiającej polskiego i radzieckiego robotnika w braterskim uścisku, ze zwiniętym sztandarem, zawisa karton z napisem „Strajk".

Czwarte piętro nadal jest najpopularniejszym celem pielgrzymek. Częste odwiedziny w gabinetach Kaki i Aki nie wzbudzają podejrzeń. Nikt się nie orientuje, że oba pomieszczenia służą za przechowalnię ulotek i gazetek nielegalnie odbijanych na powielaczach oraz za miejsce spotkań solidarnościowych działaczy.

Jak Pałacowi szykowano nowy kostium i co z tego wynikło

Według jednej z książek czytanych w tamtym czasie przez H., dzieła, którego autor nie krył fascynacji Pałacem oglądanym codziennie z balkonu mieszkania na drugim piętrze, ma być tak: delegatów zjazdu wychodzących po obradach z Sali Kongresowej ukatrupią w 1999 roku spadające niespodziewanie z jego najwyższych pięter wielkie bloki kamiennej okładziny. By ich przed tym ochronić, w attykę nad Kongresową wmontowano palisadę ze stalowych słupów.

W innej książce pojawia się projekt, aby wszystko zakończyć wielkim balem:

„Dygnitarze. Ambasador radziecki. I generałowie, generałowie! Oni, zamachowcy, zrobili co trzeba, odjechali – czekają – obserwując Pałac i... wskazówki zegara. A tam w Pałacu bal... i kiedy wreszcie p...lnie, pokazać to filmem zwolnionym. Jak lecą w górę pomniki, generałowie, ambasadorowie, ordery... a na chmurze wita ich Józef Stalin, patron Pałacu... i prowadzi to towarzycho do piekła! W kotłach smażą się już Marks, Engels, Lenin, Trocki, Dzierżyński, Bierut! Czyż nie fantastyczne?"[11].

W filmie komediowym *Rozmowy kontrolowane* Sylwestra Chęcińskiego nadgryzione zębem czasu pałacowe mury walą się w pył wskutek pociągnięcia spłuczki w toalecie.

H. nie dziwi się więc, widząc, jak tłum milicjantów zabezpieczających obrady walczy u wejścia do Pałacu z kilkoma setkami demonstrantów chcących dostać się do środka. Skandują: „Komuniści, pijcie mleko, bo wasz koniec niedaleko!". Wewnątrz sala jest wypełniona po brzegi. Przyjechało prawie dziewięćdziesiąt dziewięć procent delegatów. Po raz pierwszy nie przysługiwała im pięćdziesięcioprocentowa zniżka na bilety w pociągach. Niespełna miesiąc wcześniej przestała istnieć Polska Rzeczpospolita Ludowa, a z konstytucji usunięto frazę o kierowniczej roli partii, która w tamtym momencie liczyła ponad dwa miliony sto tysięcy członków.

Pierwszego dnia, od razu po otwarciu obrad, na mównicę wchodzi pierwszy sekretarz Mieczysław Rakowski, łowiąc zdziwione spojrzenia partyjnych kolegów. Spodziewają się, że będzie chciał stanąć na czele nowego ugrupowania, a on ogłasza, że rezygnuje z ubiegania się o przywództwo. Za kulisami, przy fortepianie, jeden z młodszych działaczy Aleksander Kwaśniewski przekonuje Józefa Oleksego, by przyłączył się do nowo powstającej partii, której szefem zgodził się zostać, jeśli będzie mógł wskazać sześćdziesiąt osób do jej naczelnej rady. Oleksy odmawia i wychodzi ochłonąć, lecz gdy wraca ze spaceru po mieście, okazuje się, że Kwaśniewski mimo sprzeciwu zgłosił jego kandydaturę. Trzeciego dnia, grubo po północy, odśpiewują *Międzynarodówkę* i ostatni pierwszy sekretarz wypowiada historyczne słowa: „Sztandar wyprowadzić!". Oleksy z Kwaśniewskim ustawiają się razem przy fortepianie. Fotograf uwiecznia tę chwilę.

H. notuje: „27 stycznia 1990 r.: W Sali Kongresowej obradował XI Zjazd Polskiej Zjednoczonej Partii Robotniczej. Był to ostatni zjazd PZPR, która przestała istnieć. 1600 delegatów podzieliło się na dwie nowo utworzone partie: Socjaldemokrację Rzeczypospolitej Polskiej, na czele której stanął Aleksander Kwaśniewski, i Unię Socjaldemokratyczną Rzeczypospolitej Polskiej".

Rzeźba Aliny Szapocznikow znika z holu w ciągu jednej nocy. Obecnie urzędujący dyrektor Sawicki przeznacza ją na złom. W protokole likwidacyjnym dzieło figuruje obok sztucznej choinki, torby skórzanej, skrzyni na piach i czajnika elektrycznego. Posągom zabrano ręce i sztandar, bo nie zmieściłyby się w drzwiach. Zdjęto też ze ściany mosiężne

„Sztandar wyprowadzić!" Ostatnie obrady Polskiej Zjednoczonej Partii Robotniczej w Sali Kongresowej.

litery informujące, że Pałac jest darem narodów, skuto napis „Stalin" z inskrypcji na księdze trzymanej przez kamiennego robotnika przy wejściu do Kongresowej. Fontannę, służącą podczas zakrapianych imprez za kąpielisko dla socjalistycznych elit, też pocięto i wywieziono, jej miejsce zajął – ponoć największy na świecie – stół do gry w ruletkę. Księgowy (niech spoczywa w spokoju) czułby się tutaj jak w raju.

Sala Dzierżyńskiego zmienia patrona – będzie nim Starzyński. Jedno z pomieszczeń na parterze, w którym z inicjatywy H. powstała kiedyś osobna ekspozycja pamiątek pałacowych, zostało wynajęte na dyspozytornię PKS. Kierowcy wstawili do wnętrza kuchenki, wciąż wchodzono, wychodzono, nikt nie pilnował zbiorów. Wielki klucz do Pałacu zdobny w polską i radziecką flagę – perła kolekcji – zaginął bezpowrotnie.

Ktoś chciał też wyrzucić posążek przedstawiający Lwa Rudniewa, projektanta Pałacu. Lekki, wykonany z gipsu i pomalowany na złoto. H. przemyca go do pokoju i ukrywa w szafie.

Plac pod Pałacem zamienia się w wielki bazar. Zakiełkował niewinnie – kilkoma łóżkami polowymi rozłożonymi od strony Alej Jerozolimskich przez przedsiębiorcze jednostki oferujące tanio warszawiakom towar niedostępny we wciąż jeszcze państwowych sklepach. Stopniowo stanowisk przybywa. Oprócz Polaków zjawiają się Rosjanie i Rumuni. Nieplanowana, nawarstwiająca się spontanicznie plątanina bud, blaszaków nazywanych „szczękami", stolików i łóżek polowych z rozmaitym towarem rozrasta się codziennie, zagarnia coraz większe połacie placu i sąsiednich ulic, jak dżungla, która znalazła dogodne warunki rozwoju. Pod jej naporem znika okalająca plac zieleń, rozdeptane zostają trawniki, po których walają się śmieci, za toalety służą drzewa i krzewy. Nikt nie protestuje, skoro u stóp Pałacu można dostać wszystko, czego dusza zapragnie: od żyletek i garnków, poprzez wytwarzane w podmiejskich szwalniach podróbki markowej odzieży i górskie buty w dużych rozmiarach, po najprawdziwszą broń.

Wolny handel kwitnie w najlepsze, bo kupcy nie płacą za użytkowanie placu. Władze miejskie robią raban, ale uzyskanie praw do gruntu zajmuje pięć lat. Tymczasem szukają pośrednich rozwiązań. Okazuje się jednak, że utworzone naprędce spółki, które mają pobierać opłaty od handlujących, większość kwoty zatrzymują we własnej kieszeni, oddając miastu marne procenty, a sprzedawcy nie zamierzają przenieść się do porządniejszych hal proponowanych przez urzędników. Trzeba człowieka do zadań specjalnych, który zdyscyplinuje targowisko i zmusi je do opłacania haraczu, by trafiał w całości do miejskiej kasy.

Dyrektor Sawicki zdaje się dobrze pojmować wyzwania nowych czasów. Zostaje mianowany pełnomocnikiem do spraw placu. Przekonuje kupców, by płacili za dzierżawę terenu, a za część środków uzyskiwanych dzięki zarządzaniu bazarem chce nadać Pałacowi blask, by godnie prezentował się w nowych czasach. Lokatorów gmachu dzieli na trzy kategorie, każdej przyporządkowując inną wysokość czynszu. Instytucje tworzące tożsamość Pałacu: Pałac Młodzieży, teatry, Muzeum Techniki, Uniwersytet Warszawski i biblioteka PAN, mają płacić minimalną stawkę. Polska Akademia Nauk i inne ulokowane tu organizacje – nieco wyższą, a najwyższą – komercyjne firmy wynajmujące pałacowe pomieszczenia na biura.

H. patrzy, jak robotnicy demontują w biurach plafony ze sztucznych tworzyw, zastępując je żyrandolami z mosiądzu i szkła. Znikają stare windy z okleiną z kaukaskiego orzecha, do których żadna fabryka nie produkuje już części, więc reperowano je własnymi siłami, pozwalając dorobić pałacowym mechanikom. Zamiast nich montowane są nowoczesne, produkcji austriackiej, pędzące z prędkością sześciu metrów na sekundę. Pary szukające ustronnego miejsca muszą bardziej niż dotąd mieć się na baczności, bo w niektórych toaletach z polecenia dyrektora pojawiają się lustrzane listwy sufitowe pozwalające obsłudze obserwować z zewnątrz, co się dzieje w kabinach, także zresztą wypięknionych: wyszczerbioną białą glazurę wypierają hiszpańskie kafelki, wymieniana jest armatura. Wartownicy patrolujący plac dostają w wyposażeniu lornetki i urządzenia nazywane pagerami, ostatni krzyk techniki. Gdy któryś z pilnujących dostrzega z wyższej kondygnacji obywatela przemierzającego chwiejnym krokiem park na dole, daje sygnał kolegom stojącym na placu, żeby zajęli się delikwentem.

Ale nie wszystko idzie zgodnie z planem. W biurze zarządu znów pojawia się kontrola. Urzędnikom nie podobają się częste wyjazdy zagraniczne, podczas których załoga Pałacu podgląda rozwiązania stosowane na Zachodzie, by przenieść je na krajowy grunt. Dyrektor dostaje gratulacje za przedsiębiorczość, podziękowania za sukcesy w zarządzaniu i wypowiedzenie.

Niedługo potem na biurku H. ląduje papier z pieczątką.

„Przed jednostką organizacyjną, w której pani jest zatrudniona, stoją zadania, które wymagają nowocześniejszych technik biurowych".

– Likwidacja stanowiska pracy. Może pani przejść na umowę-zlecenie. Mam dla pani ciekawe zadanie: prowadzenie kącika korespondencji z internautami, nazwiemy go „Pani H. odpowiada" – proponuje nowy szef, nazywany teraz prezesem.

H. uświadamia sobie, że spędziła w Pałacu trzydzieści pięć lat i zapełniła czterdzieści siedem tomów. Tyle gadania, tyle pisania – i wszystko na śmietnik.

Historia, która się nie kończy

Wybronili ją dziennikarze. Odkąd nastała wolna prasa, a oni dowiedzieli się, że H. dokumentuje pałacowe życie, przychodzili coraz częściej. Lubiła ich, choć pytali wciąż o to samo.

Z Kroniki Pałacu, 14 kwietnia 1967 roku:

„Koncert Rolling Stones. Tłumy młodzieży szturmowały wejścia. Porozbijano kandelabry, szklane gabloty, stołeczna milicja użyła armatki wodnej".

– Muszę coś napisać o Pałacu. Koncert to dobry trop. Skakała pani na scenie?

– Nie przepadałam za taką muzyką. Wolę sopran koloraturowy, zwłaszcza w wykonaniu Bogny Sokorskiej.

– Ale szaleństwo podczas koncertu było?

– Owszem, marynary latały.

Pamiętała dobrze występ Stonesów z kwietnia 1967 roku, podczas którego blisko dziesięć tysięcy fanów walczyło przed wejściem z Milicją Obywatelską i wojskiem, używającymi armatek wodnych i wozów opancerzonych, i jak po występie członkowie zespołu, wzburzeni tym, co widzą na ulicach, rozdawali zabrane z hotelu winylowe płyty, rzucając je w tłum. Ale ile razy można powtarzać dziennikarzom, że jeszcze lepiej zapamiętała rewię Danuty Rinn, której pies nie chciał zaczekać

„Marynary latały". Mick Jagger z zespołem The Rolling Stones podczas słynnego koncertu w Kongresowej, 13 kwietnia 1967.

Hanna Szczubełek z łopatą zamurowaną w ścianie Sali Kongresowej przez radzieckich budowniczych i odnalezioną podczas remontu.

na swą panią za kulisami i merdając ogonem, wybiegł do niej na scenę? Widownia zareagowała burzą oklasków. Albo występ Marleny Dietrich. W czasie występu obrzucono ją jajkami z górnej loży. Sprawcą był fotograf, którego zdjęcia tak nie spodobały się artystce, że wcześniej podarła je w obecności autora. Gdy startował Jazz Jamboree – początkowo w drewnianym baraku przy placu Defilad służącym kiedyś budowniczym Pałacu, a później przemianowanym na Klub Studentów Politechniki Warszawskiej „Stodoła" – była jeszcze za młoda. Zresztą jazz też jej nie porywał. Co innego popisy wokalne niegdysiejszej podopiecznej H. z harcerstwa, druhny Ewy Bem.

– Wiele lat wcześniej ścięłyśmy się, gdy chciałam nauczyć swoją drużynę piosenki ludowej o charakterze patriotycznym. Ona odmówiła śpiewania, bo piosenka była za monotonna, ja w złości powiedziałam jej, że może i zna się na muzyce, ale piosenkarką nigdy nie będzie, bo ma niski i chrypliwy głos. Kilkakrotnie oklaskiwałam ją potem w Kongresowej.

– Może więcej anegdot, ciekawostek? – dociekają dziennikarze. – Coś ze starych wycinków? O, tutaj, w kronice z 22 września 1960 roku jest napisane: „W sali Teatru Dramatycznego odbył się pokaz mody radzieckiej. Modelki zaprezentowały publiczności modele jesienno-zimowych sukienek, kostiumów i okryć na sezon 1960/1961. Organizatorami imprezy były Moda Polska i Moskiewski Dom Mody".

A pokaz mody Diora, jedyny w Polsce, jaki oglądano w Kongresowej pięć lat później? „Zobaczymy przeszło 130 modeli, całą kolekcję na wszystkie pory dnia, której łączny koszt wynosi 250 tys. dolarów i której wyposażenie wymagało 60 tys. godzin pracy – zapowiadały gazety. – Sądząc po kilku modelach, zaprezentowanych na konferencji prasowej, ci, którzy zdobyli bilety na pokazy w dniach 4 i 5 bm., nie zostaną zaszokowani nadmiarem dziwactw i ekstrawagancji"[12].

– Przecież my, pracownicy, nie uczestniczyliśmy w takich wydarzeniach, podobnie jak w zjazdach partii. Wstęp na nie był tylko dla gości, zresztą nie byle jakich – dla wybrańców.

– Jakieś inne występy pani pamięta? – nie dają za wygraną.

– Przecież tego było tutaj tyle, że można by zapełnić całą książkę telefoniczną! Jan Kiepura, Yves Montand, Juliette Greco, Ella Fitzgerald,

Paul Anka, Charles Aznavour, Eric Clapton, Elton John, Ałła Pugaczowa, Julio Iglesias, Cesária Évora... Podobnie jak nazwiskami gości, którzy odwiedzili Pałac. Najbardziej sympatyczny był Jurij Gagarin. Miał miły uśmiech. Zjawił się w Pałacu 21 lipca 1961 roku, żeby otworzyć wystawę o sobie, zatytułowaną, a jakże, *Pierwszy człowiek w kosmosie*. Wyjechaliśmy windą na taras trzydziestego piętra. Tam zupełnie inaczej słychać miasto, Warszawa szumi, jakby była morzem. Pamiętam, jak gość wychyla się przez barierkę i mówi do siebie półgłosem: „Ale tu daleko od ziemi".

6. Środek świata

Październikowy wtorek jest pogodny, ale w radiu i gazetach zapowiadają już, że druga połowa miesiąca przyniesie chłody i deszcze. Na razie nie ma nawet mgły, z trzydziestego piętra widać doskonale całą Warszawę. Wyjechał na taras windą i patrzy. Marszałkowską i Alejami ciągną czerwone tramwaje, między nimi nieliczne samochody. Wokół przejść – ludzie, nie większi od kleksów na papierze. Od wschodu, na pierwszym planie, ma przed sobą pustą połać po zburzonym mieście, z przyklejonym do Marszałkowskiej pojedynczym parterowym budynkiem. Na działce, gdzie kilka lat później staną rotunda PKO i budynek Centrali Handlu Zagranicznego – wykopy. Naprzeciw, po drugiej stronie Alej, sterczy przedwojenny ostaniec, kamienica Bauerfeinda z charakterystycznym malunkiem na osamotnionej ścianie (czeka ją jeszcze jakieś dwadzieścia lat życia). Za biurowcami Kruczej panoramę zamyka wiślany brzeg. Wieje.

Możliwe, że patrzy jeszcze przez chwilę, jakby zastanawiając się, czy zabrać ten widok ze sobą. Od betonu w dole oddziela go jedynie barierka. Wystarczy stanąć na gzymsie po jej drugiej stronie i mocniej się przechylić. Skacze.

Na pewno nie jest Francuzem, jak podają niektóre źródła. Francuz, turysta nazwiskiem Paul Keverman, skoczy też w październiku, ale siedem lat później, i poprzedzi go jeszcze kilku Polaków.

Gdyby Francuz zamiast Pałacu wybrał wieżę Eiffla, paryskie gazety opisałyby go dokładnie, podając nazwisko, rysopis, okoliczności i przyczyny wypadku. Innych tak samo.

W Warszawie, jeśli któryś z nich miał nadzieję, że pośmiertnie znajdzie się na czołówkach, mylił się. Ten pierwszy, w 1958 roku, dostaje zaledwie dwa zdania drobnym drukiem na miejskiej kolumnie „Życia Warszawy" z datą 15 października, w rubryce„W reporterskim skrócie" poświęconej wypadkom: „Z 30 piętra PKiN spadł mężczyzna lat 35. Poniósł śmierć na miejscu"[1]. Notka sąsiaduje z informacją o trzech

Turystki oglądające panoramę Warszawy z tarasu widokowego na 30. piętrze, 1962 rok. Gdyby któraś chciała w desperacji rzucić się w dół, wystarczyłoby przechylić się przez niezabezpieczoną balustradę.

zderzeniach samochodowych odnotowanych w tym samym dniu przez Komendę Ruchu MO, w których jednak ofiar nie było.

W „Expressie Wieczornym" z tego dnia i następnych – ani słowa. W sprawie Pałacu dziennikarze donoszą jedynie, że z Wrocławia przyjadą doń na wystawę dwa stare dyliżanse pocztowe. W ogłoszeniach drobnych: Zaginął pekińczyk, odprowadzić za nagrodą na Wspólną 54 A. W powiecie Garwolin motocyklista zabił na drodze rowerzystę.

„Trybuna Ludu" na pierwszej stronie publikuje tylko widok na Pałac. Podpis: „Takiego zdjęcia Warszawy jeszcze nie widzieliście. Zostało ono wykonane z tarasu Grand Hotelu przy ulicy Kruczej"[2].

Są jeszcze ustne przekazy. Ponoć pierwszy przyjechał do stolicy z Mińska Mazowieckiego. Podobno zwariował; miał dość systemu. Tyle że według tej wersji miał stanąć na tarasie nie w 1958 roku, lecz dwa lata wcześniej. Wtedy żadnego skoku z trzydziestego piętra Pałacu nie odnotowano, zresztą wchodziło się tam grupowo, za przepustkami. Miał też rozpocząć serię tych, co utracili wiarę w prawdziwy socjalizm: czterech mężczyzn w średnim wieku, jeden za drugim, co kilka miesięcy. Jednak kolejny, czterdziestosiedmioletni, wyskoczył dopiero 25 września 1962 roku.

Może mieli zupełnie inne powody. Niezależnie od nich na pewno nikt się nie dziwił, dowiedziawszy się, co zrobili.

Było przecież jasne, że Pałac przyciąga.

Indyjski grobowiec

Jakoś w tym samym czasie przychodzi też pierwszy list (pisownia oryginalna).

„Do Uprzejmego Rządu Pałacu Kultury
Ja Leon Syn Stwórcy Pierszego
Piszę do Was do Rządu Prawdziwego
Wielki mąciciel całą kulę ziemską przewróci
Bo już nastały czasy w pełni"[3]

„Uprzejmy Rządzie!", zaczyna swą korespondencję Jan z Ostrowska w powiecie Nowy Targ, i dalej już bez zbędnych kurtuazji przechodzi do rzeczy: „Pomóż mnie, bo sąsiad zajął mnie miedzę, a jakem się budował to on i jego stara sypali mnie sól i cukier do cementu. Nimam pieniędzy na sąd ani nie wiem jak się prowoczyć. A wszystko bez to co moje owce wyżarli mu trochę trawy z ogroda. Pomożcie mi i ustatkujcie Walentego"[4].

„Mieszkańcy Warszawy" zgłaszają, że młodzież ze szkół na ulicy Grochowskiej chodzi po ulicy bez palt. W związku z tym „my, cała Warszawa, klękamy przed Wami (...) i prosimy o uchwalenie podatku 5 proc. wynagrodzeń na fundusz bezrobocia dla wszystkich poszukujących pracy od 16 lat do 70 lat"[5]. Są precyzyjni: pięćdziesiąt procent wspomnianego zasobu ma trafić na półetaty dla młodzieży. „Odmowna odpowiedź spowoduje wojnę domową lub bomby półatomowe na Warszawę"[6].

Anna z Olsztyna zwraca się z inną prośbą, dla niej bardzo ważną. Otóż po obejrzeniu w telewizji programu dotyczącego Pałacu pomyślała, że może jego pracownicy znają kogoś, kto „jest zachwycony jeziorami, czystym powietrzem, lub ma rodzinę czy jakiś biznes w Olsztynie"[7]. Rzecz w tym bowiem, że Anna koniecznie musi zamienić się na mieszkanie z Olsztyna do Warszawy – „wyniknęła taka nieprzewidziana sytuacja"[8]. Gdyby więc udało się wystawić prośbę Anny w pałacowej gablotce, przeczytałoby ją sporo osób i może jakaś się skusi. Anna przeprasza za śmiałość, z góry dziękuje i życzy Wesołych Świąt (Wielkanocnych).

Jerzy z Gdańska też jest konkretny: pozdrawia „Załogę Pałacu i Obywatela Dyrektora"[9] i informuje, że będzie się streszczał. Chciałby mianowicie się dowiedzieć, czy „dla celów zdrowotnych"[10] mógłby otrzymać zakwaterowanie w Pałacu imienia Stalina. Ponieważ za kilka dni wyjeżdża „na Fundusz Wczasów Pracowniczych" do Szczyrku, prosiłby o „odwrotną odpowiedź do 15-go X-go miesiąca"[11]. Co istotne, nie jest darmozjadem i w zamian za zakwaterowanie w Pałacu może wykonywać „czynność strażniczą lub inną, którą Pałac mu zleci"[12]. Naturalnie, odpłatnie. Jerzy Pałac zna, był w nim z wizytą – o ile go pamięć nie myli – chyba z dziesięć razy. „Ale nie mogłem nic się dowiedzieć, ponieważ wszyscy stali po żywność w kolejce, a Trojka była nieczynna, a wszyscy poruszali się na głodno, tzw. źle i pili herbatę gotowaną o tropik ciepłocie – nie do przyjęcia"[13]. Jerzy poczuł się aż w obowiązku wysłać list do syna, że w Pałacu dzieje się źle.

Chęć podjęcia zatrudnienia zgłasza też Wanda, pisząca z zagranicy – list nadszedł w kopercie z cienkiego papieru z kolorową obwódką. Oferuje pracę, a nawet wyszczególnia posady, jakie ją interesują: „1. goniec osobisty Sekretarza Generalnego, 2. pracownik ryczałtowy, 3. Cheff of Security Service of Poland, 4. współpracownik TVP (goniec samodzielny)"[14].

Z Płocka napływa „żądanie o ukaranie nałogowego alkoholika leczącego się kiedyś w poradni przeciwalkoholowej"[15]. Z Piły – dla odmiany – komunikat, że nadawca ma do sprzedania „cenne rzeczy o wysokiej wartości za około pół miliona złotych. Jak rzeczy pałacowe, kościelne lub muzealne"[16]. Od rencisty z Częstochowy – prośba o „pomoc w uzyskaniu folderu promującego piękno dostojnego Jubilata"[17]. Z Ząbkowic Śląskich – o adres do ONZ, ponownie, gdyż poprzedni list „dostał się w ręce jakiegoś psychicznie chorego referenta". „Nie dziwi mnie, że Wy takich psychicznie chorych referentów utrzymujecie. Cała wasza socjalistyczna młodzież jest chora psychicznie"[18] – grzmi nadawca. „Co za dzicz bezcześci pomnik Witosa!"[19] – zauważa nieco bez związku z Pałacem „Przeciętny Obywatel". Mieszkanka Wrocławia śle prośbę „o załatwienie akcji śpiewu i gwizdania"[20] oraz dołącza dwa swoje zdjęcia, oba w negliżu, z adnotacją: „Proszę to przerobić na śpiew i jazdy"[21]. „Obserwator" z kolei poświęca całą tyradę – spisaną na jednej kartce wyrwanej z zeszytu w kratkę – artystom występującym w Kongresowej i pałacowych teatrach:

„Największe głupki i głupole to są artyści. Patrząc się na małpę i osła, jeden mianownik zalicza się z całą słusznością do tej grupy. (...) Swego czasu jeden Pan powiedział idąc do Teatru: tu się odbywają największe brudy-plugastwa i hańby. Kobiety-artystki to element świństwa świata, to jest padlina śmierdząca, w tej grupie jest wykoślawienie różnych odchyleń, zwierzęcych zachcianek. (...) O cześć wam, głupki i głupole, dokładnie do szpiku kości was znam"[22].

Poetka (list bez podpisu) nie chce niczego. Najwyraźniej wystarcza jej, że podzieliła się wierszem:

„Od samej Warszawy do samej Szprotawy
Jedno serce bije o naszej Warszawie
Warszawa jest piękna ze swoim widokiem!
Gdzie Wisła przepływa malowniczym krokiem,

I Pałac Kultury Trzydziestopiętrowy
My się radujemy jest naszym symbolem"[23].

Zaadresowała go: „Pałac Kultury, Indyjski Grobowiec u zbiegu ulic Zielna, Wielka, Złota, Chmielna, Śliska, Aleji Jerozolimskich"[24].

Korespondencja adresowana jest również do: Dyrekcji PKiN w Warszawie (z dopiskiem: „opłaci odbiorca"), Państwowego Pałacu Kultury, Jego Wysokości Prezydenta, Naczelnej Administracji, Referatu Listów lub Archiwum w Pałacu Kultury. Są jednak i tacy, którzy jako odbiorcę wskazują Centralną Radę Związków Zawodowych w Sali Kongresowej, Pierwszego Sekretarza Bolesława Bieruta, Ministerstwa Kultury i Sztuki albo prezesa Polskiej Akademii Nauk. Słowem – siedzibę Władzy Najwyższej.

Oś z kosmosu

– Pałac można traktować jako symboliczny środek świata – mówi Zbigniew Benedyktowicz, antropolog kultury, kierownik Zakładu Antropologii Kultury, Filmu i Sztuki Audiowizualnej w Instytucie Sztuki PAN. – Ale to tylko jedna z interpretacji. Ten budynek skupia w sobie mnóstwo sprzecznych tropów.

Achilpa, jedno z australijskich plemion Aruntów, stawia pośrodku wiosek słupy wyznaczające środek, oś ich świata (axis mundi). Antropolodzy i socjolodzy zajmujący się Pałacem odwołują się zwykle najpierw do znanego filozofa religii Mircei Eliadego, który słupy te opisał. One też organizują też świat, przysposabiają okolicę do zamieszkania, dzięki nim chaos zmienia się w porządek. Pierwszy taki słup miał pochodzić od istoty boskiej o imieniu Numbakula, która stworzyła ich praprzodka: „Z pnia drzewa gumowego Numbakula uczynił święty słup (kauwa-auwa), a namaściwszy go krwią, wstąpił nań i zniknął na wysokościach"[25]. Członkowie plemienia nie rozstawali się ze świętym słupem nawet podczas wędrówek, a jego złamanie oznaczało katastrofę, koniec świata i powrót do chaosu. Eliade dowodzi, że podobne wszechświatowe słupy, kosmiczne kolumny, góry czy też drabiny łączące niebo i ziemię, których podstawa zanurzona jest w „dolnym świecie", utożsamianym z piekłem, występują w wielu innych kulturach: mityczna „Góra Kraju" w Mezopotamii, góra Meru w Indiach, góra Garizim w Palestynie, która jako najwyżej położona nie została zalana przez potop, świątynia Kaaba w Mekce w tradycji muzułmańskiej („Gwiazda Polarna dowodzi, że znajduje się ona na wprost środka nieba"[26]), a w chrześcijańskiej – krzyż na Golgocie.

Pałac, zgodnie z intencjami jego twórców, wpisuje się w schemat „świętego słupa", dowodzi Elżbieta Przybył z Instytutu Religioznawstwa Uniwersytetu Jagiellońskiego. Nie jest zwykłą budowlą, ale „miejscem, które miało stać się zaczątkiem nowego, idealnego miasta"[27], wzorcowej stolicy kraju socjalistycznego. To rodzaj świeckiej katedry symbolizującej nowe idee, a także wzorzec piękna.

Czy analizując mity związane z „kosmiczną osią", da się rozkodować pałacowy szyfr?

– Obawiam się, że nie, ma zbyt wiele znaczeń, i właśnie to jest w nim najciekawsze – mówi Zdzisław Benedyktowicz. – Na tym polega istota symbolu.

Naukowcy jednak próbują. Jak zauważa Zuzanna Grębecka, antropolog z Instytutu Kultury Polskiej Uniwersytetu Warszawskiego, już same początki Pałacu otacza mistyczna aura. Nie powstał w miejscu przypadkowym, lecz zbudowano go na „wyciętym świętym gaju", czyli wykarczowanych resztkach kapitalistycznego dziewiętnastowiecznego miasta, którego ma być zaprzeczeniem. Przypomina się praktyka stawiania chrześcijańskich kapliczek czy świątyń w miejscach pogańskiego kultu, by symbolicznie zaznaczyć zwycięstwo nad wcześniejszym sacrum. „Nawet gdy leży w gruzach, miasto ma swój charakter, wyrażający się najpełniej w symbolice miejsc. Aby go zmienić, trzeba nadać inną wymowę przestrzeni, zmienić kompozycję urbanistyczną tak, aby kształtowała nową świadomość społeczną"[28] – tłumaczy sens przedsięwzięcia historyk Konrad Rokicki.

W początkach można dopatrywać się odwrócenia legendy o wieży Babel. Wieża była wszak powodem rozproszenia ludzi, którzy zaczęli mówić różnymi językami, a ustrój socjalistyczny, symbolizowany przez Pałac, jednoczył ich na nowo. Co więcej, „miał ich zgromadzić wokół nowej wieży Babel, by mogli przeciwstawić się Bogu"[29], jak podkreśla Elżbieta Przybył.

Wszystko się zgadza: usytuowany pośrodku powojennego chaosu, jaki wytworzył się w okolicy dawnego dworca, nieco na uboczu w stosunku do głównej trasy wiodącej z północy na południe, od Starego Miasta, przez Nowy Świat i Krakowskie Przedmieście, w Aleje Ujazdowskie. Pałacowi udaje się wytyczyć nowy, konkurencyjny względem niej szlak. Jego obecność zaznacza kierunek wschód–zachód. Jest również drogowskazem.

Jak pisał Gustaw Morcinek: „Było to o wiośnie, bodaj czy nie w maju, wczesnym rankiem o wschodzie. Wychyliłem się z pociągu dojeżdżającego do Warszawy i oto ujrzałem strzelisty, biały zarys Pałacu Kultury we wschodzącym słońcu. Niebo było ogromnie błękitne i głębokie, i w owym głębokim błękicie nurzała się biała sylweta Pałacu Kultury. Była podobna do zjawy, a przede wszystkim zdała mi się podobna do Nike z paryskiego Luwru. Czarowała mnie swym przedziwnie smukłym i strzelistym, ulatującym pod niebo, kształtem i podobnie jak tamta Nike, prawiła mi o zwycięstwie i wierze w człowieka”[30].

„Kiedy wracałam do Warszawy z wakacji – wspomina Marta Zielińska – zawsze czekałam na chwilę, w której ukaże się nagle z dala maciupeńki Pałac Kultury. »O, Pałac« – wołało się i miało się miłe poczucie pewności, że dom już blisko. Czyli był to jakby efekt morskiej latarni. Nie mogę powiedzieć, żebym nie czuła wówczas sympatii, zwłaszcza do Pałacu oglądanego z odległości, na przykład z brzegu Wisły w Świdrze. Dopóki znajdowałam się w jego zasięgu, wiedziałam, że się nie zgubię, że w razie czego trafię – i nawet próbowałam pokonać tę drogę w dziecinnych wyobrażeniach”[31].

Kulturoznawca Jakub Sadowski, zajmujący się historią moskiewskiego Pałacu Rad, idzie jeszcze dalej, akcentując w symbolice początków warszawskiego Pałacu jego pochodzenie wraz z aktem fundacyjnym – jako daru samego Stalina, przywódcy otaczanego kultem, któremu w propagandowych tekstach przypisywano nadludzkie moce, istoty boskiej, wiecznej i zwycięskiej. Wódz ze Związku Radzieckiego urasta więc do rangi nowego Boga, stworzyciela axis mundi, wokół którego będą mogli skupiać się wierzący weń śmiertelnicy. Zdaniem Sadowskiego Pałac Rad, jako idealna utopia, której również patronował Stalin, nigdy nie był tak naprawdę przewidziany do realizacji, bo władze radzieckiego państwa wiedziały doskonale, że „widzialny znak osiągnięcia stanu idealnego musiałby pozostawać w dramatycznym dysonansie z rzeczywistością"[32]. Pałac Rad pozostał więc ideą gmachu neobabilońskiego, czyli symbolizującego dążenie do trwałego ulokowania nowego człowieka, przebóstwionego na swój sposób przez bolszewicką rewolucję, w przestrzeni – jak podkreśla Sadowski – kulturowo zarezerwowanej dla tradycyjnych bogów, u szczytu świętego słupa czy też kosmicznej osi. To „wyzwanie rzucone niebu" w mniejszej skali realizują powstałe według wzorca tego pra-Pałacu wysokościowe budynki w Moskwie („siedem sióstr") oraz ich krewniacy w innych miejscach należących do radzieckiej strefy wpływów, a więc w Rydze, Pradze, Bukareszcie czy Warszawie. „Pałac Kultury i Nauki – brat moskiewskich sióstr, jest jego (Pałacu Rad) – w sensie geograficznym – projekcją zagraniczną. Będąc wcieleniem moskiewskiego ideału, a jednocześnie *axis mundi* Polski Ludowej, symbolicznie odsyła cały organizowany wokół siebie kosmos do radzieckiego centrum absolutnego"[33].

Trudno się więc dziwić, że musi działać także na podświadomość dziennikarzy relacjonujących budowę Pałacu. Karol Małcużyński przedstawia mistyczną budowlę, jakby istniała wiecznie: „Rok temu jeszcze się nam w Warszawie o nim nie śniło. A dzisiaj? Dzisiaj jest to jedyny w Warszawie gmach, którego jeszcze nie ma, a który dobrze znamy, kochamy i podziwiamy. Pałac Kultury i Nauki (...) stał się nierozerwalną częścią Warszawy jeszcze przed swym wzniesieniem"[34].

Według teorii Eliadego „święty słup" łączy trzy światy – niebiański, ziemski i podziemno-zaświatowy. Ten ostatni, niczym korzenie kosmicznego drzewa, kojarzy się z piekłem i podziemnym bezładem, co wyjątkowo pasuje do historii Warszawy zniszczonej podczas drugiej wojny światowej. Jak pisał Józef Sigalin: „Zwalony Dworzec Główny Przybylskiego, którego budowę i niepełne jeszcze jej wykończenie podziwialiśmy przed samą wojną, a w styczniu 1945 roku wypalony główny jego korpus zwisał pochylony nad wykopem linii średnicowej. (...) To całe rzędy domów bądź zburzonych, bądź tylko spalonych od piwnic po dach, wzdłuż wszystkich ulic okalających plac i na terenie obecnego placu. (...) tam, gdzie dziś plac Defilad, na którym w czasie jego budowy artyści plastycy pospołu z drogowcami układali piękną mozaikę z kostek granitowych i bazaltowych, kwarcytowych i porfirowych, zalewając spoiny rzadkim cementem z oliwiarki kolejarskiej, by były cienkie i równe, przez szereg lat po wojnie działała wielka wytwórnia przemiału gruzu: młyny, kolejki wąskotorowe, odlewnia pustaków gruzobetonowych (...) Cały nasz plac, jezdnie i chodniki, wszystko to jest zbudowane na »płycie nagrobnej« ułożonej na fundamentach dawnych domów, zamieszkałych przez tysiące ludzi"[35].

Wokół pałacowych podziemi powstaje więc najwięcej miejskich legend:

O podziemnych przejściach, które miałyby prowadzić do Domu Partii – siedziby Komitetu Centralnego, a w innej wersji aż pod ulicę Belwederską (jest tylko labirynt podziemnych korytarzy pozwalających – gdyby ktoś miał taką fantazję – obejść cały gmach bez wychodzenia na powierzchnię).

O systemie tajnych wyjść dla wybranych, umożliwiających szybką ewakuację w razie jakiejś nagłej katastrofy (systemu jako takiego nie ma, ale wspomniana sieć podziemnych korytarzy pozwala na wydostanie się innym wyjściem – wszystkie prowadzą jednak na otaczające Pałac ulice, z których jest tylko sześć wyjazdów dla samochodów).

O stacji kolejowej, na którą przyjeżdżają specjalne pociągi wiozące partyjnych przywódców z innych krajów. Od końca lat siedemdziesiątych wiąże się z tym wiara, że wybuch gazu w Rotundzie – najgłośniejszy wypadek w powojennej Warszawie – był nieszczęśliwym efektem zamachu na taki właśnie pociąg, który przejeżdżał akurat tunelem średnicowym. W konkurencyjnej teorii bomba miała być przeznaczona dla Domu Partii (stacja nie istnieje, być może mit związany jest z pamięcią o istnieniu w tym miejscu przed wojną kilku równolegle działających dworców i ich zaplecza; albo z bocznicą kolejową, dawno zamurowaną, która do 1955 roku pozwalała robotnikom transportować ładunki z linii średnicowej na teren budowy Pałacu).

O podziemnych salonach i korytarzach łączących Pałac z trybuną honorową (choć przydałyby się, bo trybuna, odkryta z trzech stron, nie pozwalała na swobodną ewakuację, jednak ich nie zbudowano – zaplecze mieści tylko mikroskopijną toaletę, kuchenkę i dwa małe pokoiki, w których panuje nieznośny zaduch).

Zabytkowa kamienica przy Alejach Jerozolimskich 31 trafiła pod kilof dopiero w 1971 roku. Po prawej stronie Rotunda PKO.

Świeckie obrzędy socjalistycznego państwa. Trybuna honorowa podczas Defilady Tysiąclecia.

O schronach atomowych (ich funkcję w razie potrzeby mogłyby pełnić trzy kondygnacje piwnic: pierwsza, techniczna – gdzie ulokowano warsztaty, część urządzeń sanitarnych i elektrycznych, takich jak dyspozytornia, wentylatornia, stacja trafo i maszynownia – na którą można dojechać jedną z wind; druga, magazynowa – poprzedzielana filarami podtrzymującymi strop – oraz trzecia, na co dzień niedostępna i też niewykorzystana, będąca częścią pałacowych fundamentów).

O centrali telefonicznej umożliwiającej bezpośrednie połączenie z Kremlem (takiej też nie było, istniała za to oddzielna linia zasilania z Elektrowni Powiśle. „Naturalnie Pałac posiada dostęp do sieci telefonicznej łączności rządowej, ale jest ona poza jurysdykcją pracowników PKiN. I używana od wielu lat nie była. Jakoś nie było ani potrzeby, ani okazji”[36] – czytamy w okolicznościowej broszurze z 2001 roku).

O niemieckim pancerniku Gneisenau, z którego przetopioną stal wykorzystano do budowy fundamentów Pałacu – podobnie jak granit, z którego miały powstać pomniki chwały Hitlera, posłużył do wzniesienia cokołu pomnika Bohaterów Getta na Muranowie (to akurat prawda, potwierdza ją zapis w pałacowej kronice: „Badania nad bezpośrednim obciążeniem gruntu prowadzono w szybach o głębokości 30 metrów, wpuszczając w nie stalowe płyty z niemieckiego pancernika Gneisenau, który wydobyto z morza[37]”).

Katedra

Dariusz Maciak ze Studium Europy Wschodniej Uniwersytetu Warszawskiego dopatruje się w sposobie, w jaki usytuowano Pałac, rozwiązań przestrzennych stosowanych w odniesieniu do budowli sakralnych. Gdy spojrzeć na niego od strony zachodniej, na końcu długiej alei widać monumentalną i wyniosłą bryłę świątyni, jak klasztor jasnogórski, też zresztą mający jedną tylko wieżę. Gdy Pałac powstawał, w spalonej podczas wojny Warszawie było niewiele starych drzew, a nowo posadzone nie zdążyły jeszcze wystarczająco bujnie wyrosnąć, zatem gmach, jeszcze wówczas lśniący bielą ścian, był doskonale widoczny z każdej strony: zarówno z brzegu Wisły w Falenicy, jak i osiedla Służew nad Dolinką (być może pomyślano i o tym, aby stanowił przeciwwagę dla jej obrazu).

Dla nowych obywateli, urodzonych w latach 60., Pałac Kultury będzie jak święty słup, który stał w tym miejscu od zawsze.

„Na tle przeważającego budownictwa kilku-, co najwyżej kilkunastopiętrowego, ustawiony na wysokim lewobrzeżnym tarasie PKiN swą ponad 200-metrową wysokością stanowi zasadniczy element plastyczny miasta jako całości"[38] – piszą autorzy obszernego wydawnictwa dokumentującego budowę Pałacu, przygotowanego przez działającą wówczas na jego terenie Stację Naukowo-Badawczą PAN. A następnie dodają: „Nawet dzielnice budowane, zanim powstał projekt Pałacu, wzbogaciły swój krajobraz. Na osi ul. Karmelickiej, wśród bloków Muranowa, wieża Pałacu stała się wyraźną dominantą kompozycyjną"[39]. W innym miejscu stwierdzają: „(...) Plan Warszawy przewiduje szereg założeń urbanistycznych związanych czytelnie, nawet z odległości kilku lub kilkunastu kilometrów, z wysoką wieżą Pałacu"[40]. I na dowód publikują zdjęcie z podpisem: „Warszawa – 14 km. To na szosie lubelskiej po raz pierwszy widać miasto ze wzgórza Starej Miłosnej. Droga zdaje się wycelowana wprost na Śródmieście. Na horyzoncie, nad szarą wstęgą miasta wznosi się Pałac Kultury i Nauki"[41].

Gdyby ktoś szukał dodatkowego potwierdzenia interpretacji przedstawionej przez Dariusza Maciaka, architekt Jan Minorski, główny ideolog socrealizmu, napisał wprost: „Optymalne żądanie (...) jakie stawiamy architekturze, to żeby wyrażała istotę naszych zamierzeń. Architektura kościołów rzymskich lub cerkwi dobrze spełnia tak pojęte zadanie. I w stosunku do Pałacu chcielibyśmy mieć tak samo"[42].

Zbigniew Benedyktowicz szkicuje na kartce plan Pałacu.

– Ma orientację świątynną, właśnie w takim układzie. Główne wejście wraz z trybuną i placem, czyli częścią, którą można nazwać obrzędową albo wręcz ołtarzową, znajduje się od wschodu, co od razu budzi skojarzenie z Moskwą, której darem był Pałac. To z tej strony miał też stanąć pomnik Stalina, patrona budynku. Tutaj ulokowano obeliski i dwie fontanny, wraz z kamiennymi postaciami półleżących kobiet (ostatecznie nie powstały), symbolizujące Wisłę i Odrę, umieszczone pod kątem prostym do biegu obu rzek.

Jak pisze Elżbieta Przybył: „Przeniesienie głównego wejścia ze ściany zachodniej na wschodnią wydaje się przeczyć zasadzie orientacji. Jednak jest to sprzeczność jedynie pozorna, mająca na celu podkreślenie tego, że wraz ze zmianą systemu w ludziach dokonała się istotna zmiana jakościowa. Człowiek żyjący w państwie socjalistycznym jest jak święty – może bez przeszkód i od razu wchodzić do »miejsc świętych«, drogą, którą zwykle przybywa Bóg (bogowie). W chrześcijańskich kościołach kierunek wschodni symbolizuje Chrystusa – Słońce Niezwyciężone (Sol Invictus). Tymczasem wejście od strony zachodniej, odpowiadające wejściu do przedsionka świątyni – to wejście do Sali Kongresowej, miejsca, gdzie między innymi odbywały się najważniejsze zjazdy partyjne. Ten drobny zabieg sprawił, że w sensie symbolicznym podkreślono, iż Polska (a także PZPR!) znajduje się dopiero w przedsionku idealnego ustroju, w miejscu przeznaczonym dla katechumenów jedynie pretendujących do bycia prawdziwymi »wiernymi«"[43].

Historyczka sztuki Dobrosława Grzybkowska-Lewicka dodaje, że budynek został zbudowany „na planie kwadratu z elementem koła (Sala Kongresowa), czyli odzwierciedla boski porządek ziemi (kwadrat) i nieba (koło). Został wybudowany w harmonii liczbowej, co nie wyklucza dodatkowo magii wielkich liczb. Potraktowano go jako »święty organizm«, corpus mysticum, komunikujący mistycznie, epatujący wcieloną ideą, jasną i prostą, ożywiany i personifikowany w wielu utworach literackich, listach, udokumentowanych odbiorach. Akcent w postrzeganiu Pałacu opiera się na trzech punktach naznaczonych sakralnie: wieży (wieża Babel) – obsesja wysokości, sięgania nieba, axis mundi, strzelistość (...), labiryntu oraz bramy"[44].

Skoro rolę istoty boskiej w odniesieniu do Pałacu odgrywa Stalin, z jej mitem założycielskim musi wiązać się także akt ofiarowania. Już trzy dni po śmierci radziecki przywódca stał się patronem gmachu i otaczającego go placu. Niewiele też zabrakło, by towarzyszył mu na zawsze – w formie kilkunastometrowego pomnika. „Przywódca – wyobrażony w pozycji stojącej miał znaleźć się przed głównym wejściem, komponując się z budowlą na zasadzie powtórzenia jej pionowej orientacji"[45] – przypomina Joanna Królak z Instytutu Slawistyki Zachodniej i Południowej Uniwersytetu Warszawskiego. Według bardziej śmiałej propozycji, o której wspomina Konrad Rokicki, posąg Stalina miałby nawet zwieńczyć szczyt Pałacu – analogicznie do projektu Pałacu Rad z gigantycznym Leninem u góry. W grudniu 1953 roku Ministerstwo Kultury i Sztuki rozpisało konkurs na projekt pomnika usytuowanego na pałacowej osi, w pewnym

Pomnik Stalina dłuta Xawerego Dunikowskiego, który nie przypadł do gustu konkursowemu jury i zamiast przed Pałac trafił ostatecznie do magazynów Muzeum Rzeźby w Królikarni.

oddaleniu od trybuny rządowej, by symbolicznie odbierał manifestację. Do konkursu zaproszono najzdolniejszych rzeźbiarzy, a dla zwycięzcy przygotowano zawrotną jak na tamte czasy kwotę 35 tysięcy złotych. Nikt jej jednak nie zgarnął. Spośród piątki, którą dopuszczono do wykonania ostatecznego projektu, faworytem był Xawery Dunikowski, lecz jego koncepcja nie przypadła do gustu władzom. „Stalin w interpretacji Dunikowskiego miał trzymać się lewą ręką za bok. Prawa, z rozpostartą dłonią, spoczywała na piersi, lecz zwinęła się w pięść, na co natychmiast zwrócono uwagę, odczytując jako krytykę wodza. Zbudowany z wielkich bloków granitu, grubo ciosanych. Wielkie nogi-buty deptały ziemię. Postać, która przeważnie była uchwycona na wydechu, tym razem nabrała pełną pierś powietrza, wydęła lekko policzki i obojętna, groźna – pluła, pluła na cały świat!"[46] – wspominał Henryk Urbanowicz uczestniczący w prezentacji. Oficjalnie uznano, że wszyscy artyści „przedstawili Stalina zbyt jednostronnie, na przykład jako wodza"[47]. Zanim z odpowiednim ujęciem tematu uporał się Marian Wnuk, kolejny artysta, któremu zlecono to odpowiedzialne zadanie, przyszła polityczna odwilż, odwrót od kultu jednostki i sprawa pomnika przepadła.

Powstała za to inna rzeźba, na której symboliczną wymowę zwracają uwagę antropolodzy: fragment fryzu umieszczonego nad głównym wejściem do Pałacu, przedstawiającego dwóch robotników – radzieckiego i polskiego, połączonych uściskiem dłoni. Otacza ich tłum dorosłych i dzieci z kwiatami w rękach. Zdaniem Elżbiety Przybył układ i wymowa postaci naśladuje dwie ikony: Przemienienie Pańskie i Zstąpienie do Otchłani. „Radziecki żołnierz wyprowadza Polskę (symbolizowaną przez robotnika polskiego) z otchłani rozumianej oczywiście jako system kapitalistyczny. (...) Jest zarówno oswobadzającym Polskę żołnierzem, jak i budowniczym Pałacu Kultury, a zatem jest ukazany jako »zbawca« i »wybawiciel« narodu polskiego – jako ten, kto wyprowadza go ku wolności i ku świetlanej przyszłości, jaką symbolizuje Pałac"[48].

Podczas dyskusji o innych rzeźbiarskich wyobrażeniach planowanych wokół Pałacu Alfred Wiśniewski, profesor PWSSP w Gdańsku, zaznaczył: „Pałac Kultury to nie jest zwyczajny dom mieszkalny, a tu się chce postawić zwyczajnych ludzi"[49]. A tymczasem „rzeźby muszą być uświęcone"[50].

Montaż lustrzanych elementów kopuły szczytowej Pałacu Kultury i Nauki.

Równie dobrze za moment symbolicznego objęcia Pałacu w posiadanie można uznać ceremonię zwieńczenia jego szczytu iglicą, nawet bez figury wodza na szczycie. Robotnicy najpierw montują iglicę wewnątrz wieży, a potem kawałek po kawałku wysuwają za pomocą wciągarek elektrycznych, jednocześnie licując powierzchnię lustrzanymi płytkami. Choć proces trwa kilka tygodni, w przekazywanych informacjach kurczy się do kilku dni, a dziennikarze relacjonują jego przebieg odpowiednio podniosłym językiem: „W chłodne, wietrzne i deszczowe dni października 1953 roku pracowali ludzie radzieccy bez wytchnienia na wysokości 186 m, by dotrzymać podjętego zobowiązania dla uczczenia 36. rocznicy Wielkiej Rewolucji Październikowej. Chodziło o przyspieszenie zamontowania iglicy. 7 listopada 1953 roku pięćdziesięciometrowa stalowa iglica wytyczyła najwyższy punkt Warszawy. A była to praca ogromna – iglicę montowano z jedenastu części, po czym pokryto ją lustrzanymi płytkami, które tak pięknie i złociście błyszczą w słońcu”[51].

„Ludzie w tym dniu przystawali na ulicach i wysoko zadzierali głowy: zdążą czy nie zdążą? Kula iglicy dziś tak jasno lśni. Złociście świeci w słońcu pokryta zasłoną i 400 kolorowymi złocistej barwy szkiełkami. I odkąd w którejkolwiek stanęlibyśmy dzielnicy Warszawy – na Woli, Bielanach, Mokotowie, zewsząd ujrzymy płonącą iglicę Pałacu”[52].

Zachwycony poeta donosił:

„Na iglicy Pałacu, gdzie tylko wiatr hula,
W słońcu wysoko błyszczy kryształowa kula.
I dzień – niby wróżbita – ręce do niej tuli,
wypowiada zaklęcia i czyta coś w kuli.
Powiedz, promieniu słońca, powiedz ze swej łaski,
co tam widzisz w magicznej tej kuli warszawskiej?”[53].

Iglica zamiast krzyża. Znów przypomina się Eliade: czy opisując obrzędy symboliczne, nie odwoływał się do przykładów konkwistadorów obejmujących podbite krainy w posiadanie za pomocą znaku chrześcijańskiej wiary? „Postawienie krzyża było równoznaczne z »uzasadnieniem« i »konsekracją« krainy, z »nowymi narodzinami«, przez powtórzenie w ten sposób chrztu (aktu stwórczego)”[54]. Przecież, jak tłumaczy Wojciech Tomasik, konstrukcja gmachu „od przysadzistej części dolnej do strzelistej iglicy uosabia przechodzenie ku lepszej rzeczywistości”[55].

Nie wiemy, czy sześćdziesięciosześcieletni emerytowany profesor nauk technicznych S. z Gdańska Wrzeszcza, który pod koniec lipca 1974 roku wystukuje pracowicie na maszynie do pisania list do prezesa Polskiej Akademii Nauk, podejrzewa, że w iglicy tkwią magiczne właściwości. Oferuje w każdym razie Pałacowi swe usługi: „Prowadzę różne prace naukowe na pograniczu fizyki (zwłaszcza nad piorunem i nad elektrodynamiką elektronu), geofizyki i elektrotechniki (zwłaszcza nad piorunochronami). Chciałbym rozpocząć rejestrację piorunów na Pałacu Kultury i Nauki oraz na otaczających wysokich budynkach. Proszę więc o zezwolenie na zainstalowanie w iglicy Pałacu ostrza odizolowanego, od którego schodzić będzie kabel koncentryczny do aparatury pomiarowej (głównie oscylograf szybkopiszący) na najwyższym piętrze Pałacu. Przy tym obserwatorium byłoby potrzebne mieszkanie ze względu na prace nocne"[56]. Profesor jest skromny i samowystarczalny; co prawda chętnie przyjąłby pomoc finansową PAN-u: „(1–2 etaty, prace montażowe i oscylograf szybkopiszący), jednakże również bez takiej pomocy potrafię zorganizować te badania"[57]. Kto wie, może domniemane badania to tylko pretekst, by przeniknąć do Pałacu i na własną rękę zgłębić zagadki budynku, bo w kolejnym zdaniu prosi o „wskazanie funkcjonariusza PAN-u mogącego mi udzielić informacji o budowie iglicy"[58]. Albo po prostu chodzi o dach nad głową.

Prezes PAN odpisuje: „Komunikuję uprzejmie, że Polska Akademia Nauk nie jest gospodarzem Pałacu Kultury i Nauki, który stanowi oddzielne przedsiębiorstwo. W poruszonej przez Pana Profesora sprawie proszę przeto zwrócić się do Zarządu Pałacu Kultury i Nauki, piętro XV"[59].

List profesora trafia do archiwum. Zarząd jest ostrożny: w Pałacu pamięta się pewnego grafika z urzędujących tutaj redakcji, który – jak relacjonował w reportażu Olgierd Budrewicz – „przemycił na górę łóżko gumowe (...) oraz małe gospodarstwo i roztasował się w pracowni"[60].

Więcej szczęścia ma konstruktor z Częstochowy, który „pragnie usilnie ustanowić nowy rekord świata w konstrukcjach pionowych klejonych z zapałek"[61]. List, skierowany bezpośrednio do dyrektora Pałacu, zawiera propozycję wykonania określonej konstrukcji z półfabrykatów zapałczanych. Ma to być gigant osiągający „wysokość 10 metrów w 1 mln części drewnianych mniejszych od zapałki”[62] i ustawiony w jednej z sal wystawowych. Z boku pisma odręcznie skreślono adnotację: „Udzielić odpowiedzi, odesłać przesyłkę – że nie ten adresat”[63]. Przesyłka to film, jaki twórca dołączył do listu, chcąc udokumentować swe dotychczasowe osiągnięcia (m.in. „»Puchar« dla P. I. Szewińskiej ukazany w TVP w 1976 r., »Wieczna Zapałka« wysłana do Szwecji w tym samym roku oraz inny »Puchar«, z 1978 r., przeznaczony dla dyrekcji Zakładów Gumowych NRD, miasto Gotha”[64].

Na panią G., mieszkankę jednego z bloków na Ścianie Wschodniej, iglica oddziałuje w sposób bezpośredni. „Pałacowe anteny powodują u mnie niekontrolowane orgazmy utrudniające codzienne wykonywanie obowiązków domowych”[65] – skarży się. Oddelegowana do osobistego zajęcia się problemem w ramach zażaleń kronikarka Pałacu Hanna Szczubełek spotka się z dręczoną w ten sposób sąsiadką, zaprowadzi ją na ostatnie piętro i wytłumaczy, że w związku z jej prośbą zainstalowano nad anteną specjalny daszek ograniczający promieniowanie. Warszawianka uspokoi się i pisać przestanie.

„Uprzejmie proszę, aby program nadawany w nocy nie był tak długi – żali się inny warszawiak. – Noc jest do spania, a poza tym nic nie zapewnia spokoju. Nie jestem znawcą, ale uważam, że program powinien być nadawany tylko do godziny 9!”[66].

Są jednak sprawy, na które nawet Pałac ani jego ludzie nie mogą nic poradzić.

Nie „zniszczą jednej z trojgiem dzieci”[67], chociaż „są to ludzie niepotrzebni, skazani na zagłady i padalcowe ofiary nawet w zgliszczach”[68] – jak donosi do „Działu Zatrudnień i Wyniszczeń Państwowego Pałacu Kultury” anonimowy autor lub autorka, apelując: „Puść w korkociąg!”[69].

Nie pomogą też mieszkańcowi Tuczęp, który zwraca się do Pałacu: „Jego Wysokość Prezydent RP, PKiN w Warszawie, Kancelaria”[70], i nie jest pewien, „że jasno zatytułował adresata”[71], więc przeprasza. W latach siedemdziesiątych wybrano go jako delegata na I Zjazd Związku Socjalistycznej Młodzieży Polskiej i do dziś „nękają – szarpią duszę – niektóre sprawy dotyczące organizacji”[72], więc wymagałby „zainteresowania czasem zaufanej osoby ze względów zdrowotnych”[73].

Trudno też byłoby zastąpić „Toważysza Edwarda Gierka”[74], proszonego przez mieszkankę Stargardu Szczecińskiego o bezpośrednie wstawiennictwo takimi słowy: „Toważyszu, jesteście przeciesz dobżi ludzi i potraficie mnie dobrze zrozumieć, czy u Was w Polsce Żeczpospolitej Ludowej jest sprawiedliwość”[75], a rzecz dotyczy rzekomej sprzedaży jej miesięcznego dziecka obcym ludziom, którzy mieliby próbować je otruć.

No i jak uczynić zadość panu Aleksandrowi, który postanowił wyremontować posiadane radio Sonatina służące mu już od dwudziestu lat, a który podczas wizyty w zakładzie usługowym usłyszał, że „do niego nie ma żadnych części, ale tam był drucik oberwany od żaruweczki i nadal mi gra, i skierowały mnie do Archiwóm w Warszawie, że tam skupujo takie radia”[76], chciałby więc wiedzieć, „jaką sumę pieniędzy mógłby dostać”[77], żeby mu się opłaciło jechać.

„Święty Mikołaju, wiem, że mieszkasz w Warszawie w Pałacu Kultury na najwyższym piętrze. Odwiedź mnie na święta Bożego Narodzenia i przynieś mi materac do pływania na wodzie”[78] – prosi Ania z Sokółki, kaligrafując z wysiłkiem, żeby Mikołaj wszystko dobrze zrozumiał. To jeden z nielicznych listów, który doczeka się reakcji. Pracownicy administracyjni Pałacu robią zrzutkę i kupują dziecku prezent.

Arkadia

Pałac, jako świecka katedra, oddziałuje duchowo na wszystkich, którzy mają z nim styczność. Ma przebóstwiać obywateli, skłaniać ich do podejmowania wysiłków na drodze do doskonałości: zdobycia wykształcenia, kultu nauki, uczestnictwa w kulturze. Jego dobroczynnej mocy doświadczyli już przecież robotnicy wznoszący gmach pod czujnym okiem radzieckich kolegów, świecących przykładem na każdym polu i nieustających w wysiłkach, by przerobić Polaków na wzorowych adeptów socjalizmu.

Jak zauważa Elżbieta Przybył: „Pęd ku górze w przypadku Pałacu Kultury i Nauki miał nieco inny sens niż wieże w kościołach. Miał podnosić na wyżyny, tam gdzie dotychczas umieszczano jedynie religię, kulturę i naukę (...). Płynący z niego blask to światło nauki, które miało rozpraszać mroki »zabobonów«”[79].

Mając na względzie takie oddziaływanie budowli, świadomie zaplanowano, jacy lokatorzy znajdą się w jej górnej, najbliższej niebu części. „Polska Akademia Nauk skupia uczonych ze wszystkich dziedzin nauki. Zadaniem jej jest przyczynić się do dalszego bujnego rozkwitu nauki polskiej, powiązać ją z pokojowym budownictwem naszego narodu. Instytut Nauk Społecznych – postawił sobie za cel przygotowanie nowych kadr naukowych w duchu marksizmu-leninizmu. Towarzystwo Wiedzy Powszechnej wreszcie to organizacja stawiająca sobie ambitne zadanie – upowszechnienie wiedzy, naukowego poglądu na świat. (...) Nie jest rzeczą przypadku, że te właśnie instytucje znajdą swoje siedziby w Pałacu, tak jak nie przypadek rozstrzygnął o charakterze i przeznaczeniu całego gmachu. Pałac ma stać się ogniskiem nauki i kultury, miejscem, z którego promieniować będzie to wszystko, co w naszym narodzie mądre i piękne"[80].

Przeznaczenie Pałacu ma odpowiadać nowej wizji społeczeństwa. „Zamiast mozaiki ciasnych kamienic tworzących mieszczański ekosystem, na ogromnym pustym placu stanęła monolityczna bryła, w której w hierarchicznym układzie mieszczą się najróżniejsze państwowe instytucje – od Polskiej Akademii Nauk po Muzeum Techniki i teatry. Nie było tu miejsca ani dla zwykłych mieszkańców, ani dla ich prywatnych przedsięwzięć"[81] – pisze publicysta i historyk Adam Leszczyński. „Jeżeli mieszczańskie kamienice mówiły o prywatyzacji życia burżuazji – o jego parcelacji na małe, drobne, osobiste sprawy schowane za zdobionymi fasadami – Pałac ogłaszał eliminację wszystkiego, co prywatne"[82].

Społeczeństwo nie kryje oszołomienia darem. Zwłaszcza że znaczna jego część dotąd w pałacach nie bywała. Członkiniom delegacji gospodyń wiejskich podczas zwiedzania zdarza się klękać przed złoconą płaskorzeźbą z majoliki w przejściowej sali prowadzącej do Sali Marmurowej. Zatytułowano ją *Pokój marksistowski niosący ludziom życie*, lecz – jak pisze w reportażu Hanna Krall – „nikt dobrze nie wie, co właściwie przedstawia, bo budowniczowie nie zostawili w tej sprawie żadnych instrukcji. A kiedy poza nią, w głębi, otwierają się drzwi i widać rzęsiście oświetloną salę, to robi się tak podniośle i tak wspaniale, że każdy ma ochotę przyklęknąć (...)"[83].

„Już (...) kręci się nam w głowie od nadmiaru wrażeń – przyznaje dziennikarz »Expressu Wieczornego« po obchodzie pałacowych pomieszczeń. – Oglądaliśmy ogromne sale Muzeum Techniki, gdzie można już suknami polerować piękną posadzkę. Wędrowaliśmy po schodach z dębowego drzewa, dotykaliśmy przepięknie profilowanych klamek odlewanych z brązu, bezszelestnie zamykaliśmy za sobą dziesiątki wspaniałych drzwi. Mijaliśmy brygady sztukatorów, stolarzy, instalatorów. Zda się, że ci ludzie pieszczą każdy fragment..."[84].

„Nad klimatem czuwa niewidzialny dozorca chroniący wnętrza przed napływem chłodnego powietrza. Przez specjalne filtry rozpływa się po całym gmachu rześkie górskie powietrze, bez pyłu i kurzu"[85] – zachwyca się inny.

Nawet jeden z dwóch zegarów słonecznych, który ozdabia plac Defilad od strony ulicy Świętokrzyskiej (wyjątkowy, bo złożony z ośmiu zegarów i wykorzystujący rzadko spotykane rozwiązanie: wskazówką jest sam człowiek stający w polu wyrażającym dany miesiąc), ma ukryte znaczenie. Chodzi o przejście w inny wymiar w otoczeniu świętego miejsca. Dla ludzi uczestniczących w obrzędach czas płynie równoległym, sakralnym trybem, w którym wszystko inne zamiera i traci dotychczasowy sens, co przeczuwają szóstym zmysłem poeci.

„Przyjacielu, zniknie różnorodność stron świata
w pięknie Pałacu Kultury"[86] – pisze Zygmunt Kubiak.

Od chwili gdy Pałac zaczął wzrastać ku niebu, zewsząd płyną relikwie i dary, które przyozdobią jego wnętrze i najbliższe otoczenie. Marmur czerwony, który uświetni elementy posadzek w pomieszczeniach Pałacu – aż z kamieniołomów w Salieti na Kaukazie, szary granit na posadzki w salach Muzeum Techniki – z Jancowa i Gołowina na Ukrainie. Stal „z przesławnych martenów Magnitogorska, z hut Zaporożstalu i Komsomolska"[87]. Skoro ma być narodowy w formie, niemal każda z polskich krain spieszy, by przekazać mu najcenniejsze skarby swej ziemi. Szary marmur do budowy ofiarują Sławnowice na Dolnym Śląsku, brązowy – Bolechowice pod Kielcami, część marmuru czarnego – Dębnik. Wapień jedzie z Pińczowa, szary granit ze Strzegomia, piaskowiec z Szydłowca. Latarnie przy głównym wejściu, dzieło spółdzielni Brąz Dekoracyjny, wystylizowano tak, by kojarzyły się z lampami ulicznymi rekonstruowanego Starego Miasta w Warszawie. Sala Gotycka na trzydziestym piętrze, otoczona tarasem widokowym, ma ostrołukowe sklepienie nawiązujące do architektury późnego średniowiecza, a salę teatralną w Teatrze Klasycznym (dziś Teatr Studio) ozdobiono motywami kwietnymi nawiązującymi do ludowych wzorów z Zalipia. Okalający Pałac park jest niczym Polska w ogrodniczej pigułce: Lublin daje lipy, Szczecin – dęby i świerki, Śrem – klony, rododendrony – Dolny Śląsk. Dobierane starannie – nie młode sadzonki, lecz najczęściej dziesięcioletnie, żeby ogród też sprawiał wrażenie, jakby istniał w tym miejscu od zawsze. Łącznie 3,6 hektara powierzchni, 20 tysięcy sztuk drzew, 10 tysięcy sztuk krzewów i bylin (w rzeczywistości będzie ich znacznie mniej). Najstarsze, liczące czterdzieści lat lipy transportowane są z rejonu warszawskiej ulicy Księcia Trojdena, gdzie tworzyły resztki niedokończonego przedwojennego parku. Rododendrony przyjeżdżają z największej w kraju hodowli w Miliczu, azalie z Kamieńca Ząbkowickiego.

Tak mówił Lew Rudniew, projektant Pałacu: „Chcielibyśmy, ażeby miejsce to stało się ulubionym miejscem warszawiaków, takim, jakim są obecnie Łazienki, ażeby warszawiacy tutaj przychodzili, spacerowali, odpoczywali, by tu bawiły się dzieci, tryskały fontanny”[88].

„Idee arkadyjskości wyrażało wprost otoczenie budowli – pisze Wojciech Tomasik. – Dużych rozmiarów park, z fontannami i rzeźbami, wnosił do kamiennej zabudowy nowego centrum kawałek natury. (...) Ważny element tej kompozycji stanowiło światło, emitowane przez okna Pałacu i napełniające park aurą niezwykłości i bajkowości. Im bliżej środka przestrzeni, tym wrażenie cudowności potęgowało się, osiągając kulminację tam, gdzie prawdziwe drzewa ustępują miejsca sztucznym – pałacowym kolumnom”[89].

W takim otoczeniu brakuje jedynie miejsca dla kogoś, kto sam chciałby opuścić ziemski raj.

Niewidzialni

W sobotę, w którą skacze Francuz (dzienną datę podaje pałacowa kronika), w Warszawie jest niewielkie zachmurzenie. Wiatr południowo-wschodni, temperatura dochodząca do 23 stopni, ciepło jak na koniec września.

Żadnej wzmianki o zdarzeniu w gazetach. Nawet w „Expressie Wieczornym”, który chętnie dzieli się z czytelnikami informacją o co drastyczniejszych wypadkach. Albo cenzura jest tak czujna, albo redaktor naczelny Leon Bielski czy jego zastępca Marian Kozłowski nie uznają skoku z tarasu Pałacu za fakt na tyle istotny, by poświęcić mu choćby krótką notkę. W przeciwieństwie do śmierci siedmioletniego szympansa Enosa, który w listopadzie rok wcześniej okrążył Ziemię w kabinie statku kosmicznego „Mercury" (pożegnał się z życiem z powodu biegunki), i wypadku osiemnastoletniej kobiety, która utonęła w kadzi z winem w Zakładach Przemysłu Owocowo-Warzywnego w Milejowie.

W Warszawie gości akurat z krótką wizytą minister budownictwa Francji Jacques Maziol „wraz z małżonką i towarzyszącymi mu osobami"[90] – jak podaje prasa. Spotkał się z premierem Cyrankiewiczem i naczelnym architektem Warszawy (nie jest nim już Józef Sigalin, lecz Czesław Kotela). Trochę zwiedzają, przejeżdżając autokarem przez Stare i Nowe Miasto, Muranów, Kępę Potocką, Stadion X-lecia. Wieczorem odlatują do Krakowa.

Czy możliwe, żeby Paul Keverman był w składzie tej delegacji? Ilu francuskich turystów mogło przebywać w tamtym czasie w Warszawie, stolicy kraju za żelazną kurtyną? Czy jechałby specjalnie do Polski z ministrem, żeby się zabić? Następnego dnia miały się odbyć wybory do francuskiego senatu.

Wiadomo przynajmniej tyle, że para młodych, która w latach siedemdziesiątych skacze razem, trzymając się za ręce, to współcześni Romeo i Julia. Ona pochodzi ze wsi, on z miasta, rodzice nie zgadzają się na mezalians, jak napisali młodzi przed śmiercią w liście. Ona jest też pierwszą kobietą, jaka zginie w Pałacu, pomijając studentkę pierwszego roku Wydziału Chemii Uniwersytetu Warszawskiego, która 17 stycznia 1960 roku dostała zawału i utonęła w basenie Pałacu Młodzieży (choć i tak niektórzy zaliczają tamtą w poczet samobójców, zwiększając ich liczbę do ośmiu).

Większość z nich nie spada na plac w dole, lecz na któryś z tarasów okalających budynek. Jak nieszczęśnik, który ląduje pod samym oknem pokoju 1515. Pęd powietrza rozcina mu w locie spodnie, ale lusterko, które trzymał w tylnej kieszeni, wyjdzie z upadku bez szwanku.

Ostatni, niedoszły, stanie na gzymsie po drugiej stronie barierki trzydziestego piętra we wrześniu 1974 roku, około godziny czternastej, lecz ktoś w porę go zauważy. Też młody, jak tamta para, i bardzo zdesperowany. Do Pałacu przyjadą trzy karetki pogotowia, komendant Milicji Obywatelskiej, taternicy, straż pożarna, psychologowie, a na placu zgromadzi się tłum gapiów. Psycholodzy z dyrektorem spróbują przemówić mu do rozsądku, lecz gdy tylko zechcą podejść bliżej, on zagrozi, że zaraz skoczy. Od towarzyszącego mu kolegi dowiedzą się, że pochodzi z Wyszkowa. Lokalna komenda milicji, usłyszawszy rysopis, od razu ruszy po rodziców, jednak gdy przerażona matka wyjdzie na taras, westchnie tylko z ulgą i zemdleje – to obcy chłopak, zaszła pomyłka. Taternicy rzucą mu w końcu linę, a publiczność na widok szczęśliwego zakończenia wyda jęk zawodu.

Kilka tygodni później nad balustradami trzydziestego piętra zawisa specjalnie nachylona krata. Nie do sforsowania.

Cierń

Od lat pięćdziesiątych po stolicy krąży anegdota:

– Gdzie jest najpiękniejsze miejsce w Warszawie? – pyta przyjezdny.

– Na trzydziestym piętrze Pałacu Kultury.

– Dlaczego?

– Bo to jedyne miejsce, z którego nie widać Pałacu.

„Pierwszym skojarzeniem filozoficznym, bez wchodzenia w głębsze sensy kulturowe, będzie oczywiście to, że Pałac Kultury jest pomnikiem nietzscheańskiej woli mocy – której szczerze nie lubię"[91] – wyznaje podczas dyskusji o symbolice Pałacu antropolożka Joanna Tokarska-Bakir. „Pałac Kultury i Nauki jako utopia, która została zrealizowana, jest utopią śmiertelną"[92].

Ci, na których świątynny urok Pałacu nie działa, nie szczędzą mu krytyki. Z ich uwag można by ułożyć antylitanię: symbol sowieckiej niewoli, porównywany do zburzonego w dwudziestoleciu międzywojennym po odzyskaniu przez Polskę niepodległości soboru Aleksandra Newskiego na placu Saskim, architektoniczny potworek, symbol destrukcji miejskiej tkanki Warszawy („Pałac zupełnie wyrwał serce miasta"[93]), cierń włożony w ranę, która nie może się zabliźnić, uosobienie Zła. Miejsce dziwaczne, obce, niewymiarowe – o wielkich, niefunkcjonalnych

Pałac górujący nad Warszawą, widziany z praskiego brzegu (na pierwszym planie Stadion X-lecia).

oknach, pomieszczeniach o niejasnym przeznaczeniu i niestandardowych wymiarach, jak z *Alicji w krainie czarów*, gdzie bohaterka doświadcza zakrzywienia rzeczywistości. „Człowiek wkraczający do tego gmachu wejściem głównym czuje się od razu pomniejszony i nieważny. Ciekawe, że takich wrażeń doznają przy wchodzeniu niektórzy dyrektorzy, profesorowie, a zwłaszcza ministrowie. Kolumny i marmury starczyłyby na wyposażenie paru setek innych pałacyków, świątyń i zamków"[94] – pisze w reportażu Olgierd Budrewicz.

„Ogromna, szpiczasta budowla budziła strach, nienawiść, magiczną grozę. Pomnik pychy, statua niewolności, kamienny tort przestrogi. A teraz to tylko wielki barak, postawiony na sztorc. Zżarty przez grzyb i pleśń stary szkielet zapomniany na środkowoeuropejskim rozdrożu"[95] – kreśli przyszłość budynku w *Małej apokalipsie* Tadeusz Konwicki, w którego prozie Pałac jest przede wszystkim siedliskiem złych mocy. Bohater powieści zmierza do gmachu, by pod kolumnadą Sali Kongresowej dokonać samospalenia przy użyciu kanistra z benzyną. We *Wniebowstąpieniu* pojawia się wątek podziemnych korytarzy i tajnych przejść między Pałacem a gmachem Komitetu Centralnego, a w ostatniej scenie bohater krążący po nocnej Warszawie wjeżdża na ostatnie piętro, zastając tam wszystkie wcześniej spotkane duchy i widma. Andrzejowi Trepce w opowiadaniu *Dziewczyna nie z tej ziemi* Pałac kojarzy się z czymś pozaziemskim i obcym – w jego kawiarni umawia się z matką po przybyciu do Warszawy dwudziestopięcioletnia bohaterka o imieniu Wisienka, urodzona i wychowana w kosmosie. Wyrazicielami niechęci do Pałacu są też Leopold Tyrmand i Stefan Kisielewski. Pierwszy pisze o „kwitnącej narośli na nosie pijaka" i „ruskiej pięści" oraz przypomina w *Dzienniku 1954*, że „lud ochrzcił go »Pekinem« – poza akronimem jest w tym podtekst: tak nazywano z uszczypliwym lekceważeniem wielką czynszówkę w przedwojennej Warszawie, stojącą do dziś na rogu Żelaznej i Złotej, w której mieściły się pokątne domy rozpusty". Kisielewski, który wybiera plac Defilad na miejsce spotkań bohaterów *Cieni w pieczarze*, dodaje: „(...) cukierniczo-biały, poszczerbiony stalaktytami ornamentów (...) wyrosły sztucznie, znikąd, poza życiem, poza ewolucją, rozwojem, normalnością", „socjalistyczne opium dla ludu", „bezduszny moloch pożerający miasto, zasłaniający sobą pół nieba", „rodyjski kolos naszych czasów",

„czarodziejska budowla wzniesiona przez magów ze Wschodu, pomiędzy której szklanymi, więc na pozór niewidocznymi ścianami Polacy starzy i nowi obijać się będą po wiek wieków”[96].

– Z Pałacem jest jak z PRL-em – mówi Zbigniew Benedyktowicz. – Ci, którzy nie doświadczyli tamtej rzeczywistości, pytają czasem: jak w ogóle można było w niej funkcjonować? Ludzie starali się żyć, jakby nie istniała. Podobnie z Pałacem pod nosem – jedynym wyjściem było robić swoje i go nie zauważać. Albo wejść do środka.

Dariusz Maciak ze Studium Europy Wschodniej Uniwersytetu Warszawskiego pisze: „Decydujący o kształcie Warszawy doskonale wiedzieli, że z czasem (może nawet krótkim) »miejscowi« oswoją się z gigantyczną budowlą. Stanie się ona dla nich widokiem zwykłym i normalnym. Będą mieszkać obok Pałacu, nie zauważając jego obecności. Dlatego organizując przestrzeń wokół Pałacu, uczyniono tak, aby stawał się on widoczny – i był widoczny w przyszłości – dla tych, którzy do Warszawy przybywali jako do stolicy państwa robotniczo-chłopskiego. Ale również dla tych, którzy przyjeżdżali do centrum z odleglejszych dzielnic i terenów podmiejskich”[97].

Pałac jednak zostaje, choć PRL znika.

Młody naukowiec z Polskiej Akademii Nauk, wyrzucony z pracy w stanie wojennym, jest zbyt niecierpliwy, by doczekać tej chwili. Przechytrzy tych, którzy zainstalowali kratę na tarasie widokowym, i wydostanie się na wolność przez okno stołówki na dwudziestym czwartym piętrze. Będzie ostatnim, który odbierze sobie tutaj życie. Zwolennicy teorii o złowrogiej mocy Pałacu dostrzegą w jego desperackim skoku symboliczny sens.

Odczarowanie

By pozbyć się samotnego upiora, trzeba sięgnąć po sprawdzone sposoby: na przykład przebić jego serce osinowym kołkiem.

Trudno podjąć się takiej misji względem budynku, zwłaszcza pokaźnych rozmiarów. Można za to odebrać mu imię. Obedrzeć ze wszystkich atrybutów świętości, jak czyniły zwycięskie plemiona wobec bożków czczonych przez pokonanych przeciwników.

Sakralizacja Pałacu. Maj 1987 roku, trzecia pielgrzymka papieża Jana Pawła II do Polski, księża podczas uroczystej mszy na placu Defilad.

Imię Stalina, nadane po jego śmierci Pałacowi jeszcze w trakcie budowy, znika szybko, bo już w listopadzie 1956 roku. Rząd przekazuje wówczas gmach warszawskiemu Prezydium Rady Narodowej, które przestaje używać nazwy w pełnym brzmieniu – odtąd nie pojawi się już w oficjalnych dokumentach, choć rosyjscy dziennikarze nie przestaną się na nie powoływać. „Na frontonie Pałacu jest neon, a za nim wykuty napis: »Pałac Kultury i Nauki«. Pod nim blaszki zasłaniają dalszy ciąg napisu: »imienia Józefa Stalina«. Chciałem na potrzeby filmu odsłonić ten napis oraz zasłonięte tablice w holu głównym, gdzie też jest słowo »Stalin«. Ale nie dostałem pozwolenia od zarządu budynku. Powiedziano mi, że nie trzeba wywoływać demonów”[98] – opowiada reżyser Tomasz Wolski, autor dokumentalnego filmu *Pałac*, w rozmowie z Tadeuszem Sobolewskim.

Można też przegonić upiora wodą święconą, i to dosłownie.

W ostatnim dniu pobytu w Polsce, 14 czerwca 1987 roku, na placu Defilad polski papież celebruje uroczystą mszę na zakończenie II Kongresu Eucharystycznego przy udziale licznych kardynałów i biskupów z całego świata. Ołtarz staje w miejscu trybuny, z której w 1955 roku Bierut przyjmował defiladę pierwszomajową. Jan Paweł II pozdrawia zebranych i wygłasza homilię, nawiązując w niej do głównego motywu Kongresu – miłości jako treści i nakazu wiary. „Wskazywał na potrzebę umacniania tego szlachetnego uczucia w życiu człowieka, w jego kontaktach z innymi ludźmi”[99] – relacjonuje prasa. Wynosi też na ołtarze biskupa Michała Kowala, jednego z ponad dwóch tysięcy polskich duchownych zamordowanych podczas drugiej wojny światowej.

Uczestnicy nie mają wątpliwości: „Podczas wizyty Ojca Świętego w 1987 roku w Polsce odprawiona została msza święta właśnie tutaj, na placu Defilad, na największym placu Europy, który stał się świątynią, gdzie wielu warszawiaków klęczało i modliło się, a za ołtarzem tkwił ów kamienny gmach, sakralizowany tego dnia”[100].

„Komuna wprawdzie dogorywała, ale tylko bardzo, bardzo nieliczni spośród nas umieli to zobaczyć. Panowały raczej kiepskie nastroje. Na szczęście, na dzień 14 czerwca zapowiedziana była w Warszawie papieska Msza Święta. I to gdzie? Na placu Defilad, przed frontonem Pałacu Kultury! To nas podtrzymywało na duchu! Fronton ów został na tę okazję pięknie, choć niecałkowicie, przesłonięty ołtarzem z wielkim krzyżem pośrodku.

Ambicje były znacznie większe: monumentalny krzyż – podobno projekt celował w 70 metrów – osadzony na samym frontonie Pałacu. Ale i tak byliśmy usatysfakcjonowani"[101] – wspomina uczestniczka tego wydarzenia. A w innym miejscu dodaje: „Cóż bardziej od Eucharystii jest sakramentem Obecności? Znakiem »widzialnym i skutecznym« Emmanuela? Bo »Emmanuel« – to znaczy właśnie »Bóg z nami« – mówił Jan Paweł II ze świadomością zapewne, że za jego plecami, nad wielkimi drzwiami pałacu, wciąż wyryte są w kamieniu słowa »imienia Józefa Stalina«"[102]. Choć robotnicy skuli tę część napisu jeszcze w 1956 roku, ślad pozostał.

Gdy papież umrze, okna w Pałacu rozjarzą się światłami układającymi się w kształt krzyża, a na budynku zawiśnie papieska flaga. Niektórzy będą postulować, by iść dalej tym tropem – sprowadzić do Pałacu relikwie Karola Wojtyły i urządzić wewnątrz jego sanktuarium. Albo nadać mu imię Jana Pawła II.

Bo choć – wydawałoby się – papież, celebrując liturgię w cieniu świeckiej katedry, przegnał raz na zawsze złe duchy komunizmu, gmach nie przestaje kusić różnej maści czarodziejów nowej, kapitalistycznej ery. Uzdrawiające seanse w Sali Kongresowej prowadzi Anatolij Kaszpirowski, magik ze Związku Radzieckiego, znany z programu *Bliżej świata*, hipnotyzujący dotąd Polaków spojrzeniem z ekranów telewizorów. Stan Tymiński, nieznany nikomu bliżej przybysz z Peru, który w pierwszej turze pierwszych wolnych wyborów prezydenckich pokonuje wywodzącego się z opozycji pierwszego niekomunistycznego premiera Tadeusza Mazowieckiego, urządza w jednym z pałacowych pomieszczeń biuro swego komitetu wyborczego. Na spotkania przychodzi z egzotyczną żoną i tajemniczą czarną teczką, przemawia ezopowym językiem, ale moce Pałacu najwyraźniej mu nie sprzyjają, bo ostatecznego starcia z Lechem Wałęsą nie wygrywa.

Bigbenizacja

Można też odczynić urok za pomocą zegara.

Zawisa na wieży Pałacu z inicjatywy ówczesnego prezydenta miasta Pawła Piskorskiego. Gigantyczny, o średnicy 6 metrów i 30 centymetrów. Francuska firma Bodet, działająca od 1868 roku, wykonała tarcze z aluminium, a każda z nich waży ponad 450 kilogramów. Uroczyste odsłonięcie odbywa się 31 grudnia 2000 roku, więc będzie się o nim mówić: zegar milenijny. Z tej okazji Sala Kongresowa o mały włos nie zyska nowego patrona – Telekomunikacji Polskiej, która ufundowała czasomierz.

Leszek Szaruga mówi o „bigbenizacji"[103] Pałacu. Zdaniem Jakuba Sadowskiego, otrzymawszy zegar, Pałac, który dotąd znajdował się „w centrum mikrokosmosu komunistycznego"[104], „został wyłączony z jednolitego czasu sakralnego, z ideologicznego bezczasu"[105]. Tym bardziej że mogący służyć za jego przeciwwagę stary zegar słoneczny w parku od strony Świętokrzyskiej już wcześniej stracił moc. „Niestety, wykonano tarcze na wątłym trzpieniu. W rezultacie uzupełniano je już kilkakrotnie i w sumie przez tych 16 lat zegar »chodził« może przez pół roku"[106] – wyjaśniał jego konstruktor Tadeusz Przypkowski, „wielki zegarmistrz z Jędrzejowa"[107], jak nazywał go Sigalin, w rozmowie z dziennikarzami. Prócz problemów konstrukcyjnych właściwe funkcjonowanie zegara uniemożliwiała parkowa roślinność, która rozrosła się nazbyt bujnie, przysłaniając mu słońce.

Obrzędy odprawiane wokół Pałacu wystarczają niektórym, by uznać, że przestał straszyć. Spatynował, na tle późniejszych budynków pozytywnie wyróżnia się architekturą, co zauważają nawet obcokrajowcy, porównując go nie do moskiewskich wysotków, lecz do drapaczy chmur z Nowego Jorku. Przekodowany, zyskał nieśmiertelność, stając się plastrem na ranę odbudowywanej z wojennych zniszczeń Warszawy, pomnikiem najnowszej historii. Dodatkowo upokorzył go bazar, jaki tuż po roku 1989 wyrósł u jego stóp.

„Symbol odwiecznej polskiej prowizorki"[108] – podsumowuje Adam Leszczyński.

Piotr Zwierzchowski zauważa: „Pałac jest fenomenalnym pomnikiem zwycięstwa. Zrealizowana niegdyś jego pierwotna funkcja może zostać całkowicie odwrócona: to, co było pomnikiem Stalina, staje się w pewnym sensie pomnikiem przeciwko wszystkiemu temu, co sobą reprezentował"[109].

Przeciwników gmachu to nie przekonuje – najchętniej obróciliby go w ruinę, nie przejmując się, że tymczasem wpisano go do rejestru zabytków.

Targowisko na placu Defilad.

Robią to ochoczo pisarze, których fantazji nie ogranicza już cenzura. Bratanek bohatera *Krfotoku* Edwarda Redlińskiego, powieści prezentującej alternatywną wizję polskiej historii, doprowadza do wysadzenia Pałacu, mszcząc się wobec ojca murarza, którego pragnieniem było mieszkanie na piętnastym piętrze bloku z widokiem na największy gmach. Zamiast niego postawiono zespół biurowców nazywany Hongkongiem. W *Przenajświętszej Rzeczpospolitej* Jacka Piekary Pałac zostaje przebudowany na potrzeby nowej władzy. Jedno ze skrzydeł zajmuje kuria, środek zostaje wyburzony i ozdobiony wielkim dzwonem. W *Warszawskiej Atlantydzie* Michała Łukasiewicza zmienia się w gotycką katedrę.

Coś jednak musi być w tym odczarowywaniu, bo listów przychodzi teraz znacznie mniej. Piszą głównie zatroskani losem Pałacu wielbiciele budynku oraz złośliwi przeciwnicy, a także – niezmiennie – wynalazcy proponujący swoje odkrycia i religijnie natchnieni.

„Witam Pokojem Bożym – pozdrawia pan R. z Gdańska. – Do pisma dołączam moje wyznanie wiary, w celu złożenia świadectwa Prawdy Bożej. Chcę nadmienić, że jestem zawiedziony Polską i nie tylko kulturą i tymże wychowaniem. Wysłałem setki listów i na większość z nich nie otrzymałem odpowiedzi, ani też potwierdzenia odbioru. Jest to bardzo smutny fakt, zważywszy, iż w większości, to tylko ludzie kształceni i podobno inteligentni. Czy Wy, Pracownicy w Pałacu Kultury i Nauki możecie jakoś wpłynąć na psychikę wyżej wymienionych i nie tylko ich psychikę?”[110].

„Brak mi stojącego kiedyś »Światowida«”[111] – wyznaje pani U., warszawianka, szczegółowo (na czterech stronach rękopisu) przywołująca swe przygody z Pałacem z lat młodości. Ma na myśli potężny granitowy drogowskaz, na rogu ulicy Marszałkowskiej i Alej Jerozolimskich, wzorowany na dwunastowiecznym pierwszym znaku drogowym na ziemiach polskich, który odmierzał dokładną odległość między Koninem a Kruszwicą. Z tego stojącego tuż przy Pałacu można było się dowiedzieć, ile jest kilometrów i w którą stronę do stolic świata. „Teraz nie mam odwagi zobaczyć z góry tego śmietnika, który roztoczył się od Marszałkowskiej i Alej Jerozolimskich. Zatrważa mnie już widok z dołu. Do tych hangarów pasiastych nie mogę wchodzić, bo widzę obóz koncentracyjny”[112].

„Królowa-Carowa Watykańsko-Polska"[113] przesyła „wykres prawny dotyczący religii »Katolicyzm-Prawosławny«", pieczołowicie wyrysowany na kilku kartkach w taki sposób, że po rozłożeniu tworzą sporych rozmiarów płachtę. „Odpowiedzi potrzebuję odnośnie moich praw dotyczących PKiN od 1952 r. Dane potrzebne do sprawy sądowej. Zaznaczam, że byłam adoptowanym dzieckiem, którym od 1952 r. liczni mężczyźni posługują się jak swoją własnością"[114].

„Osobiście uważam, że to uczciwe i naprawdę uczciwe posiadać własne środki finansowe i pieniądze zapracowane, wypracowane i zarobione w pracy. A zatem powodzenia w działaniu życzy Życzliwy"[115]. Adresat: „Szanowne gremium kierownicze PKiN"[116].

Biznesmen z Szydłowa przesyła zdjęcie na tle własnej cegielni. W dłoni trzyma cegłę. Wskazał mu ją – jak pisze – „były pracownik, który w latach 50. XX w. był na wycieczce w Warszawie w Pałacu"[117]. Następnie informuje szczegółowo: „Cegła ta o wymiarach 250 na 120 na 100 cm trafiła też na obecnie eksponowaną w gdańskim skansenie wystawę pt. »Cegła na wsi opolskiej«"[118]. Na koniec dopytuje kronikarkę Hannę Szczubełek: „Czy cegła ze zdjęcia to taka sama (lub podobna – chodzi o kształt drążeń) do tej, którą Pani ma w swoim gabinecie, jak wyczytałem w jednym z kolorowych magazynów?"[119].

Mieszkaniec Secemina, pan P., piszący w 2006 roku, jest konkretny:

„Zwracam się z uprzejmą prośbą o udostępnienie akt budowy Pałacu Kultury i Nauki w celu dalszej jego rozbudowy i powiększenia"[120].

Spóźnił się. Tu i ówdzie od dawna słychać opinie, że zaklęciem, które naprawdę mogłoby na Pałac podziałać, jest odwrócenie go o 180 stopni, przeróbka lub zasłonięcie innymi wieżowcami. Trudno jednak odczyniać urok, gdy brakuje zgody co do formy odczarowywania. Pomysł zasłonięcia, określany ironicznie przez jednych jego przeciwników jako „warszawskoje kolco" (co stanowi nawiązanie do podmoskiewskiego „*zołotogo kolca*"), a przez innych jako „krąg kultowy", pojawia się jako efekt konkursu na zagospodarowanie terenów wokół Pałacu, rozpisanego po raz pierwszy przez władze miasta w 1991 roku. „Ujrzały wówczas światło dzienne prace mogące zaszokować przyzwyczajonych do widoku Pałacu. Do propozycji tego typu zaliczyć należy wszelkie formy futurologiczne, poszukujące jakiegoś nowego stylu. Wśród nich uwagę przyciągał projekt z akcentami kosmiczno-przyrodniczymi. Tu budynki miały zadziwiające kształty: jeden z nich był »futurystycznie zwielokrotnionym owocem«, inny »tunelem kosmicznym« umożliwiającym obserwację nieba w dzień i w nocy. Były również propozycje przebudowy PKiN na kształt wieży Babel lub odwróconej piramidy, wspartej na czterech słupach"[121] – pisze historyk Konrad Rokicki.

Mimo że firm zainteresowanych inwestycjami w ścisłym centrum stolicy znalazłoby się wiele, żadna nie podchwytuje pomysłu. Naukowcy zauważają, że choć nie ma urzędowego zakazu stawiania wyższych budynków w sąsiedztwie, a ograniczeniem nie są też technologie, urzędnicy nie kwapią się do wydawania pozwoleń.

Jakub Sadowski zauważa, że może chodzić o „przywiązanie do konstrukcji warszawskiego świata"[122], nawet jeśli z Pałacem pośrodku wydaje się on nieco pokraczny. Pozbawienie funkcji axis mundi według Joanny Królak z Instytutu Slawistyki Zachodniej i Południowej Uniwersytetu Warszawskiego grozi kosmicznym chaosem, rozpadem. Chyba że coś innego przejęłoby dotychczasowe funkcje świętej osi. Prześmiewczy pomysł podsuwa w 2004 roku architekt wizjoner Oskar Hansen. W galerii Foksal, której okna wychodzą na Pałac, prezentuje w formie rzeźby obiekt dorównujący mu wysokością: pionowy słup zwieńczony gigantyczną piłką do futbolu amerykańskiego. Instalacja, którą nazwał „Sen Warszawy", okazuje się ostatnim projektem artysty. Umiera rok później.

„Kiedy chodziłem po labiryncie Pałacu z kamerą, myślałem: on jest jak Polska. (...) jak nasza rzeczywistość – kapitalistyczna, ale wyrastająca z przeszłości. Osadzona w murach ufundowanych przez Stalina, działająca na starych, muzealnych zasadach"[123] – powie w 2012 roku w wywiadzie autor filmu dokumentalnego.

Niewykluczone też, że chętnych, by zmierzyć się z Pałacem naprawdę, powstrzymuje pamięć o takim, co już próbował swój sen zrealizować.

Przemiana

List od niego brzmiał trochę jak te, które administracja Pałacu odkładała dotąd do teczki z napisem „Dziwactwa i ciekawostki". Mąż opatrznościowy, rodak, któremu powiodło się za oceanem. Odwiedził po latach rozbudzoną przedsiębiorczo ojczyznę i postanowił dodać jej ducha, natchnąć przykładem. John Kowalczyk, miliarder, prezes firmy budowlanej z Wschodniego Wybrzeża. Nic nie pasowało do jego misji lepiej niż Pałac, symboliczne centrum, obiekt, w którym ogniskowało się całe zło i dobro minionego półwiecza, wszystkie polskie frustracje, niespełnienia, pragnienia i plany. Przybysz z Ameryki przyjrzał się mu fachowym okiem i dojrzał przyszły Warsaw International Trade Center, przerobiony pod kuratelą specjalistów budowlanych z Waszyngtonu kosztem 30 milionów dolarów. Cztery narożne baszty podwyższone do trzydziestego piętra, pokryte szklanymi taflami, reszta budynku odnowiona, o wyglądzie nobliwym i eleganckim. Podziemny parking, powiększona Sala Kongresowa. Wewnątrz – centrum biznesu, giełda papierów wartościowych, placówki handlowe, miejsca rekreacji, wszystko wyposażone w sieć telefoniczną z własnym połączeniem satelitarnym.

Opisał to wszystko w ofercie, przesłał do prezydenta miasta z prośbą o spotkanie. Dyrektor, powiadomiony o sprawie, ucieszył się, opatrzność przychodziła mu najwyraźniej z pomocą. Pomysł wydał mu się świetny. Rozumiał doskonale, czego pragnie ten powracający do kraju człowiek: ofiarować warszawiakom kawałeczek swego przybranego kraju, w którym nawet polski emigrant pewnego dnia może stać się bogaczem. Aby patrząc, jak światła miasta odbijają się od szklanych tafli opakowanego po amerykańsku prezentu Stalina, roili sobie, że są w Nowym Jorku, i uwierzyli jeszcze mocniej we własną sprawczość. Przecież jeśli bardzo się chce, na pewno się da, wystarczy tylko powtarzać odpowiednio często przed lustrem właściwe afirmacje. Czy nie takim sposobem na łóżkach polowych w cieniu wieżowca rosły już pierwsze fortuny?

Na pierwsze spotkanie John Kowalczyk przyszedł z synkiem. Wysoki, przystojny, pod krawatem i z garniturem śnieżnobiałych zębów. Gaszono światło. Terkotał projektor. Po kilku minutach, gdy sprzęt już się rozgrzał, na ścianie wykwitały zdjęcia imponujących budowli.

– To wszystko moje – mówił z dumą gość, szef The Jonathan Corporation Ltd.

– Tylko czy Pałac po przebudowie nie zatraci swojego charakteru? – martwili się urzędnicy, popatrując na biurowce ze stali i szkła.

– Ogólne wrażenie ma być zabytkowe, socrealistyczne – deklarował Kowalczyk. – Chcę zachować tę niepowtarzalną atmosferę. I wszystkie elementy wystroju.

A robotnicy?

– Tylko polscy. Trzeba dać pracę Polakom. Materiały, niestety, trzeba będzie sprowadzić amerykańskie, bo tutaj nie ma jeszcze takich.

Podpisany szybko list intencyjny z władzami Warszawy precyzował dalsze kroki: utworzenie spółki, powołanie pałacowej fundacji, która zagwarantuje miejsce w gmachu instytucjom kulturalnym i naukowym, takim jak Pałac Młodzieży i teatry. Potem umowa na dwadzieścia pięć lat, sześćdziesiąt procent udziałów w ręku miasta, czterdzieści procent dla inwestora.

– To będzie dla mnie złoty interes. Tyle firm szuka pomieszczeń na biura! Najchętniej zamknąłbym Pałac i robił wszystko od razu. Zależy mi na czasie. Ale skoro nie można inaczej, zaczniemy po kawałku.

Dyrektor Pałacu zacierał ręce. Podpisanie umowy przewidziano na czerwiec, rozpoczęcie prac na wrzesień.

Inwestor wyjechał. I nastała cisza. Dziennikarze zaczęli już nawet spekulacje, czy przyszły mecenas Pałacu rzeczywiście jest tym, za kogo się podaje, i czy dysponuje odpowiednią gotówką.

Prawie już o nim zapomniano, gdy któregoś dnia jeden z pracowników wpadł do gabinetu dyrektora, wymachując gazetą.

– John Kowalczyk nie żyje! – zreferował szefowi, jakby dopiero głośne wypowiedzenie przeczytanych przed chwilą słów pozwoliło uwierzyć w ich sens. – Teść z Teksasu dowiedział się, że Polak zdradził jego córkę, i zastrzelił go z dubeltówki!

PALLADIUM

7. Republika samotników

Lokator

Był najpiękniejszy ze wszystkich, jakie widziałam, a trzeba przyznać, że widziałam ich wiele.

Uprzedzę wasze stwierdzenie, że mówi to każdy, kto trafił na osobnika odpowiadającego swoim gustom. Otóż, moi drodzy, znam ten mechanizm doskonale. Mam świadomość, że gdy raz ulegnie się słabości do przedstawiciela tego gatunku, te same twierdzenia prędzej czy później padną pod adresem innych. I mnie od tamtego czasu zdarzyło się przyjąć wielu z nich pod swój dach, tymczasowo lub na dłużej. Nie szczędziłam żadnemu komplementów: gdyby nie zasługiwali na mój zachwyt, z pewnością nie byłoby ich tutaj. Ze wszystkich znanych mi kotów był tym nadzwyczajnym, niezależnie od ich przymiotów, oryginalności charakteru, urodziwej powierzchowności.

Od razu, gdy go zobaczyłam, wiedziałam, że to on i że będzie mój. Intuicja, zachwyt, coup de foudre – mówcie sobie, co chcecie. O otoczeniu, z którego pochodził, w całym kraju krążyły legendy, mimo upływu lat uparcie zarażające kolejne pokolenia obywateli, choć niejeden miał okazję przekonać się naocznie o ich całkowitej nieprawdzie. Zdążyłam trochę poznać Pałac, pracując jako asystentka reżysera w Teatrze Studio, i oglądany z bliska, od wewnątrz, stracił trochę pierwotnego czaru miejsc mitycznych, ale przyznaję – na mnie też zadziałały. Pracowałam tam w połowie lat dziewięćdziesiątych ubiegłego wieku. Zanim zeszłam po raz pierwszy na najniższą kondygnację oznaczaną dwójką z minusem, w głowie majaczyły mi zapamiętane z filmów grozy widoki mrocznych i zimnych korytarzy, w których dźwięczy echo samotnych kroków i kropli spływających z sufitu; sal tworzących zagmatwany labirynt, z którego można nie znaleźć wyjścia, jeśli wchodząc, nie zastosuje się jednej ze starych metod: kłębka włóczki (koniecznie czerwonej!) z nicią zahaczoną o klamkę, szybkiego szkicu kredą na ścianie znaku Zorro, kilku przedmiotów upuszczonych

Jubileusz 60-lecia Pałacu Kultury i Nauki to okazja do zejścia w pałacowe podziemia – po raz pierwszy w Noc Muzeów udostępniono je zwiedzającym, przygotowując dla nich specjalną trasę, by mogli skonfrontować legendy z rzeczywistością. Charakterystyczne ścianki działowe w korytarzu to zarazem skrzynia fundamentowa pałacu.

niby przez przypadek po drodze. Zgrzyt otwieranych kluczem metalowych drzwi. Sądziłam, że schodzę w najniższy krąg piekieł, zaraz doświadczę mrocznej strony Pałacu, ukrytej na co dzień przed ludzkim okiem.

Na dzień dobry oślepił mnie snop światła buchający z żarówki nad wejściem. Podobnie przedstawiał się cały ten labirynt – wąskie, dobrze oświetlone korytarze krzyżujące się pod kątem prostym jak ulice amerykańskich miast, tyle że nad głową biegły rury, a wielość mijanych po drodze drzwi kojarzyła się raczej z więzieniem. Byłby to jednak areszt ciepły i zadbany, pomijając woń, która już za progiem drażniła nozdrza, po kilku krokach osiągając stężenie zdolne przyprawić co wrażliwszych o ból głowy, potem zaś nagle ustępowała – nos musiał się do niej przyzwyczaić. A więc żadnych ukrytych rekwizytów, śladów wstydliwej przeszłości, chyba że schowano je gdzieś w komórkach za drzwiami pozbawionymi wizjerów. Prozaiczne, przewidywalne, techniczne przestrzenie, jak w każdym innym budynku.

Moja przewodniczka – samej nie wpuszczono by mnie w podziemia – otwarła jedną z tajemniczych komórek i wtedy go zobaczyłam. Zobaczyłam je wszystkie. Siedziały w środku – trzydzieści, a może czterdzieści? Byli wśród nich reprezentanci bodaj wszystkich odmian i ras, skrzyżowanych ze sobą, każdego umaszczenia i koloru oczu. Klasyczne dachowce i właściciele szylkretowych futerek, syjamskie, rosyjskie niebieskie, długowłose, rude, białe i trikolory.

Widziałam wcześniej naprawdę wiele. Na przykład szalona hodowczyni w bloku osiedla Za Żelazną Bramą w jednym z dwóch pokoi z kuchnią nie szczędziła wysiłków, by uzyskać nową rasę, nazywaną roboczo kotem szorstkowłosym. W lokum o metrażu trzydziestu dwóch metrów kwadratowych gościło około trzydziestu okazów. Kot na metr kwadratowy. Trzeba przyznać, że radziła sobie nieźle. Pomieszczenie zmyślnie podzieliła na komórki mieszkalne z drewnianej sklejki, umieszczone jedna na drugiej, co gwarantowało swobodę manewru podczas karmienia i czyszczenia legowisk. Identyczny zabieg zastosowała w toalecie, i tak już mikroskopijnych rozmiarów. Kuwety piętrzyły się aż pod sufit. System najwyraźniej spełniał swoje zadanie, bo w lokalu mimo moich obaw nie dało się wyczuć charakterystycznego dla kocich skupisk zapaszku. Podczas rozmowy pod nogami przemykał co rusz jeden lub drugi dziwoląg. A to ze szczeciniastym kołnierzem wokół szyi kontrastującym z gładką niczym u reksa resztą ciała, a to z plątaniną kudłów na grzbiecie i zupełnie łysym ogonem. Ofiary eksperymentalnego chowu. Wycofałam się wówczas, grzecznie dziękując, i wróciłam do domu z pustymi rękami, mimo podziwu dla właścicielki, która była chyba całkiem blisko celu. Rzut oka na ścianę pełną obrazków pod szkłem, rysowanych charakterystyczną kreską, w połączeniu z nazwiskiem, które już wcześniej wydało mi się znajome, odsłonił na odchodnym jedną z przyczyn realizowanej z taką żarliwością pasji: gdy nie chce się trafić do słowników biograficznych jako siostra grafika światowej sławy, trzeba dążyć do perfekcji w całkowicie odmiennej dziedzinie.

Powtarzam więc: widziałam już wiele, a mimo to oniemiałam. Ten widok w pełni wynagrodził mi rozczarowanie wyglądem najniższej pałacowej kondygnacji. Każdy inny, wielokulturowe kocie państwo, podziemna republika samotników, które nauczyły się żyć w stadzie, rządząca się swoimi prawami. Okrążyły nas, pomiaukując, podchodziły coraz bliżej, kręgiem – zbliżała się pora karmienia. Jeden szybki ruch ręki, przez zaskoczenie, skóra uchwycona na karku, rozpaczliwe wierzganie, próba wykręcenia się za wszelką cenę z uścisku, za późno. Taki był nasz chytry plan, przyszłyśmy właśnie po niego. Szamoczący się kłębek w kartonie. Gdy wynosiłam go stamtąd, znieruchomiał i milczał.

Nazwałam go Myrmidonem. Poniekąd proroczo, choć nadając mu imię, myślałam tylko o zmyślnej, lekko flegmatycznej kreaturze przemierzającej leniwie pokoje krakowskiej kamienicy na Krupniczej, przynoszącej na wezwanie sławnemu właścicielowi helikon i mydło o woni olibanu, tłumiącej wyziewy sardynek z pyska. Inne, znacznie starsze i głębsze sensy tego miana mi umknęły. Gdyby nawet majaczyły gdzieś na odległym horyzoncie, pewnie nie wzięłabym ich pod uwagę, pamiętając doskonale teorię innego poety, że imię pierwsze i drugie, przydzielone przez człowieka, nie liczą się zupełnie w porównaniu z trzecim, którego i tak nigdy nie poznamy.

Cały czarny, z białym krawatem. Miał być mój, najbardziej okazały, najwspanialszy ze wszystkich, jakie dotąd mieszkały w naszym domu. Uparłam się, co tu mówić, każdy by chciał chwalić się znajomym, że ma kota z Pałacu.

Po przyjeździe czmychnął w jakiś zakamarek i nie dawał znaku życia. Jako doświadczona kocia właścicielka, czekałam cierpliwie. Próbowałam różnych metod, wabiłam najwymyślniejszymi sposobami. Nie był na szczęście aż tak zdesperowany, by przestać pić i jeść, o czym każdego ranka świadczyła opróżniona miseczka. Jasne, zaraz mi przerwiecie, że to nic nadzwyczajnego, zwierzę potrzebuje czasu na przystosowanie się do nowych warunków. Posłuchajcie dalej.

Przez pierwsze dwa tygodnie nie wysunął nosa ze swojej kryjówki, potem mogłam co najwyżej patrzeć, jak miga mi po kątach, nie dając się do siebie zbliżyć. Nie pozwalał nawet dłużej na siebie popatrzeć. Nie słyszałam, by wydawał z siebie jakikolwiek dźwięk. Nie mruczał, nie miauczał. Był wcieleniem dyskrecji. Nie przyłapałam go ani razu wygrzewającego się na oknie ani rozpostartego na stole. Wychodził tylko nocą, gdy w mieszkaniu robiło się cicho i zapadała ciemność, nieporównywalna zapewne z tą panującą przez większość doby w pałacowych podziemiach. Siadał przy łóżku. Budziłam się, czując na sobie jego spojrzenie. Siedział spokojnie, bez ruchu, wpatrując się, jakby hipnotyzował mnie wzrokiem. Nie jestem strachliwa, lecz co tu ukrywać – trochę się bałam, w końcu to dzika istota. Kto wie, co w niej siedzi i czy nie zechce skoczyć mi do gardła. Na wszelki wypadek wolałam też się nie ruszać, choć wiedział, że już nie śpię.

Może zresztą miałam trochę wyrzutów sumienia. Podkusiło mnie, żeby go przygarnąć, a gdy stało się jasne, że nic z tego nie będzie i nie wychowam własnego Myrmidona, jakby na przekór trwałam w uporze. Coraz bardziej docierało do mnie, że ten przesiedleniec z Pałacu nie tylko nie przyniesie mi nigdy na zawołanie helikonu i mydła, lecz także nie zwinie się w kłębek na kolanach ani nie będzie leżeć przed progiem, by przywitać wracających domowników głosem pełnym wyrzutu, a po ułożeniu się do snu nie poczuję za sobą w pościeli ciepłego kształtu, dopasowującego się do linii pleców i wydającego zadowolone pomruki.

Któregoś dnia wpadłam wreszcie na świetny, jak mi się wydawało, pomysł: zwrócę mu wolność, pokażę świat. Pojedzie na wieś, do moich rodziców, którzy są leśnikami. Pozna przyrodę, będzie cieszył się świeżym powietrzem, wędrował po ogrodach sąsiadów. Że urodzony w piwnicy i przyzwyczajony do życia w zamknięciu, mógłby nigdy nie odnaleźć się w nowym otoczeniu i paść ofiarą silniejszych zwierząt, oczywiście nie przyszło mi do głowy. Spakowana, gotowa, sięgnęłam po klatkę. Cóż łatwiejszego niż schwytać kota, któremu dobrze się życzy? Trzy godziny i dwie pary zniszczonych skórzanych rękawic (włożonych dzięki podszeptowi zdrowego rozsądku) później byłam gotowa się poddać.

– Pójdziesz z powrotem, idioto! Nie chcę cię! – wrzeszczałam zziajana po zakończonej fiaskiem pogoni, wymachując kartonowym pudłem, tym samym, w którym kiedyś ze mną przyjechał.

Gdy jakimś cudem udało się mi go wreszcie wepchnąć do pudła, znieruchomiał. Chyba skulił się po wyczerpującej walce, było mu wszystko jedno, tej bestii wcielonej.

Jeden krótki telefon i jechaliśmy razem metrem, on w kartonie, a ja trzymając go na kolanach. Na placu uderzyło w nas światło; gdy weszłam na schody prowadzące do głównego wejścia, usłyszałam z pudełka pierwszy od kilku miesięcy dźwięk, głośne miauknięcie. Moja przewodniczka czekała na mnie za drzwiami z miną pełną współczucia. Zeszłyśmy po schodach i gdy tylko klucz obrócił się w zamku, Myrmidon wystrzelił jak pocisk, niszcząc karton, który rozpadł mi się w rękach. Gnał korytarzem przed siebie, a z pomieszczeń i kryjówek po drodze zaczęły wyłaniać się na jego miauczenie pozostałe koty. Otoczyły go kręgiem, jak wita się krewnego powracającego z dalekiej podróży, a pierwszy spośród nich, który wybiegł mu naprzeciw, by dotknąć się nosami, wyglądał jak jego dokładna kopia.

Wtedy dowiedziałam się, że w Pałacu zostawił brata.

Karmicielka

Nazywali się Błasit i Azedin. Wszystko przez obcokrajowca, który przychodził często do jednej z firm ulokowanych w Pałacu. Śniady, o nieco egzotycznej urodzie, mówiący nieźle po polsku, lecz z akcentem. Jasne i ciemne w jednym. Skojarzyli mi się z nim od razu, kiedy nadszedł czas nadania im imion. Bliźniacy, czarno-biali, urodzeni w tutejszych piwnicach, tak podobni do siebie i ze sobą zżyci, że gdy wychodzili mi na przywitanie, stając obok siebie, stapiali się niemal w jedno – kot o dwóch głowach i jednym ogonie, bo splatali ogony ze sobą. Opowiadałam o nich kiedyś dziennikarzowi. Materiał pojawił się w gazecie. Na drugi dzień zadzwonił telefon:

– Dzień dobry, przeczytałem, że w podziemiach Pałacu żyją koty o takich dziwnych imionach, czy dostały je przez przypadek?

– Ależ skąd – odpowiadam – bywał u nas kiedyś obcokrajowiec, którego lubiłam, bardzo sympatyczny. Nazywał się Błasit Azedin.

– Nie przedstawiłem się, przepraszam. Błasit Azedin. To ja.

– Czy pan się aby nie obraził? – pytam po chwili milczenia.

Wręcz przeciwnie, było mu miło. Niedługo potem Azedina oddałam pani Monice. Rozpuszczaliśmy wtedy wici, że przekazujemy koty w dobre ręce, więc się zgłosiła. Nie była pierwsza ani ostatnia. Brało od nas wtedy sporo osób, w tym artyści. Byłam z nimi za pan brat, pracując jako kierowniczka Sali Kongresowej. Na przykład syn Kory, piosenkarki, też przygarnął pałacowego kota.

Skąd wzięły się w Pałacu? Te pierwsze były tutaj od początku, już w 1955 roku, więc moim zdaniem mogły pochodzić z piwnic starych domów, które wyburzono, by zrobić dla niego miejsce. Jak inaczej wytłumaczyć wśród nich taką liczbę kotów rasowych? Najwyraźniej zostały na starych śmieciach, krzyżując się między sobą, jedząc byle co. Przeżyły te najwytrwalsze, które potem, gdy w Pałacu otwarto restauracje Kongresową i Trojkę, przychodziły w ich pobliże się pożywić. Na górze w budynku działał barek, windziarki zauważyły plączące się koty i wabiły je resztkami, uznawszy, że przydadzą się idealnie do tępienia myszy i szczurów wypasionych na restauracyjnych odpadkach. Dwadzieścia lat temu, kiedy zaczynałam pracę, już wszyscy wiedzieli, że można koty spotkać w podziemiach. Nowe dołączyły, gdy pod Pałacem rozłożył się bazar, na którym handlowano wszystkim, także zwierzętami. Syberyjskie i syjamskie, które nie znalazły nabywców, zostawały na targu i musiały sobie jakoś radzić, a Pałac był w sąsiedztwie. Krzyżowały się z dachowcami, stąd różnorodność ras, która tak zadziwiła panią Monikę.

Któregoś dnia słyszę, jak jedna z koleżanek, przynosząca im od czasu do czasu suchą karmę (to był początek lat dziewięćdziesiątych ubiegłego wieku, jeszcze trudno było w Warszawie o takie wymyślne towary jak gotowe jedzenie dla zwierząt), mówi, że jest problem z kotami. Ktoś powiedział, że trzeba je wytruć i będzie spokój. Należy dodać, że wielu je podkarmiało, ale nikt nie pomyślał, że potem trzeba też sprzątnąć, więc na najniższej kondygnacji, gdzie się zadomowiły, panowały smród i brud. Trudno się dziwić pracownikom technicznym, że narzekali, ale rozwiązywać sprawę, pozbywając się zwierząt? To przecież barbarzyństwo.

Znajoma, zatrudniona w banku sponsorującym jedno z warszawskich schronisk, zaproponowała, że może uda się załatwić, by przyjęto tam pałacowe stado. Przyjechali, zeszłam z nimi na ostatnią kondygnację. Wcześniej broniłam się przed tą wizytą, jak to kociara, że zrobi mi się żal, zapragnę wziąć wszystkie i już nie będę chciała stamtąd wyjść. Wtedy zobaczyłam je po raz pierwszy. Takie bidule, chude, zdziczałe, nie dały się przywołać, tylko biegały w oddali po korytarzach. A oni wyciągają kartony, które ze sobą przywieźli, i mówią, że wyłapią je wszystkie i rozwiozą po zaprzyjaźnionych podwórkach. Coś we mnie wtedy wstąpiło, jak nie huknę:

– Powariowaliście? Przecież one od małego wychowały się w podziemiach, nie odnajdą się na obcym podwórku, zmarnieją i zginą!

No i oczywiście koty nie pozwoliły się złapać, rozpierzchły się po zakamarkach. Na szczęście. Wówczas postanowiłam, że trudno, przybędzie mi obowiązków, ale sama zrobię z kotami porządek.

Dogadałam się z handlarkami z bud mięsnych na bazarze pod Pałacem, że będą codziennie oddawać mi resztki. Kroiłam je potajemnie na kuchence. Kupowałam korpusy z kurczaka i marchewkę, gotowałam gar rosołu z makaronem, a gdy zgęstniał, wyrzucałam większe kości. Jadły, aż im się uszy trzęsły. Dokładałam im do tego środki antykoncepcyjne, wykupione na receptę wyżebraną w gabinecie lekarskim na piątym piętrze, żeby były tańsze. Koleżanki śmiały się ze mnie, że nikt nie pochłania większych ilości tych tabletek ode mnie, bo recepty były oczywiście na moje nazwisko. Potem okazało się, że mogłam być trochę mniej hojna, bo w podziemiach rezydowały prawie same kocice. Powoli oswajałam się z kotami, a one ze mną. Znałam już wszystkie, każdy dostał imię – była wśród nich Fanta i Flora, Boniek, Chimera, Furia, Kaśka i Zuzia,

Pracownicy z tego samego piętra byli wtajemniczeni w moje eskapady, tylko od technicznych z ostatniej kondygnacji dochodziły sarkania, że jakaś dziwaczka przychodzi podkarmiać koty. Nie przejmowałam się docinkami, wkrótce zauważyli, że jest czyściej, i przestali zgłaszać

Elżbieta Michalska, opiekująca się od wielu lat kotami w Pałacu Kultury i Nauki, w kocim królestwie, trzy piętra poniżej poziomu gruntu, Warszawa 2005.

pretensje. Na piętnaście kuwet złożyły się zagraniczne firmy wynajmujące biura w Pałacu. W każdej stała skarbonka. Szybko się wypełniały. Ich pracownicy umówili się, że gdy ktoś przeklnie w towarzystwie, wrzuci złotówkę lub dwie. Miałam opracowany plan dnia: każdego ranka, po drodze do Pałacu, kupowałam w hali MarcPolu trzy litry mleka, kilka serków, trzy kilogramy nerek i obładowana siatami wjeżdżałam na górę, do kuchni. Tam panie sprzątające pomagały mi wszystko przygotować – powoli robiła się z tego cała spółdzielnia pomocy kotom. O wyznaczonej godzinie zbiegałam po cichu w podziemia. Założono tam specjalnie dla mnie telefon pod takim samym numerem, jaki miałam na biurku, żebym mogła odebrać i szybko wrócić, gdyby ktoś mnie potrzebował (nie były to jeszcze czasy powszechnej dostępności telefonów komórkowych).

Raz na miesiąc wysyłałam syna samochodem do hurtowni po żwirek i suchą karmę. Był taki czas, że spora część mojej pensji szła na utrzymanie kociarni, która liczyła wtedy ponad sześćdziesiąt sztuk. Aż do czasu kontroli. Przyjechali do Pałacu inspektorzy, kazano mi zejść z nimi na najniższą kondygnację. Najwyraźniej konspiracja zawiodła i wszyscy wiedzieli, czym się zajmuję.

Zeszliśmy więc, oni patrzą na mnie, potem na koty, na mnie i tak na przemian. Wreszcie pytają:

– Pani je utrzymuje z własnych środków?

Mówię, że tak, a oni:

– Przecież zarząd Pałacu może odpisywać takie zakupy od podatku!

Odtąd zaczęły się dla kotów złote czasy. Zatrudniono je na etacie i stały się jedną z pałacowych atrakcji. Ktoś im nieżyczliwy wciąż nie mógł się jednak pogodzić z ich obecnością. Ilekroć wystawiłam miski z jedzeniem, natychmiast znikały. Poprosiłam więc o osobną piwniczkę, w której mogłabym trzymać ich rzeczy. Pracownicy opróżnili jedną z komórek na ostatniej kondygnacji, zostawili część wyposażenia, w tym szafki. Razem z zaprzyjaźnionym pałacowym elektrykiem Ryszardem zbiliśmy z drewna półki, z płyt podłogę, żeby miały cieplej, wstawiliśmy drapaki, sztuczne drzewa, które zostały z dekoracji. Za honorarium z wywiadu dla programu *Animals* dokupiłam lodówkę i nosidełko. Zamykałam wszystko na kłódkę, a koty mogły się przemieszczać przez wycięte w dole drzwi okienko.

Bywało, że dzieci odwiedzające Pałac, zamiast wjeżdżać windą na trzydzieste piętro, wolały odwiedzić podziemia i „ciocię Elę od kotów". Naszą komórkę nazywały Kocim Rajem.

– Co będzie, jak pani umrze? – chciały wiedzieć.

– Ano zostanę pałacowym duchem – tłumaczyłam im – który codziennie schodzi w podziemia i dogląda, czy inni dobrze się nimi opiekują.

Albo:

– Gdy będę szła na emeryturę, to zabiorę ze sobą ostatnie koty.

Wtedy koty spacerowały też po innych pomieszczeniach Pałacu, można było je spotkać i na szóstym piętrze. W słoneczne dni wygrzewały się na tarasach. Podczas Targów Książki wypatrywano ich na stoiskach. Wychodziły też do parku i na zewnątrz, na plac. Bywało, siedzi w kącie przy schodach wystraszona kocica Jako (nazwaliśmy ją tak, bo nie miała oka), nie umiejąc znaleźć drogi do piwnic. Trzeba było jej pomagać.

Gdy zrobiło się o kotach głośno, z początku, zamiast ubywać, stale ich przybywało. Jak na wsi, gdy ludzie się zwiedzą, że jeden z sąsiadów, miejscowy dziwak, traktuje koty po ludzku, i zaczynają mu podrzucać pod płot kolejne. Korzystając więc z zainteresowania dziennikarzy, zaczęliśmy je rozdawać. Tym sposobem znaleźliśmy też dom dla Azedina, bo dla mnie to będzie Azedin, o żadnym Myrmidonie nie słyszałam. Niestety, nie dał się oswoić. Byłam trochę zdziwiona, że adaptacja trwa tak długo, rozmawiałam wielokrotnie o tym z panią Moniką, ale skoro przez pół roku nie przekonał się do ludzi, nie było innego wyjścia, musiał wrócić.

Jak one się z nim witały, gdy go przyniosła! Nigdy czegoś podobnego nie widziałam. Wyległy wszystkie, okrążyły go, dotykały się pyszczkami, sama radość.

Pomyślałam wtedy: ja tu przeżywam, że biedaki siedzą po ciemku, w piwnicach, a im najwyraźniej w Pałacu jest dobrze.

Nauczka

Azedin nie był zresztą pierwszy. Przed nim zbuntowała się Ozinka. Przepiękna czarna koteczka, a przy tym przylepka, jakich mało. Jedyna nie czekała tylko na jedzenie, ale gdy mnie zobaczyła w piwnicach, najpierw musiała się przytulić, wymusić głaskanie. Byłam pewna, że potrzebuje domu, ale sama nie mogłam jej wziąć, miałam wtedy pięć własnych kotów. Wtedy zgłosiła się pewna pani wracająca po latach do Polski z amerykańskiej emigracji, która musiała zostawić w Stanach swoją czarną kotkę, bo ze względu na stan zdrowia nie mogła przewieźć jej samolotem. Gdy spytała, czy nie mogłaby zaadoptować kota z Pałacu, pomyślałam, że spadła mi wprost z nieba. A raczej Ozinie. Pani po przyjeździe remontowała mieszkanie, ale chciała koniecznie ją wcześniej zobaczyć, więc poszłyśmy razem do piwnic.

– Ozina! – zawołałam.

Przybiegła natychmiast, reagowała na imię. Kobieta zachwycona tym widokiem, wzięła ją na ręce, przytuliła i popatrzywszy jej w oczy, zapowiedziała:

– Jutro będziesz moja!

Ależ ta kotka dała drapaka! Wyrwała się i pobiegła prosto w piwniczne zakamarki. Trzy miesiące, nie przesadzam, wołałyśmy, wabiłyśmy, szukałyśmy jej. Gdy wreszcie się zjawiła, trzymała dystans, co najmniej pięć metrów, nie zbliżyła się już do mojej ręki, o głaskaniu czy przymilaniu się nie mówiąc. Czasem siadała tak w oddali i patrzyła na mnie smutno.

Pani z Ameryki nie dawała jednak za wygraną, więc przeznaczyłyśmy dla niej inną młodą kotkę o imieniu Fanta. Zabrałam ją do koszyka, inne koty, w tym Ozina, kręciły się po korytarzu, musiały widzieć. Następnego dnia idę je nakarmić i – trudno uwierzyć! – Ozina podchodzi do mnie, przytula się, mruczy jak dawniej. Towarzysząca mi koleżanka nie wierzy własnym oczom.

Po tych doświadczeniach postanowiłam, że będziemy rozdawać tylko oseski, które nie zdążyły się przyzwyczaić do Pałacu. Stara gwardia powinna dożyć tutaj swoich dni.

Stado

Przez tyle lat wytworzyła się w Pałacu kocia społeczność funkcjonująca według własnych reguł. Zdążyłam je poznać, obserwując zachowania zwierząt podczas codziennych wizyt. To jak u ludzi – musi być przywódca. On wybiera sobie jedną pierwszą damę, kocicę, której wolno się do niego zbliżać, przytulać. Innym kotkom nie wolno. Są tolerowane, ale gdy któraś mu podpadnie, będzie odganiał ją od jedzenia. Takim kotem był Policjant, który zresztą na co dzień pilnował w stadzie porządku – podczas karmienia przechadzał się wokół pozostałych kotów, sprawdzając, czy jedzą z przydzielonych im misek. Jeden z nielicznych kocurów w Pałacu. Ich mała liczba od początku wydawała mi się podejrzana, bo w przeciętnej populacji jest mniej więcej po równo osobników obojga płci. Przypuszczam, że chcąc rządzić niepodzielnie, zawczasu sam przeprowadzał selekcję potencjalnych rywali, dusząc albo zjadając męskie potomstwo w stadzie. Policjant dowodził na najniższej kondygnacji, piętro wyżej wytworzyło się odrębne stado z innym kocurem jako szefem. Każdy pilnował swojego terytorium. Gdyby któryś kot z obcego stada próbował się pojawić w nie swoim rewirze, natychmiast zaczęłaby się walka, i to taka na śmierć i życie.

Policjanta już nie ma. Powoli odeszły wszystkie koty, które żyły w Pałacu od początku. Reszta znalazła nowych właścicieli. Kiedyś było ich sześćdziesiąt, teraz jest jedenaście. Dokarmia je koleżanka – ja nie mogłam się już więcej nimi zajmować, odkąd zlecono mi prowadzenie naraz sekretariatów dwóch dyrektorów. Zresztą to już nie moje, ale jej koty. Nazywa je też po swojemu: Futrzak, Łobuzka... Odkąd ze względu na obowiązujące w Unii Europejskiej przepisy przeciwpożarowe zamontowano stalowe kurtyny, koty nie wychodzą już na zewnątrz. Niektórzy martwią się, że siedząc cały czas w ciemnościach, będą miały niedobór witaminy D, zmarnieje im futro albo zupełnie zdziczeją.

Gdy tamte, stare koty pałacowe umierały, często znajdowaliśmy je w pomieszczeniu przeznaczonym specjalnie dla nich, nazywanym przez dzieci Kocim Rajem. Dziwne, prawda? Była tam zamontowana pod sufitem przez pana Ryszarda lampa dająca mocne światło. Kładły się pod nią i umierały. Nawet te ze stada okupującego wyższą kondygnację. Jak się tam dostawały, już tylko one wiedzą.

Dlatego myślę, że te, które zostały, też sobie jakoś radzą. Wydostają się przez zakamarki, o których istnieniu nawet my, pracownicy, nie mamy pojęcia.

Znają Pałac znacznie lepiej od nas.

Ostatni odszedł Azedin.

Odkąd wrócił do Pałacu, były z nim same kłopoty.

Zaczął łysieć. Dostał egzemy – sierść wypadała mu całymi płatami. Nic nie pomagało.

Po gorącym przywitaniu z resztą stada trzymał się potem na uboczu. Widywałam go, jak siaduje na korytarzu, sam, markotny. Był inny niż one. Chyba czuł się nieszczęśliwy. Czasem myślałam o nim jak o tej syrence z baśni Andersena: podobnie jak ona, zasmakował na chwilę innego, ludzkiego świata, do którego nie przynależał, ale do pałacowego życia też nie potrafił się ponownie przystosować.

8. Muzeum

Stalin miał przyjechać z zagranicy.

Z Kazachstanu albo innej dawnej radzieckiej republiki. Tam ich zostało najwięcej.

– Truchło znalazłoby się bez trudu. Ważny jest wygląd i wielkość – mówi Czesław Bielecki, architekt. Wyobrażałby go sobie trochę w stylu rzeźby Igora Mitoraja. – Taki monstrualny łeb prezentuje się fantastycznie.

Na wykonanym z brązu Stalinie nie koniec. To tylko jeden z elementów. Rozkawałkowany, z obciętą głową, leżałby we wgłębieniu na placu pokrytym po przebudowie przeszklonym dachem, obok przeniesionej trybuny honorowej rozstawionej jak ołtarz pergamoński i służącej za kamienny fotoplastykon. Ustawiony na niej ekran przez całą dobę wyświetla dokumentalne filmy z komunistycznymi przywódcami różnych krajów. Zadzierając głowę do góry, widz, który zjechał tu z dotychczasowego poziomu placu ruchomymi schodami, spogląda na widoczny przez świetlik budynek z pozycji termita. Stoi na Forum Wolności. Poziom niżej ulokowana jest stała wystawa o nazwie Soc-Land, a pod nią, jeszcze głębiej w podziemiach, wyznaczono miejsce na czasowe prezentacje o pokrewnej tematyce. Tę część doświetlają dwie szklano-stalowe hale, przechodzące w maszty, wysokie na pięćdziesiąt metrów, każdy zwieńczony narodową flagą i świecące nocą z oddali jak wielkie latarnie.

Muzeum Komunizmu w Pałacu Kultury. Planowane na 2003 rok, istniejące na papierze.

Hasło

Obmyślili sobie to wszystko najpierw we trzech. Alfabetycznie: architekt Czesław Bielecki, satyryk Jacek Fedorowicz, reżyser Andrzej Wajda. Nie sami, bo w pracach uczestniczyły też trzy kobiety: dziennikarka

Wizualizacja przebudowy placu Defilad i Pałacu Kultury i Nauki pod Muzeum Komunizmu według projektu Czesława Bieleckiego.

i pisarka Teresa Bogucka oraz żony Fedorowicza i Wajdy – Anna Fedorowicz i Krystyna Zachwatowicz-Wajda. Wszyscy na różne sposoby zaangażowani w opozycję wobec komunistycznego systemu, który skończył się w 1989 roku. Hasło miał rzucić Fedorowicz, nawiązując do rozmowy o zmianie nazwy satyrycznej audycji, którą prowadził w radiu w latach osiemdziesiątych. Gdy *Redakcja Jacka Fedorowicza* w gęstniejącej atmosferze zaczęła się kojarzyć z kpinami z Radiokomitetu, jego współpracownik Marcin Wolski spytał cenzorkę:

„– Gdzie więc, pani zdaniem, można by bezpiecznie zlokalizować to stadko postaci?

– Bo ja wiem... może w kręgu estrady, może w ZPR-ach?

– A w cyrku? – rzuciłem, mając na myśli niszczejący obiekt na Powiślu.

– Byle nie było aluzji na temat, że jest to według planów towarzyszy bułgarskich”[1].

Fedorowicz zmienił wówczas nazwę na *Dyrekcję Cyrku w Budowie*. „Błaha aluzyjka na temat stosunków wewnątrzredakcyjnych przeobraziła się w metaforę całego systemu. A cenzorka? Co mogła zrobić? To przecież był jej pomysł. Cięła poszczególne sformułowania, nie wypadało uderzyć w sedno. I tak dociągnęliśmy do lepszych czasów”[2] – pisze Wolski.

Taką metaforą miałoby się też stać planowane muzeum. Po upadku ustroju Fedorowicz, nawiązując do tamtych wydarzeń, żartuje w rozmowie z kolegami, że już na lotnisku Okęcie powinno się zapraszać do jurajskiego parku komunizmu, skansenu, najlepiej ulokowanego w czymś na kształt wspomnianego cyrku. Oni podchwytują pomysł.

„W marcu 1986 na urodzinowe przyjęcie mojego męża Jacek Fedorowicz przytaszczył puste pudło po telewizorze. W środku umieścił karton z wizerunkiem okolonego rusztowaniami Pałacu Kultury i podpisem »Rozbiórki: Wałęsa i synowie«. Dorysowana obok spikerka informowała, że w opuszczonym cyrku na warszawskim Powiślu otwarto wystawę »Absurdy schyłkowego socjalizmu«. To była czysta abstrakcja – nikt przecież nie mógł wiedzieć, że system wkrótce runie, a nasze plany, jeszcze niepoważne, już za kilka lat staną się realne”[3] – wspomina Krystyna Zachwatowicz-Wajda.

W początkowej wersji (projekt opracowuje Bielecki, jako jedyny architekt w tym gronie) muzeum wyrasta z bocznego skrzydła Pałacu, nad Muzeum Techniki i jest najwyższym drapaczem chmur w Europie: 340 metrów i sześćdziesiąt przeszklonych pięter przyklejonych do betonowego tortu Stalina. Na wyższych piętrach – biura i przeniesione z Pałacu Muzeum Techniki. Niżej – Muzeum Komunizmu z archiwum dokumentującym zbrodnie systemu oraz ekspozycją, która uświadomi zwiedzającym absurdy codziennego życia w PRL-u.

– Zderzenie nowego ze starym, czyli obelisk wolności wyrastający z Muzeum Techniki – mówi Bielecki. – Wieżowiec mógłby wznieść inwestor, wynająć jego biurową część na cele komercyjne, a część uzyskanych w ten sposób środków przeznaczyć na muzeum.

Jest rok 1999. Pomysłodawcy zgłaszają władzom miejskim wizję z wieżowcem jako projekt obywatelski i powołują fundację o nazwie SocLand. W komitecie honorowym same wielkie nazwiska: ówczesny prezydent Czech Václav Havel i były prezydent Polski Lech Wałęsa, profesorowie Zbigniew Brzeziński i Alain Besançon, Jan Nowak-Jeziorański i Joachim Gauck. Projekt, działalność, scenografia i ekspozycja mają być własnością fundacji, a jej założyciele mogą pełnić funkcje członków rady dożywotnio, chyba że sami zrezygnują. Mówią, że ekspozycja, zorganizowana według najlepszych wystawienniczych wzorców z Europy Zachodniej, będzie służyć za dowód na to, że w minionym ustroju było i śmieszno, i straszno. Wywoływać na przemian dreszcze grozy i bawić.

Misję fundacji zamknięto w czterech zdaniach: „Dziś nie lubimy o nim pamiętać. Ale nie uciekniemy od pytania: czym był komunizm? Był jedyną zrealizowaną utopią, która ogarnęła pół świata na pół wieku. W Polsce rozpoczął się jej upadek i dlatego tu powinno powstać Muzeum pokazujące porażającą siłę tego systemu, jego trwanie i jego rozkład"[4]. Połączenie go z Pałacem pozwoliłoby przeistoczyć najbardziej kojarzony z minioną epoką budynek w symbol antykomunizmu, tłumaczą fundatorzy.

Zapał gasi prezydent Warszawy Paweł Piskorski, który właśnie też podjął próbę odczarowania Pałacu, zlecając, by na jego wieży zamontowano milenijny zegar. Mówi, że odkąd komunizm upadł, gmach nie ma już czego symbolizować i powinien pozostać w obecnym kształcie. Muzeum natomiast może powstać w jego wnętrzach, ale w innej formie.

Fundacja ogłasza: Szukamy eksponatów.

Miejsce

W podziemiach Pałacu, na poziomie minus dwa, ku zaskoczeniu żyjących tu na co dzień kotów, lądują plakaty: Lenina, Stalina, Mao Tse-tunga, Chruszczowa. Jest „Partia sternikiem narodu" z robotnikiem za sterem okrętowym, „Drzewo narodowej zdrady" z okresu stanu wojennego przedstawiające nazwiska Jerzego Giedroycia, Gustawa Herlinga-Grudzińskiego, Zbigniewa Bujaka oraz innych opozycjonistów i przeciwników systemu, ale też plakat „W samo południe 4 czerwca" z Garym Cooperem, obwieszczający pierwsze częściowo wolne wybory 1989 roku. Jest projekt elewacji Hali Mirowskiej z dopiskami działaczy partyjnych sugerującymi, by zasłony przy wejściu były koniecznie „Czerwone, b. czerwone!", i z nakreśloną ołówkiem strzałką celującą w sam środek: „Tu Sierp i Młot!". A także: zbiór rysunków satyrycznych Jacka Fedorowicza, dwa lewe buty ofiarowane pracownikowi huty „za dobrą pracę", butelka wódki, jaką raczyli się budowniczowie Pałacu, radziecki automat do wody sodowej ze szklanką przytwierdzoną łańcuchem, śmierdząca woda toaletowa Poemat z lat sześćdziesiątych w wielkim flakonie przypominającym kryształ, papierosy Biełomorkanał. Ubrania i narzędzia pracy łagierników, guziki z Katynia, zdjęcia z kontroli samochodu prymasa Wyszyńskiego, gdy w 1966 roku zatrzymała go milicja. Zaimprowizowany pokój przesłuchań z lampą świecącą prosto w oczy i odwróconym do góry nogami taboretem.

Pieniądze na wystawę anonsowaną jako Muzeum Komunizmu (w budowie) dała Unia Europejska, do której członkostwa Polska dopiero aspiruje. Środki pochodzą z programu Kultura 2000 ogłoszonego przez Komisję Europejską, organ wykonawczy Unii, przeznaczonego na wsparcie inicjatyw kulturalnych w krajach członkowskich i kandydatów do wejścia do Wspólnoty. Fundacja Bieleckiego, Fedorowicza i Wajdy złożyła wniosek, dostała grant z dofinansowaniem na 100 tysięcy euro. Co z miejscem na muzeum w Pałacu – wciąż nie wiadomo, pomysłodawcy

Wystawa w Pałacu, zalążek nowej koncepcji Muzeum Pamięci Komunizmu.

placówki odsłaniają więc ekspozycję najpierw w Nowej Hucie, wzorcowym mieście socjalistycznym. Agencja Rozwoju Gospodarczego Kraków-Wschód udostępniła im tutaj 1700 metrów kwadratowych zachowanego w niezmienionym stanie wnętrza z dawnej epoki – budynek z lat pięćdziesiątych przy ulicy Mrozowej, gdzie mieściły się pierwsze biura metalurgicznego kombinatu.

Wystawa jest rekonstrukcją jednego dnia w PRL-u. Ma przypominać tamte czasy, „aby następne pokolenia wiedziały, do czego prowadzą ciągoty totalitarne, żeby te doświadczenia już się nie powtórzyły"[5] – podkreśla Krystyna Zachwatowicz-Wajda. Dodaje też: „Nie robimy muzeum rozliczeniowego, nikogo nie będziemy personalnie piętnować. Chcemy tylko w sposób wizualnie atrakcyjny pomóc dzieciom i młodzieży, a także cudzoziemcom w zrozumieniu tego etapu naszej historii"[6].

„Już od progu gość wystawy powinien czuć atmosferę tamtych lat – mówi Zachwatowicz-Wajda. – Przy wejściu może otrzymać dwa rodzaje deklaracji do wyboru: propozycję wstąpienia do partii albo zasilenia szeregów opozycji. W zależności od podjętej decyzji obsługa będzie go faworyzować – albo szykanować"[7].

Nazwę tłumaczy następująco: to nawiązanie do Disneylandu, możliwość cofnięcia się w przeszłość i przeżycia jej na własnej skórze. Prasa reklamuje wystawę jako największy zbiór przedmiotów związanych z PRL-em. Udało się zgromadzić ich kilka tysięcy. Pierwszym rarytasem z epoki przekazanym na poczet przyszłej stałej ekspozycji w muzeum są podarte i zacerowane własnoręcznie przez profesora Władysława Bartoszewskiego spodnie, które nosił on przez dwa i pół roku śledztwa w areszcie Ministerstwa Bezpieczeństwa Publicznego i w więzieniu, gdzie władze komunistyczne wtrąciły go pod zarzutem szpiegostwa.

Do redakcji „Gazety Wyborczej", która pomaga w zbiórce przedmiotów z epoki PRL-u, z propozycją przekazania zbiorów dzwoni były pracownik Ministerstwa Spraw Wewnętrznych. Prosi o anonimowość.

– Zacząłem służbę w MSW na początku lat dziewięćdziesiątych. Porządkowaliśmy archiwum, a przy okazji wynosiłem z niego różne drukowane dokumenty. Wolę ich już nie trzymać u siebie – mówi.

Kolekcję wzbogaca między innymi „Arkusz inwigilowanego" z rozbudowaną rubryką numer 20 dotyczącą rysopisu. Opisując nos szpiegowanego, funkcjonariusz musiał określić, czy jest on: „mały, średni, duży, gruby, wąski, szeroki, grzbiet nosa wklęsły, prosty, wypukły, falisty, tępy, spiczasty, rozdwojony".

Na apele w prasie dotyczące zbiórki przedmiotów z okresu PRL-u zgłasza się łącznie kilkadziesiąt osób. Niewiele jak na oczekiwania pomysłodawców. Za to samą wystawę w ciągu czterech miesięcy odwiedzi blisko pięciuset widzów dziennie. Pokolenie dorastające w krajach dawnej demokracji ludowej zaczyna się właśnie fascynować epoką swojego dzieciństwa. Nie ustrojem jako takim, lecz życiem codziennym. Z sentymentem wspomina niektóre smaki, zapachy, odkrywa zapomniane wzornictwo, grafikę, a przede wszystkim architekturę, najbardziej obciążaną dotąd za grzechy systemu. Młodzi ludzie dostrzegają w niej przede wszystkim kicz, monstrualność, przerysowanie, które bardziej bawi, niż przeraża. W Berlinie Wolfgang Becker kręci komediodramat *Good bye, Lenin!*, który dla rówieśników bohatera na długo stanie się punktem odniesienia w sposobie postrzegania minionej ery. Zwolennicy filmu utwierdzają się w przekonaniu, że nie wszystko było takie złe i że zbyt pochopnie odesłano pamięć o niej na śmietnik. Okazuje się też, że można – i to całkiem nieźle – zarabiać na komunizmie i emocjach, jakie uruchamia. Powstają pierwsze lokale utrzymane w PRL-owskiej stylistyce, meblowane sprzętami wrzucanymi dekadę wcześniej z niechęcią na dno piwnic.

„Postawy sentymentu i tęsknoty za realnym socjalizmem zaczynają być modne – mówi dziennikarzom Teresa Bogucka, współautorka (wraz z Piotrem Bratkowskim) scenariusza wystawy. – Z kolei dla młodych PRL to taka bajka o żelaznym wilku. Z tych wszystkich powodów nasza inicjatywa przybrała charakter edukacyjny. Uważamy, że powinno powstać muzeum, które odpowie na pytanie, jak ten system mógł zaistnieć. Chcę uzyskać pewność, że ludzie wznoszący pomnik Edwardowi Gierkowi rzeczywiście mieliby ochotę wejść jeszcze raz do tej samej rzeki"[8].

Idea

Wajdowie stawiają na Nową Hutę – gmina Kraków odkupiła właśnie od spółki Apollo Film budynek po dawnym kinie Światowid i padają propozycje, aby urządzić tam Muzeum Komunizmu. Korzystają z tej możliwości – Muzeum PRL-u w gmachu kina było najpierw oddziałem Muzeum Historii Polski, teraz działa jako samodzielna placówka, planuje stałą wystawę. Bielecki zostaje przy Pałacu, z którym wiążą się osobiste wspomnienia z dawnych, opozycyjnych czasów, kiedy był trzydziestoparolatkiem publikującym w paryskiej „Kulturze" pod pseudonimem Maciej Poleski. Centrum dowodzenia podziemnego wydawnictwa pod nazwą CDN, jakie założył wspólnie z Janem Krzysztofem Kelusem po ogłoszeniu stanu wojennego, w latach 1985–1986 ulokowano właśnie w Pałacu. Jeden z zastępców Bieleckiego miał tutaj wielu znajomych jeszcze z czasów studenckich, a inny pracował w mieszczącym się w gmachu Instytucie Podstawowych Problemów Techniki PAN. „Na ósmym piętrze Pałacu pod jednymi drzwiami stali w kolejce studenci z indeksami na zaliczenie kursu algebry liniowej, a do pokoju obok wchodzono z kwitkami księgowymi za skład, papier i matryce"[9] – pisze Mateusz Fałkowski w książce *Biznes patriotyczny. Historia wydawnictwa CDN*. Zaułki i korytarze gmachu będącego symbolem socjalizmu, paradoksalnie, sprzyjały gubieniu tajniaków krążących wokół przedsięwzięcia. Nie uchroniło to jednak architekta przed wpadką i aresztowaniem.

Wnętrza Pałacu Bielecki znał więc bardzo dobrze, ale podziemia, wokół których narosło mnóstwo legend, miał okazję zobaczyć po raz pierwszy dopiero w związku z wystawą.

– Zobaczyłem, że dają znakomite możliwości skonfrontowania pompatycznej fasady komunizmu z jego starannie ukrywanym brzydkim zapleczem: brudem, brzydotą, biedą, strachem i terrororem. Zaświtała mi nowa myśl.

Ekspozycja przygotowana według jego pomysłu krąży między Krakowem a Warszawą – trafia do Teatru Studio w Pałacu, potem znów wraca pod Wawel, do Piwnicy pod Baranami, do Muzeum Włókiennictwa w Łodzi, wreszcie – wzbogacona i dopracowana – ląduje w pałacowych podziemiach.

– Wystawa nie sprowadzała się tylko do fantów z epoki ujawniających absurdy codzienności – podkreśla Bielecki. – Miała dalece bardziej przemyślaną narrację. Długo o tym dyskutowaliśmy. Co do stworzenia samej ekspozycji między fundatorami istniała pełna zgoda, za to ujawniły się różne podejścia w myśleniu o niej, tak jak różne są nasze biografie. Uważałem, że Polska nie była aż tak ciężko poszkodowana przez realny socjalizm, żeby sprowadzać całość do opowiadania o PRL-u, lecz skoro to my – poprzez ruch Solidarności – zapoczątkowaliśmy obalenie komunizmu, powinniśmy wpisać historię naszej walki o wolność w szerszy, światowy kontekst.

Stąd siedem odsłon systemu, przez które kolejno muszą przejść zwiedzający. Multimedialna wieża obok wejścia pokazująca narodziny i międzynarodowy rodowód zjawiska: rewolucję 1917 roku w Rosji, a także Chiny z okresu rewolucji kulturalnej. Na zdjęciu publiczne lżenie „wroga ludu", obok obraz Goi z serii *Kaprysy* – kobieta w czapce hańby napiętnowana przez świętą inkwizycję. To odsłona druga – narzucanie systemu siłą. Potem tworzenie „nowego człowieka", instalacja realizmu socjalistycznego, straszno-śmieszne sytuacje z życia, narodziny opozycji demokratycznej, stan wojenny, aż do Okrągłego Stołu. Na ekranach telewizorów kroniki filmowe z czasów Bieruta, Gomułki, Gierka i Jaruzelskiego, filmy *Soc...* Piotra Łazarkiewicza i *Defilada* Andrzeja Fidyka oraz *Rozpoznanie systemu* – wybrane przez Tadeusza Sobolewskiego najbardziej charakterystyczne dla epoki sceny polskiego kina.

– Ideę komunizmu łatwo spłycić, ukazując go albo jako coś w rodzaju klatki nałożonej na nieskazitelną zbiorowość, w której prawie nikt poza garstką szubrawców nie poddał się opresji, albo w sposób niejednoznaczny, jako stan bez wyjścia, w którym każdy umoczony jest po równo, nie ma zdradzanych i zdrajców – mówi Bielecki. – Wszyscy zgadzaliśmy się, że należy spojrzeć na ten problem w szerszym kontekście. Nasze drogi rozeszły się w momencie, kiedy Wajdowie chcieli organizować muzeum w Nowej Hucie, a ja byłem nadal przekonany, że optymalnym miejscem jest Pałac i że wykorzystując go, należy dążyć do efektu spektakularności. Rozstaliśmy się w dobrych relacjach.

Polityka

Wystawa ma być zaczątkiem kolejnej koncepcji muzeum: ze Stalinem sprowadzonym z zagranicy, spoczywającym pod powierzchnią placu, podglądanym przez szklany świetlik, i stałą ekspozycją muzeum ulokowaną w podziemiach.

Lech Wałęsa, honorowy patron planowanego muzeum, oraz autor projektu Czesław Bielecki wznoszą toast na otwarcie wystawy.

„Pałac góruje nad tym miastem nie tylko architektonicznie. (...) Bo co się zmieniło przez te 20 lat? Mniej widoczny jest napis o fundatorze budynku, zniknęły z wnętrza socrealistyczne rzeźby, do Pałacu wprowadziły się firmy, niedaleko powstały przerażające hale handlowe. Ale to wszystko »robiło się samo«. Nikt nie próbował pokazać, co symbolizował ten budynek, nikt nie zamierzał wziąć go w nawias. I nie na chwilę, jakąś wystawą czy happeningiem, ale na stałe, na co dzień"[10] – mówi Bielecki dziennikarzom.

Ojcem chrzestnym przyszłej instytucji zgadza się zostać legendarny przywódca Solidarności, były prezydent Lech Wałęsa. Wspólnie z Bieleckim wznoszą toast za jej powodzenie, przekąszając ogórkiem. „Zgadzam się, bo w chrześcijaństwie się nie odmawia – oświadcza były prezydent. – Polska i jej stolica potrzebują miejsca, które będzie przypominać o ofierze poniesionej w walce z komunizmem"[11].

Wkrótce po odsłonięciu ekspozycji, w połowie dekady nowego milenium, w pomysłodawcę ulokowania Muzeum Komunizmu w Pałacu wstępuje nowy, optymistyczny duch. Prezydentem Warszawy jest akurat Lech Kaczyński. Bielecki, który był posłem na Sejm z ramienia Akcji Wyborczej „Solidarność", zna jego brata Jarosława.

Michał Borowski, ówczesny naczelny architekt miasta za prezydentury Lecha Kaczyńskiego, zapamiętał rozmowę w restauracji Kuźnia Smaków w roku 2004: „Pan prezydent Lech Kaczyński, Ela Jakubiak i ja, obok Czesława, który przekonywał pana prezydenta o potrzebie powołania tego typu instytucji"[12] – mówi „Gazecie Wyborczej".

– Prezydent powiedział wówczas, że priorytetem dla niego są cztery muzea: Historii Polski, Powstania, Historii Żydów Polskich oraz Komunizmu – uzupełnia Czesław Bielecki.

Fundacja i prezydent podpisują list intencyjny, zobowiązując się do współpracy przy tworzeniu nowej instytucji. Rok później zapada decyzja o tym, że muzeum będzie placówką miejską, wybudowaną przez Urząd Miasta z jego środków. Jak przy budowie Pałacu, padają okolicznościowe daty: jeśli budowa ruszy wiosną, wmurowanie kamienia węgielnego odbędzie się 31 sierpnia, w dwudziestą piątą rocznicę porozumień sierpniowych. Miesiąc później zaplanowane są wybory prezydenckie i parlamentarne, w których mają zmierzyć się przedstawiciele dwóch

Pomysłodawcy Muzeum Komunizmu jeszcze w komplecie. Od lewej: Andrzej Wajda, Lech Kaczyński, Jacek Fedorowicz i Czesław Bielecki podczas uroczystości podpisania porozumienia pomiędzy Miastem Stołecznym Warszawą a Fundacją SocLand – Muzeum Komunizmu.

formacji wyrosłych z ruchu Solidarności: Prawa i Sprawiedliwości oraz Platformy Obywatelskiej. Lech Kaczyński kandyduje na prezydenta Polski z ramienia PiS, jego rywalem jest Donald Tusk z PO. Zwolennicy obu ugrupowań, które trzy lata wcześniej w wyborach samorządowych zawarły koalicję przeciw postkomunistom, liczą, że może uda się im stworzyć wspólny rząd. Media wytykają Kaczyńskiemu, że chce wykorzystać budowę muzeum jako atut w kampanii.

Lech Kaczyński wyjaśnia: „Wszystko, co teraz zrobię, można tak potraktować. Popieram budowę tego muzeum z miejskich pieniędzy, bo zdaję sobie sprawę, że nie da się go stworzyć z prywatnej zbiórki. W Budapeszcie zbudowano muzeum terroru i też ktoś mógłby zapytać po co. A to jedna z największych atrakcji turystycznych tego miasta. Myślę, że tak samo będzie z muzeum, które jednocześnie będzie symbolem naszego braku akceptacji dla komunizmu"[13].

Prawa

Rada Miasta Warszawy zatwierdza budżet. Na budowę muzeum przewiduje 13 milionów złotych. Projekt Bieleckiego podoba się prezydentowi stolicy na tyle, że postanawia zamówić go z wolnej ręki. Ma być szybko, sprawnie i bez konfliktów. Nie zgadza się na to prezes Urzędu Zamówień Publicznych, uznając, że zgodnie z przepisami nie można zlecić tak dużej inwestycji bez przetargu albo co najmniej konkursu. Powołuje się na zasadę uczciwej konkurencji.

– Trudno ogłaszać przetarg na projekt, który ma już swojego autora i prawa autorskie – ripostuje Bielecki.

Urzędnicy wspierają go, argumentując, że prawo nie stoi na przeszkodzie, jeśli projekt jest autorski i zatwierdzony dla danej przestrzeni – w tym wypadku budynku Pałacu.

Przedstawiciele obu stron przez blisko rok będą spotykać się na sali sądowej. Fundacja wstrzymuje prace, nie ma środków na zakup eksponatów. Gdy sąd drugiej instancji uznaje, że urzędnicy powinni jednak ogłosić konkurs lub przetarg, fundacja zalega już z opłatami za biuro, jakie wynajmuje w Pałacu, oraz za jego ochronę. Krótko potem przestaje istnieć.

W tym czasie zmieniło się też sporo na politycznej scenie. Lech Kaczyński jest wówczas prezydentem Polski, Warszawą rządzi Hanna Gronkiewicz-Waltz z PO. Platforma i PiS zdążyły się już skłócić na dobre. Pałac został wpisany do rejestru zabytków i objęty pełną ochroną konserwatorską. Ujawniają się też różnice zdań w sprawie samego projektu.

Stołeczna konserwator zabytków Ewa Nekanda-Trepka pisze: „Monumentalna postać przewróconego Stalina z urwaną głową trudna jest do oceny konserwatorskiej, jednak może budzić kontrowersje co do dobrego smaku autorów i inwestorów"[14].

Zespół

Przy nieistniejącym muzeum od 2003 roku, niezależnie od wydarzeń na wyższych państwowych szczeblach, działa za to niezmiennie przez kolejnych pięć lat specjalny zespół. Zmieniają się tylko jego nazwy. Zaczęło się od zatrudnienia jako koordynatora do spraw budowy Muzeum Komunizmu w Urzędzie Miasta prezesa fundacji SocLand Marka Kozickiego. Na tej bazie powstało biuro zajmujące się organizacją placówki. Szóste piętro Pałacu, pięć osób, dwa pełne etaty, dwie połówki i ćwierć.

– Formalnie podlegaliśmy Stołecznemu Zarządowi Rozbudowy Miasta, czyli instytucji, która prowadzi największe inwestycje w Warszawie – mówi Marek Kossakowski, były pracownik zespołu (oficjalna w nim funkcja: urzędnik samorządowy w stopniu starszego specjalisty do spraw promocji Muzeum Komunizmu w zespole do spraw budowy Muzeum Komunizmu w mieście stołecznym Warszawa; początkowo ćwierć etatu, później pół, wreszcie dwie trzecie). Gdy robi się głośno o długach SocLandu, Marka Kozickiego zastępuje Wojciech Borowik, kiedyś działacz antykomunistycznej opozycji.

Czym zajmuje się zespół?

– Głównie pisaniem pism – opowiada Kossakowski. – Koszt budowy muzeum – w zależności od wersji projektu – szacowano na 30–40 milionów złotych, tymczasem nasz budżet wynosił 300 tysięcy złotych rocznie, w ostatnim roku został zredukowany do 180 tysięcy złotych. Co można za to zrobić? Zorganizować wystawę, wydać ze dwie książki, ale raczej nie zbudować muzeum.

Organizują więc wystawy podziemnych wydawnictw, plakatów Solidarności. Pracują nad statutem.

– Napisałem kilka bardzo ładnych statutów – mówi Kossakowski. – Myśleliśmy o formie instytucji kultury.

Tryb działania zespołu jest dla niego pewną nowością. Trzeba coś załatwić? Proszę napisać pismo. Wysłać? Nie e-mailem, tylko pocztą. Odpowiedź za dwa tygodnie, jeśli nie zaginie po drodze. Jest decyzja do podjęcia? Najpierw powołać podzespół do spraw decyzji.

– Dla człowieka przyzwyczajonego do pracy w prywatnych firmach, głównie redakcjach, to jak podróż w czasie do PRL-u właśnie. Celebrowanie, biurokracja, masa dokumentów, osiem pieczątek niezbędnych na każdym rachunku.

Cieszą się, gdy w ramach obowiązków służbowych mogą pojechać na wycieczkę, obejrzeć inne muzea. Nie zdarza się to zbyt często: odwiedzą tyko Budapeszt i Berlin.

– Była to taka resztóweczka – wspomina Kossakowski. – Wszyscy wiedzieli, że zespół nic nie zdziała, ale nikt nie chciał podjąć politycznej decyzji o jego rozwiązaniu. Nikomu nie zależało też szczególnie na Muzeum Komunizmu czy Muzeum Pamięci Komunizmu, nie miało takiej afiliacji jak Muzeum Powstania Warszawskiego. Po wyroku sądu w sprawie projektu urzędnicy, nawet ci związani z Lechem Kaczyńskim, nie forsowali projektu. Uznali, że trudno, trzeba w przyszłości stworzyć muzeum inną drogą, a zespół niech na razie działa.

Od czasu do czasu przypominają sobie o nim dziennikarze. Przewodnicząca Rady Warszawy Ewa Malinowska-Grupińska przyznaje, że są inne priorytetowe inwestycje, lecz muzeum to dobry pomysł, bo „świetnie opowie o komunizmie młodym ludziom, którzy nie pamiętają tych czasów"[15].

Zespół biedzi się tymczasem nad alternatywną wobec pomysłu Bieleckiego lokalizacją. Aby go wspomóc, urzędnicy powołują drugi zespół – do spraw promocji i poszukiwania lokalizacji. Ten z kolei powołuje podzespół, który ma zbadać, czy podziemia Pałacu nadają się w ogóle na takie przedsięwzięcie od strony technicznej. Oględziny wypadają negatywnie.

– Nikt nie wziął wcześniej pod uwagę, że przestrzeń na poziomie minus dwa – wspaniała, jeśli chodzi o wygląd, bo stwarzająca klaustrofobiczne wrażenie! – to nie są zwyczajne sale, lecz fundamenty Pałacu, podziurawione pomieszczeniami o powierzchni od piętnastu do trzydziestu metrów kwadratowych – opowiada Marek Kossakowski, który uczestniczył w inspekcjach z inżynierami z biura rozbudowy miasta. – Wszystkie te ściany działowe są zrobione z żelbetu w standardach, w jakich budowało się tamy w terenach sejsmicznych, żadna przeróbka nie wchodzi w grę, zresztą nie ma nawet dokładnej dokumentacji. Pojedyncza ekspertyza w takim przypadku mogłaby kosztować setki tysięcy złotych. Czytałem też raport przeciwpożarowy, z którego wynikało, że na poziomie minus dwa nie może przebywać jednocześnie więcej niż piętnaście osób. Badania były robione jeszcze przed wejściem Polski do Unii, kiedy normy były znacznie mniej wyśrubowane. Oraz przed wpisaniem Pałacu na listę stołecznych zabytków. Teraz na każdą przeróbkę musi się zgodzić konserwator.

Padają inne propozycje. Duża część szóstego piętra, wraz z salami wystawowymi, łącznie pięć tysięcy metrów. Pomieszczenia Muzeum Techniki, po przeniesieniu go w inne miejsce. Trybuna honorowa, przynajmniej jako wizytówka i przynęta (póki ktoś nie przypomni sobie, że nie da się tego zrobić przed nierozwiązaną jeszcze kwestią parkingu podziemnego pod placem Defilad). Na wszelki wypadek zespół zbiera też opinie przemawiające za powołaniem samego muzeum, pomijając na razie niepewną kwestię lokalizacji.

Tomasz Łabuszewski z Instytutu Pamięci Narodowej stwierdza: „Inicjatywę należy ocenić bardzo wysoko – zwłaszcza w kontekście prezentowanego wielopłaszczyznowego ujęcia komunizmu i realnego socjalizmu w Polsce, uwzględniającego także, tak często pomijany, aspekt życia codziennego”[16].

Błażej Brzostek z Uniwersytetu Warszawskiego zauważa: „Pomysł łączenia muzeum z instytutem badawczym, centrum debaty i informacji jest bardzo fortunny. Muzeum może stać się ogniskiem życia jako miejsce dyskusji, jako instytucja wspierająca badania naukowe”[17].

Zespół organizuje też naukową konferencję *Pamięć po komunizmie* poświęconą zakresowi merytorycznemu przyszłej placówki, z udziałem ekspertów, w tym Lecha Wałęsy i prezesa Instytutu Pamięci Narodowej. Członkowie zespołu zapamiętają ją na długo. Nie tylko dlatego, że występując na niej, prezydent Hanna Gronkiewicz-Waltz zapowie, że muzeum powstanie, w dodatku na pewno w Pałacu.

Tego samego dnia ukazuje się publikacja *SB a Lech Wałęsa. Przyczynek do biografii*, autorstwa Piotra Gontarczyka i Sławomira Cenckiewicza, dwóch historyków związanych z Instytutem Pamięci Narodowej. Zarzucają w niej bohaterowi Sierpnia '80 współpracę z komunistycznymi organami bezpieczeństwa.

– Jeszcze rano tego samego dnia przypominałem o wydarzeniu, żeby zapewnić odpowiednią frekwencję – mówi Marek Kossakowski. – Niepotrzebnie się martwiłem. Przyjechali dziennikarze ze wszystkich możliwych redakcji, w tym chyba pięćdziesięciu z telewizji.

Były prezydent i prezes IPN Janusz Kurtyka miną się w drzwiach. Siądą daleko od siebie. Prezes przemówi na mównicy opatrzonej logo przyszłego muzeum przedstawiającym portret Wałęsy w stylu Andy'ego Warhola.

Pieniądze

Czesław Bielecki zgłasza się jeszcze kilkakrotnie do urzędników ze swoim projektem. Przekazuje go wreszcie nieodpłatnie miastu, zastrzegając sobie wyłączność na realizację muzeum w Pałacu. W 2009 roku zastępcy Hanny Gronkiewicz-Waltz odmawiają mu jego realizacji w okrojonej wersji, przedstawiającej polskie zwycięstwo w formie kolumn z flagami, symboli Wolności roku 1989 i Solidarności roku 1980. Koszt budowy dwóch wież, sięgający 10 milionów złotych, ma przekraczać możliwości finansowe miasta.

Rok później stają naprzeciw siebie jako konkurenci w walce o fotel prezydenta Warszawy: Hanna Gronkiewicz-Waltz ubiega się o drugą kadencję, Czesław Bielecki startuje z ramienia PiS. Ścierają się na wizji, w dyskusji o mieście w programie Tomasza Lisa, który zaprosił do niej troje liderów przedwyborczych sondaży. Trzeci konkurent, Wojciech Olejniczak z Sojuszu Lewicy Demokratycznej, przypomina o Muzeum Komunizmu i dowodzi, że autor projektu zarobił na nim półtora miliona złotych od miejskiej spółki zarządzającej Pałacem.

Ceremonia przybycia pierwszego pociągu na nowo wybudowaną stację kolejową w Salechard nad rzeką Ob i rozpoczęcie budowy północno-syberyjskiej linii kolejowej – mającej połączyć miasta Salechard i Igarkę – nazywanej Martwą Drogą. Napis na pociągu: „Naprzód do komunizmu!”.

„Za projekt od Pałacu Kultury dostałem nie półtora miliona złotych, tylko dwanaście tysięcy złotych – odpiera zarzuty Bielecki. – Odbieram to jako próbę oczerniania mnie i mojego dorobku”[18].

„Projekt Czesława Bieleckiego w formule, którą zaproponował moim poprzednikom z ratusza, nigdy w Warszawie nie powstanie”[19] – deklaruje Hanna Gronkiewicz-Waltz.

Dwaj radni PiS pytają magistrat w interpelacji o efekty działania zespołów zajmujących się Muzeum Komunizmu.

Urzędnicy odpowiadają: „W związku ze spowolnieniem gospodarczym, uniemożliwiającym podjęcie przez Miasto zobowiązań związanych z powołaniem nowej instytucji kultury, zapadła decyzja o rozwiązaniu zespołu”[20].

– Uważam, że słusznie – zgadza się Marek Kossakowski. – Sprawa była już tak zabagniona, że nie dałoby się nic zdziałać.

Gdy traci swoje dwie trzecie etatu, na ulicach Warszawy i w ambasadach za granicą wiszą jeszcze plakaty, z których spoglądają przedstawiciele pierwszych niekomunistycznych władz Polski: Lech Wałęsa i Tadeusz Mazowiecki. Tekst pod zdjęciami informuje, że to kampania z okazji prezydencji Polski w Unii Europejskiej, promująca ideę powstania w stolicy Muzeum Komunizmu.

„To była piękna akcja na zakończenie działalności”[21] – skwituje szef Stołecznego Zarządu Rozbudowy Miasta.

– Nie uważam, że Pałac pokonał Muzeum Komunizmu. Pokonali je ludzie – podsumowuje Czesław Bielecki.

Na ekspozycji w podziemiach Pałacu można było zobaczyć fotografię przedstawiającą masówkę mieszkańców syberyjskiego Salecherdu nad Obem z okazji otwarcia stacji kolejowej. Podpis pod nią głosił: „Doskonałą alegorią historii komunizmu jest tak zwana Martwa Droga. Pierwszy odcinek Transpolarnej Magistrali Kolejowej budowano wbrew zdrowemu rozsądkowi, przy użyciu niewolniczej pracy milionów, ostatecznie prowadzący donikąd. Zaraz po pogrzebie Stalina rząd zlikwidował linię[22]”.

W katalogu wystawy było to pierwsze zdjęcie.

9. Kolekcjoner

– Ilekroć jestem w Warszawie – mówi Tomasz – staram się go odwiedzić. Choćby na chwilę. Wjeżdżam windą na piętro, którego jeszcze nie znam. Chodzę, oglądam. Czasem uda się wślizgnąć do którejś z sal. Trwa to zwykle kwadrans, nie dłużej. Zjawia się strażnik i mnie wyprasza. Grzecznie odchodzę, bogatszy o parę zdjęć.

* * *

Ma na imię Ania. Jasna blondynka. Piękna. Na zdjęciu, jednym z pierwszych w internetowej galerii, śmieje się do obiektywu, stojąc przy widokowej lunecie. Na ramionach puchowa kurtka zarzucona na plecy, więc wygląda w niej, jakby nie miała rąk. Na górze zrobiło się wtedy zimno, wiało. Szesnasty listopada – Tomasz pamięta do dziś. Druga randka. Z Dworca Centralnego idą od razu do Pałacu.

Poznali się przez internet. On z Siemianowic Śląskich, ona z Warszawy. Rok 2003, pierwsze domowe kamery transmitujące obraz do sieci, samotny chłopak w poszukiwaniu atrakcyjnych znajomości i dziewczyna, która nie ma oporów przy korzystaniu z nowych technologii. Łatwiej tak otworzyć się przed kimś niż na żywo. Setki spędzonych razem godzin. Wreszcie przyjeżdża. Potem on.

W bezpośrednim zetknięciu znane budynki rozczarowują tak samo jak ludzie. Nie tym razem. Miłość od pierwszego wejrzenia. Podwójna. Z Pałacem nie w tle, lecz na równoległym planie.

– Zafascynował mnie ogrom. Zbladły przy nim wszystkie wyobrażenia. Wznieść coś tak gigantycznego, z tak bogatą zawartością, w latach pięćdziesiątych ubiegłego wieku to naprawdę sztuka. Szczyt możliwości.

Wtedy, szesnastego listopada, patrzy na nią, ale też na Pałac. Po raz pierwszy z bliska.

– Mieć dwadzieścia trzy lata i nie widzieć Pałacu Kultury? Wiedziałem, że on tutaj jest, ale przez Warszawę przejeżdżałem zawsze samochodem, daleko od centrum, nie mogąc sprawdzić, jak się prezentuje.

Wsiadając do pociągu, myśli, że chciałby mieć coś z Pałacu. Cokolwiek. Studenckie kieszonkowe na wyjazd pochłonął wspólny obiad. Na pamiątkę już nie starczyło.

W domu siada przed komputerem. Wstukuje hasło na portalu aukcyjnym. Wysypują się oferty. Głównie widokówki. Zamawia jedną, na próbę. Przedstawia Pałac w latach sześćdziesiątych z zaparkowanym obok samochodem Syrena. Gdy przychodzi, długo obraca ją w dłoniach. Wzrusza go, że jest autentyczna, stara.

– Tylko co mi po jednej? – pyta sam siebie.

* * *

Nacieszywszy każdą oko, bierze kartkę formatu A4 i pisze: co przedstawia, od kogo kupił i za ile, w którym roku wykonano zdjęcie. Potem przykleja ją z drugiej strony, kartkę wkłada do segregatora.

Widokówki układa najpierw według wydawnictw (alfabetycznie), a w przegródce z nazwą wydawnictwa – zgodnie z numeracją. Jest dokładny. Nauczył go dziadek pracujący w hucie. Po studiach (inżynieria materiałowa) chciał iść w jego ślady, ale huty już nie było. Likwidacja. Przez chwilę pracował jako akwizytor, by stwierdzić, że to zupełnie nie dla niego. Brak stabilizacji. Był ratownikiem WOPR, pomyślał więc o służbach mundurowych. Wahał się między strażakiem a policjantem. Wygrała policja.

– Większa dyscyplina – wyjaśnia.

Kiedy segregatorów jest już dwanaście, zmienia system. Kupuje folię ochronną i pudełka. Widokówek ma dziś dokładnie 1550. Ku zadowoleniu sprzedających potrafi wydać na nie wszystkie oszczędności. Najdroższa kosztowała siedemdziesiąt złotych. Wydana przez wydawnictwo „Sztuka", pochodzi z 1953 roku, przedstawia Pałac świeży, lecz jeszcze nie całkiem gotowy, w formie makiety.

Gdy tylko może, jedzie do Warszawy. Randka z Anią i rundka po sklepach w poszukiwaniu widokówek. Trafia do szkoły policyjnej w Szczytnie, w stolicy bywa już co weekend.

Któregoś dnia zbiera się na odwagę i pisze do zarządu Pałacu. Chciałby go dokładnie obejrzeć, prosi. Pozwalają. Przydzielają mu ochroniarza do towarzystwa. Przez kilka godzin myszkuje po piętrach, aż strażnik

Kolekcja pocztówek – oczko w głowie zbieracza pamiątek związanych z Pałacem. Od nich wszystko się zaczęło.

słania się ze zmęczenia. Wchodzi do wszystkich pomieszczeń, dotyka pałacowej iglicy („To było niesamowite przeżycie!" – powie dziennikarce z lokalnej prasy). Na pożegnanie dostaje pierwszy gadżet. Poczuł apetyt na więcej. Zakłada stronę internetową, na której dokumentuje rozrastające się zbiory. Dziś przechowuje je w osobnym pokoju, nazywanym gabinetem. Obok pudeł z segregatorami na widokówki podwiesza witryny z Ikei. Na nich Pałac w setkach kopii – na kubkach, statuetkach, talerzach, medalach, pudełkach z czekoladkami. Na okładkach książek, które zajmują osobny regał. Zbiór podzielony na dwanaście kategorii: bilety i dokumenty, breloki, figurki, filatelistyka, kalendarze, literatura, multimedia, naczynia, prasa, przypinki, stara fotografia, inne rzeczy.

Dystans między Warszawą a Siemianowicami nie przeszkadza w zacieśnianiu więzi z Pałacem, lecz związkowi daje się we znaki. Widują się coraz rzadziej. W końcu ona proponuje, aby zostali przyjaciółmi. Utrzymują wciąż kontakt przez internet. Dowiaduje się o jej ślubie. Pałac wysuwa się na pierwszy plan.

* * *

Kolekcjonerska wybredność narasta w nim stopniowo.

– Przestajesz kupować wszystko jak leci. Koncentrujesz się na unikatach: odznakę budowniczego Pałacu kupiłem za pięćset złotych i nie żałuję, choć potem w serwisach internetowych pojawiło się ich więcej, i to po sto pięćdziesiąt złotych. Do kompletu brakuje mi legitymacji. Trafiłem w sieci na rozmowę z człowiekiem, który pracował na budowie. Zdobyłem nawet adres i wysłałem pocztą list. Bez odzewu.

Albo przepustka na teren budowy Pałacu Kultury z 1954 roku wystawiona na nazwisko Jerzego Berka – który, jak ustala, był dyrektorem Pałacu Młodzieży. Cena: 1025 złotych.

– Nagle jednego dnia na portalu zaroiło się od pamiątek pochodzących od jednego sprzedawcy. To rodzina dyrektora po jego śmierci postanowiła opróżnić szafy.

Któregoś dnia, wracając z wakacji nad morzem, jak zwykle zatrzymuje się przed Pałacem. Biegnie na górę do biura promocji budynku – został kwadrans do zamknięcia.

– Może pojawiły się jakieś nowe gadżety? – pyta zdyszany.

Pracownicy kręcą przecząco głowami, a przed nimi na stole pyszni się kartonowy Pałac.

– A to?

– Pudełko słodyczy – pada obojętna odpowiedź.

Tomasz wychodzi z Pałacu z pudełkiem pod pachą.

– Zawsze fotografuję się pod Pałacem. Robię własne widokówki i wysyłam znajomym. Widokówki to wciąż dla mnie najważniejszy element kolekcji. Najbardziej lubię te, które dostałem od kogoś znajomego, z dedykacją.

Klucz do Pałacu – jeden z trzech istniejących, autentyk – sprząta mu sprzed nosa konkurentka. Polka mieszkająca w Austrii. Pojawia się na najciekawszych aukcjach, licytuje wysoko, widać, że cena nie gra dla niej roli. Klucz schodzi za blisko pięć tysięcy złotych. Tomasz żałuje. Nie stać go jeszcze na taki wydatek. Drugi konkurent mieszka w Toruniu. Też prowadzi stronę i też nie odpuszcza.

Nawiązują kontakt. Konkurent z Torunia wprowadza u siebie internetowe nowinki. Tomasz podpatruje, pyta co i jak, robi to samo. Konkurentka z Austrii pomaga mu wzbogacać kolekcję – często pojawiają się u niej przedmioty, o których istnieniu nie miał pojęcia, więc sam zaczyna na nie polować. Dostaje od niej rosyjską legitymację wstępu na teren Pałacu, kupioną za tysiąc złotych.

10 kwietnia 2010 roku w katastrofie smoleńskiej ginie prezydent Lech Kaczyński z towarzyszącymi mu osobami: żoną, ministrami, dowództwem Sił Zbrojnych, członkami Rodzin Katyńskich. Przez kilka tygodni temat nie znika z mediów. Trwają dyskusje w sieci. O tym, czy katastrofa, czy zamach. Kto zawinił. Oraz o wysokości odszkodowań przyznanych rodzinom zmarłych.

„Wkurzyłem się, bo jak zwykły człowiek zginie tragicznie, nikogo to nie obchodzi" – pisze Tomasz do konkurentki z Austrii. Zaprzyjaźnili się, rozmawiają na różne tematy. Ona milknie. Odzywa się po kilku tygodniach. Chce, żeby zwrócił jej pałacową legitymację.

– Nie rozumiałem, dopóki nie skojarzyłem nazwiska. W katastrofie zginęła osoba z jej rodziny.

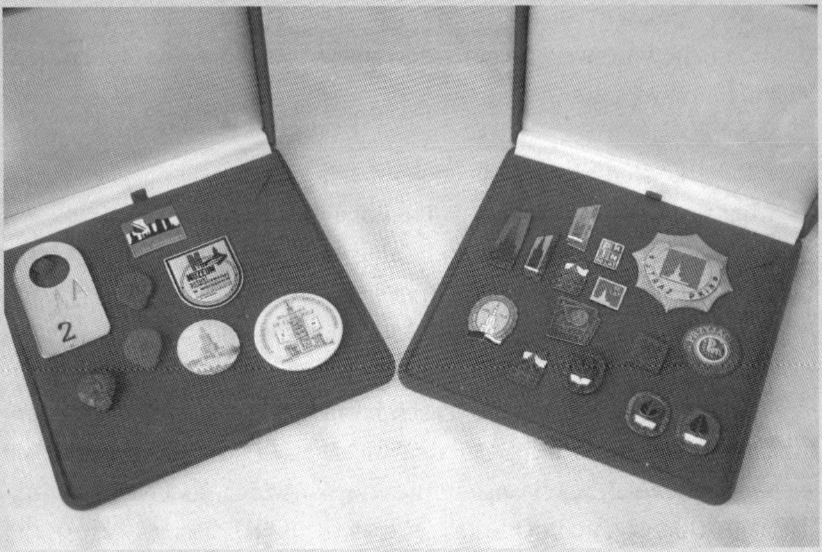

Medale i odznaki – najliczniejsza grupa spośród pałacowych gadżetów.

Strona konkurenta z Torunia któregoś dnia znika. Tomasz pyta, co się stało.

„Przeszła mi fascynacja – odpisuje konkurent. – Za często bywam teraz w Warszawie".

* * *

– Pierwsza miłość, która przerodziła się w przyjaźń – mówi o Ani Tomasz. – Choć podobno nie ma przyjaźni między kobietą a mężczyzną.

Kontakt, nadal intensywny – choć oboje są już w związkach z innymi – nagle się urywa.

– Przestała się odzywać. Pisałem, lecz nie było odpowiedzi. Zacząłem się zastanawiać, co się stało. Gdyby coś ją uraziło, napisałaby, bo byliśmy ze sobą bardzo szczerzy. Wysłałem wreszcie tradycyjny list, pocztą. Gdy wrócił z adnotacją, że adresatka nie żyje, byłem pewien, że to żart. Że zrobiła tak, bo doszła do wniosku, że ma rodzinę i trzeba wreszcie uciąć znajomość. Żebym dał sobie spokój.

Dzwoni jeszcze do matki Ani. „Umarła" – słyszy. Rzuca wszystko, pakuje się i biegnie na pociąg do Warszawy.

– Miała dwadzieścia sześć lat. Niedawno urodziła dziecko. Okazało się, że dostała zatoru płuc po porodzie.

Na stronie Tomasza o Pałacu w galerii zdjęć brakuje jednego roku. To rok 2006, w którym 25 marca odeszła Ania.

„Staram się, żeby Ania cały czas przez tę kolekcję w jakiś sposób »żyła« – odpowiada odtąd dziennikarzom, gdy pytają go o powody założenia strony. – Pałac to dla mnie niejako pomnik pamięci o przepięknej znajomości. Do tego budynek, który jest w zgodzie z moimi poglądami"[2].

Wspomnienia Tomasza z PRL: kolejki, ale zarazem dużo czasu, jaki mieli dla niego po pracy rodzice (teraz sam ma pieniądze, żeby skupować kolejne eksponaty, ale coraz mniej czasu, by ich szukać). Dziadek, który radził sobie dobrze i nie narzekał na ustrój. Związek Radziecki, w który byli zapatrzeni państwowi przywódcy (teraz tak samo zapatrzyli się na Amerykę). Architektura, imponująca, która jest pomnikiem historii i o którą powinno się dbać (marzy mu się, żeby Pałac wyczyszczono i znów był biały, jak po oddaniu go do użytku).

Nie wszyscy podzielają jego pogląd. Na widokówkach widać najlepiej, jak obraz Pałacu się zmienia. Wykrzywia. Dawniej był głównym bohaterem zdjęć. Fotografowany ładnie, centralnie, z każdej strony. Teraz w tle, z boczku, jakby trzeba się go było wstydzić. Wszyscy chcą też się nim bawić. Uprościć bryłę, domalować coś, poprzestawiać. Zrobić na złość.

– Tęsknię czasem za Warszawą – mówi Tomasz. – Za jej ogromem. Lubię sobie pojeździć metrem, popatrzeć, jak tłum wysypuje się na ulice. Może na dłuższą metę byłoby to męczące. A może po prostu taki jestem dziwny.

Czasem ktoś zwróci mu uwagę, że ta żałobna czerń w tle strony nieszczególnie wygląda. Ale on nie pozbędzie się jej nigdy.

Przypisy

1. Łącznik

1 *Proletariuszka, proletariusz powinni zwiedzać planetarium*, tłum. Adam Ważyk, w: Włodzimierz Majakowski, *Poezje*, red. Mieczysław Jastrun, Seweryn Pollak, Anatol Stern, Adam Ważyk, Warszawa: Czytelnik, 1957, s. 658.
2 Jakub Sadowski, *Między Pałacem Rad i Pałacem Kultury. Studium kultury totalitarnej*, Kraków: Wydawnictwo Egis, 2009, s. 210.
3 William D. Haywood, *The Autobiography of Bog Bill Haywood*, New York: Intercontinental Publishers, 1929, s. 286.
4 Jean-Louis Cohen, *Le Corbusier and the Mystique of the USSR: Theories and Projects for Moscow, 1928–1936*, New Jersey: Princeton University Press, 1992, s. 64.
5 Tamże, s. 82.
6 Tamże, s. 102.
7 Cyt. za: Stanisław Woźnicki, *ZSRR o zagadnieniach architektury*, „Architektura i Budownictwo" 1932, nr 7.
8 Tamże.
9 Tamże.
10 Tamże.
11 Tamże.
12 *Art. Soviet Palace*, „Time", 19 marca 1934.
13 Jean-Louis Cohen, *Le Corbusier and the Mystique of the USSR*, dz. cyt., s. 115.
14 Атаров Н., *Дворец Советов*, Москва 1940, s. 111, tłum. Anita Grochola.
15 Cyt. za: Jakub Sadowski, *Między Pałacem Rad i Pałacem Kultury. Studium kultury totalitarnej*, Kraków: Libron, 2009, s. 218.
16 [S.W.], *II konkurs na Pałac Sowietów w Moskwie*, „Architektura i Budownictwo" 1932, nr 4, s. 167.
17 Jean-Louis Cohen, *Le Corbusier and the Mystique of the USSR*, dz. cyt., s. 166.
18 Frank Lloyd Wright, *An Autobiography*, Portland: Pomergranate Communications, 2005, s. 546.
19 *Leksykon architektów Polaków oraz budowniczych w Polsce działających*, red. Andrzej Leonard Nitsch, t. 3, maszynopis w IS PAN w Warszawie.
20 Jean-Louis Cohen, *Le Corbusier and the Mystique of the USSR*, dz. cyt., s. 168.
21 Józef Sigalin, *Nad Wisłą wstaje warszawski dzień...*, Warszawa: Iskry, 1968, s. 166.
22 Tamże, s. 167.
23 Tamże, s. 12.
24 Jakub Sadowski, *Między Pałacem Rad i Pałacem Kultury*, dz. cyt., s. 208.
25 Tamże.

26 Józef Sigalin, *Nad Wisłą wstaje warszawski dzień...*, dz. cyt., s. 13.
27 Tamże, s. 168.
28 Tamże, s. 244.
29 Tenże, *Warszawa 1944–1980. Z archiwum architekta*, Warszawa: PIW, 1986, t. 2, s. 417.
30 Tenże, *Pięć spotkań*, Warszawa: Nasza Księgarnia, 1952, s. 33.
31 Stanisław Jankowski „Agaton", *Z fałszywym ausweisem w prawdziwej Warszawie. Wspomnienia 1939–1946*, Warszawa: PIW 1996, t. 1, s. 401.
32 Józef Sigalin, *Warszawa 1944–1980*, dz. cyt., s. 422.
33 Tamże, s. 427.
34 Tamże, s. 428.
35 Jan Dąbrowski, *Pałac Kultury i Nauki. Wieżowce i „drapacze nieba"*, Warszawa: Towarzystwo Wiedzy Powszechnej, 1952, s. 14.
36 Kazimierz Tymiński, *Zagadnienia wieżowców Moskwy w świetle wypowiedzi prasy radzieckiej*, „Architektura" 1952, nr 2, s. 37.
37 Józef Sigalin, *Nad Wisłą wstaje warszawski dzień...*, dz. cyt., s. 428.
38 *Do redaktora „Życia" w sprawie inżyniera Sigalina*, „Życie Warszawy", 7 maja 1956.

2. Bohater drugiego planu

1 Gieorgij Arkadjewicz Karawajew, *Rażdienije wysoty*, Władimir 1992, s. 54, wszystkie fragmenty tej publikacji w rozdziale 2 przetłumaczyła na język polski Anita Grochola.
2 Tamże, s. 55.
3 Tamże, s. 65.
4 Tamże, s. 13.
5 Tamże, s. 14.
6 Tamże, s. 54.
7 Tamże, s. 54–55.
8 Tamże.
9 Zbigniew Skibniewski, *Biuro Odbudowy Stolicy*, w: *Warszawa współczesna. Geneza i rozwój*, red. Józef Kazimierski i in., Warszawa: PWN, 1981, s. 257–258.
10 Józef Sigalin, *Warszawa 1944–1980. Z archiwum architekta*, Warszawa: PIW, 1986, t. 2, s. 424–425.
11 Jerzy Janicki, *Podniebny Pałac*, „Świat", 1 lutego 1953.
12 Archiwum Państwowe Miasta Stołecznego Warszawy, Biuro Pełnomocnika Rządu ds. Budowy PKiN, sygn. 14, k. 13.
13 Gieorgij Arkadjewicz Karawajew, *Rażdienije wysoty*, dz. cyt., s. 55.
14 Tamże.
15 Tamże, s. 23.
16 Tamże, s. 26.

17 Jana Gulina, *Gieorgij Karawajew. Tieorija uskorienija*, tekst okolicznościowy ze strony http://www.stkompleks.com/news/vladimir/?news=138 , tłum. Anita Grochola.
18 Tamże.
19 Tamże.
20 Gieorgij Arkadjewicz Karawajew, *Rażdienije wysoty*, dz. cyt., s. 65.
21 Tamże, s. 66.
22 Tamże, s. 241.
23 Tamże, s. 65.
24 Tamże, s. 241.
25 Tamże, s. 64.
26 Józef Sigalin, *Warszawa 1944–1980*, dz. cyt., s. 429.
27 Tamże.
28 Tamże.
29 Archiwum Państwowe Miasta Stołecznego Warszawy, Biuro Pełnomocnika Rządu ds. Budowy PKiN, sygn. 35, k. 2.
30 Józef Sigalin, *Warszawa 1944–1980*, dz. cyt., s. 436.
31 Tamże, s. 435.
32 Tamże, s. 445.
33 Tamże, s. 455–456.
34 Tamże, s. 457.
35 Gieorgij Arkadjewicz Karawajew, *Rażdienije wysoty*, dz. cyt., s. 65.
36 Tamże.
37 Tamże.
38 Archiwum Państwowe Miasta Stołecznego Warszawy, Biuro Pełnomocnika Rządu ds. Budowy PKiN, sygn. 3, k. 77, „Sprawozdanie z całokształtu działalności Biura Pełnomocnika Rządu".
39 Tamże.
40 Cyt. za: m.z., *Pałac kończy 55 lat*, „Życie Warszawy", 22 lipca 2010.
41 Gieorgij Arkadjewicz Karawajew, *Rażdienije wysoty*, dz. cyt., s. 54.
42 Jana Gulina, *Gieorgij Karawajew*, dz. cyt.
43 Gieorgij Arkadjewicz Karawajew, *Rażdienije wysoty*, dz. cyt., s. 242.
44 Tamże, s. 240.
45 Tamże, s. 19.
46 Hanna Szczubełek, *Mój ślub z Pałacem*, niepublikowany maszynopis, s. 13.

3. Przed

1 Red. L.A. Dmuszewski, „Kurjer Warszawski" 1845, nr 155.
2 H.K., *Marszałkowska przy dworcu*, „Stolica" 1957, nr 9, s. 24.
3 Leopold Tyrmand, *Zły*, Warszawa: Prószyński i S-ka, 2001, s. 133.

4 Zbigniew Pakalski, *Warszawa moich wspomnień 1935–1939*, Warszawa: Wydawnictwa Techniczne Grzegorz Safinowski, 1995, s. 139.
5 Isaac Bashevis Singer, *Felietony, eseje, wywiady*, tłum. Tomasz Kuberczyk, Warszawa: Sagittarius, 1993, s. 42.
6 Tamże.
7 *Jesteśmy w Warszawie: przewodnik literacki po stolicy*, Warszawa b.n. 1938, s. 17.
8 Jan Kubalski, *Przyszły dworzec główny*, „Kurier Warszawski" 1932, nr 77.
9 *Konkurs na monumentalną rzeźbę w centralnej hali odjazdowej*, „Gazeta Polska" 1938, nr 314.
10 Tadeusz Dzięgielewski, Stefan Jelnicki, *Parę słów o budowie Dworca Głównego*, „Architektura i Budownictwo" 1939, nr 3.
11 Zbigniew Gorazdowski, *Charakterystyka budowy Dworca Głównego w Warszawie*, „Przegląd Budowlany" 1939, nr 7.
12 *Nad kipiącymi gwarem peronami, nad torami i pociągami rośnie „Pałac nieznanego pasażera". Jak będzie wyglądał Dworzec Centralny*, „Robotnik" 1938, nr 203.
13 *Będziemy mogli być dumni. Najnowocześniejszy dworzec w Europie*, „Kurier Poranny" 1938, nr 202.
14 Tadeusz Dzięgielewski, Stefan Jelnicki, *Parę słów o budowie Dworca Głównego*, dz. cyt.
15 Jeremi Przybora, *Młodość starszego pana*, „Magazyn" nr 48, dodatek do „Gazety Wyborczej", 2 grudnia 1994.
16 Jerzy S. Majewski, *Okupacyjne ulice Szpilmana*, „Gazeta Stołeczna", 6 września 2002.
17 Zbigniew Pakalski, *Warszawa moich działań 1945–1995*, Warszawa: Otwockie Towarzystwo Naukowo-Kulturalne, 1999, s. 7.
18 Wanda Kragen, *Obrazki dzisiejszej Warszawy*, „Robotnik" 1946, nr 286.
19 Jerzy S. Majewski, *Miłość w getcie*, „Gazeta Stołeczna", 20 maja 2011.
20 Zdzisław Sachnowski, *Rok pierwszy*, „Stolica" 1965.
21 Pola Gojawiczyńska, *Szybko zapomniane. Utwory z lat 1945–1963 drukowane w czasopismach*, Warszawa: Czytelnik, 1974, s. 110.
22 „Memoriał obywatela Jerzego Wilanda do prezydenta Bieruta, Lublin, 10 marca 1945 r.", za: *Zbudować Warszawę piękną… O nowy krajobraz stolicy (1944–1956)*, red. Jerzy Kochanowski, Warszawa: Trio, 2003, s. 15–18.
23 „Życie Warszawy", 24 kwietnia 1945, cyt. za: Jan Górski, *Drugie narodziny miasta. Warszawa 1945*, Warszawa: PIW, 1976, s. 89.
24 Jan Górski, *Drugie narodziny miasta*, dz. cyt., s. 265.
25 Dekret z 26 października 1945 roku o własności i użytkowaniu gruntów na obszarze miasta stołecznego Warszawy, Dz.U. RP nr 8, poz. 39.
26 *Powstawanie Warszawy. Na śródmiejskim odcinku pracy rozbiórkowej*, „Rzeczpospolita", 17 września 1945.
27 Edmund Goldzamt, *Architektura zespołów śródmiejskich i problemy dziedzictwa*, Warszawa: PWN, 1956, s. 487.

28 Wojciech Herbaczyński, *W dawnych cukierniach i kawiarniach warszawskich*, Warszawa: Veda, 2005, s. 265.
29 Zbigniew Pakalski, *Warszawa moich wspomnień 1935–1939*, dz. cyt., s. 162.
30 Wspomnienia Józefa Ryczera o jego firmie parasolniczej i rodzinie, Ośrodek KARTA, sygn. AW II/908, s. 1, 17–18.
31 Henryk Janczewski, *Całe życie z Warszawą*, Warszawa: PIW, 1986, s. 193.

4. Goście

1 Gieorgij Arkadjewicz Karawajew, *Rażdienije wysoty*, Władimir 1992, s. 54–55, tłum. Agnieszka Knyt.
2 Roman Juryś, *Na budowie Pałacu Przyjaźni*, „Trybuna Ludu", 17 stycznia 1953.
3 Tamże.
4 Tamże.
5 Tamże.
6 Jerzy Janicki, *O Pałacu Kultury i Nauki im. J. Stalina*, Warszawa: Wiedza Powszechna, 1955, s. 9.
7 Stanisław Mioduszewski, *U nas – „wyżej" znaczy także „inaczej"*, „Słowo Polskie", 4–6 kwietnia 1953.
8 A. Przeobrażeński, *Zaszczytne zadanie*, „Kurier Codzienny", 6 grudnia 1952.
9 Tamże.
10 Tamże.
11 M. Sierżanin, *Ludzie wysokościowej budowy*, „Wolność" (Legnica), 16 marca 1953.
12 *Na 30 piętrze Pałacu*, „Życie Warszawy", 23–24 sierpnia 1953.
13 Tamże.
14 Tamże.
15 Karol Małcużyński, *Szturmowa brygada przyjaźni*, „Trybuna Ludu", 24 grudnia 1952.
16 M. Sierżanin, *Ludzie wysokościowej budowy*, dz. cyt.
17 Jerzy Janicki, *Jutro będzie wyżej*, „Nowa Kultura", 22 marca 1953.
18 *Na 30 piętrze Pałacu*, dz. cyt.
19 Jerzy Janicki, *Jutro będzie wyżej*, dz. cyt.
20 *Anna Lubaszyna – spawaczka PKiN – uczestniczyła w walkach o wyzwolenie Warszawy*, (rozmowa podpisana inicjałami MAR), „Kurier Codzienny", 17 stycznia 1953.
21 Michał Grodny, *Ci sami ludzie 8 lat temu walczyli, pieczętując krwią przyjaźń polsko-radziecką. Dziś wznoszą w stolicy Pałac Przyjaźni*, „Słowo Polskie" (Wrocław), 28 grudnia 1952.
22 Jan Dąbrowski, *Pałac Kultury i Nauki: wieżowce i „drapacze nieba"*, Warszawa: Towarzystwo Wiedzy Powszechnej, 1952, s. 18–19.
23 Stanisław Mioduszewski, *Radzieccy budowniczowie Pałacu Kultury i Nauki, uczestnicy walk o Warszawę, z entuzjazmem mówią o naszej pięknej stolicy*, „Express Wieczorny", nr 16, 17 stycznia 1953.

24 ch, *Ich czyny są miarą przyjaźni...*, „Kurier Codzienny", 17 stycznia 1953.
25 Tamże.
26 *Nad Warszawą wznoszą się dźwigi – kolosy Pałacu Przyjaźni*, „Głos Pracy" 1953, nr 150.
27 Franciszek Markowicz, *Dar wielkiej przyjaźni*, „Żołnierz Wolności", 27 marca 1953.
28 Karol Małcużyński, *Szturmowa brygada przyjaźni*, dz. cyt.
29 Jerzy Janicki, *Jutro będzie wyżej*, dz. cyt.
30 Stanisław Mioduszewski, *U nas – „wyżej" znaczy także „inaczej"*, dz. cyt.
31 Tamże.
32 *Na budowie Pałacu Kultury i Nauki. Spółdzielcy u najlepszych przyjaciół*, „Wola Ludu", 27 lutego 1953.
33 Irena Frąckowiak, *Cegły dla Pałacu*, „Gazeta Poznańska" 14–15 lutego 1953.
34 „ *PKiN i dzieje jego budowy*, Towarzystwo Przyjaźni Polsko-Radzieckiej, Zarząd Główny, „Pogadanki Propagandysty" 1955, nr 4.
35 Tamże, s. 3–4.
36 M.S., *Jelonki – to dzisiaj „Przyjaźń"*, „Przyjaźń", 21–28 grudnia 1952.
37 Tamże.
38 Tamże.
39 Tu: hotel robotniczy (ros.).
40 Tamże.
41 M. Sierżanin, *Ludzie wysokościowej budowy*, dz. cyt.
42 M.S., *Jelonki – to dzisiaj „Przyjaźń"*, dz. cyt.
43 Tamże.
44 Andrzej Chrzanowski, *Pałac Kultury i Nauki rośnie coraz wyżej*, „Stolica", 16 sierpnia 1953.
45 Archiwum Państwowe Miasta Stołecznego Warszawy, Biuro Pełnomocnika Rządu ds. Budowy PKiN, sygn. 3, k. 77, „Sprawozdanie z działalności Działu Zatrudnienia i Płac.
46 Jerzy Janicki, *Jutro będzie wyżej*, dz. cyt.
47 Andrzej Chrzanowski, *Pałac Kultury i Nauki rośnie coraz wyżej*, dz. cyt.
48 L. Wadecka, *Na największej budowie Warszawy*, „Żołnierz Wolności", 8 września 1953.
49 D. Piątkowski, *Na wysokich piętrach Pałacu Kultury szkolą się polscy budowniczowie*, „Życie Warszawy", 28 sierpnia 1953.
50 Tamże.
51 L. Wadecka, *Na największej budowie Warszawy*, dz. cyt.
52 D. Piątkowski, *Na wysokich piętrach Pałacu Kultury szkolą się polscy budowniczowie*, dz. cyt.
53 Archiwum Państwowe Miasta Stołecznego Warszawy, Biuro Pełnomocnika Rządu ds. Budowy PKiN, sygn. 29, k. 46.

54 Stanisław Mioduszewski, *Radzieccy budowniczy PKiN, uczestnicy walk o Warszawę, z entuzjazmem mówią o naszej pięknej stolicy*, „Express Wieczorny", 17 stycznia 1953.
55 I.K., *Ponad pół wieku razem: chórzystka i budowniczy PKiN*, „Tygodnik Ciechanowski", 3 sierpnia 2006.
56 Stanisław Mioduszewski, *U nas – „wyżej" znaczy także „inaczej"*, dz. cyt.
57 *Budowniczy Pałacu im. Józefa Stalina żegnają swego ukochanego Wodza*, „Kurier Codzienny", 10 marca 1953.
58 M. Sierżanin, *Ludzie wysokościowej budowy*, dz. cyt.
59 W. Chelińska, „Gazeta Krakowska", 28 lutego 1953.
60 Olgierd Budrewicz, *Miasto, które nie śpi i nie ziewa*, „Express Wieczorny", 9 lutego 1953.
61 Stacja Naukowo-Badawcza PAN na terenie PKiN, *Budowa PKiN*, Warszawa: PWN, 1957, s. 137.

5. Kronikarka

1 Jan Brzechwa, *Pałac Kultury*, „Stolica", 15 sierpnia 1952.
2 *Pałac Kultury i Nauki im. Stalina*, oprac. Jan Jacoby i Zygmunt Wdowiński, Warszawa:, Wydawnictwo Sport i Turystyka, 1955, s. 17.
3 Tamże.
4 Hanna Szczubełek, *Mój ślub z Pałacem*, niepublikowany maszynopis, s. 23.
5 Kronika Pałacu Kultury i Nauki, t. 1.
6 Hanna Szczubełek, *Mój ślub z Pałacem*, dz. cyt., s. 81.
7 Krzysztof Kąkolewski, *Pałac Kultury i Nauki*, Warszawa: Wydawnictwo Artystyczno-Graficzne, strony nienumerowane, brak daty.
8 Hanna Szczubełek, *Mój ślub z Pałacem*, dz. cyt., s. 27.
9 Sławomir Olzacki, *Kongres na Titanicu*, „Polityka", 16 grudnia 2006.
10 Tamże.
11 Edward Redliński, *Krfotok*, Warszawa: Muza, 1999, s. 220.
12 „Życie Warszawy", 3 grudnia 1960.

6. Środek świata

1 *W reporterskim skrócie*, „Życie Warszawy", 15 października 1958.
2 *Warszawa, jakiej nie znamy*, „Trybuna Ludu", 15 października 1958.
3 „Zbiór korespondencji nietypowej" – teczka w dyspozycji Hanny Szczubełek, Biuro Zarządu PKiN.
4 Tamże.
5 Tamże, list datowany: 11 lutego 1974, adresowany do „Centralnej Rady Związków Zawodowych, Warszawa, Sala Kongresowa".
6 Tamże.

7 Tamże, list datowany: 24 marca 1997, adresowany do „Referatu Listów w Pałacu Kultury, Warszawa".

8 Tamże.

9 Tamże, list bez daty.

10 Tamże.

11 Tamże.

12 Tamże.

13 Tamże.

14 Tamże.

15 Tamże.

16 Tamże, list datowany: 1980.

17 Tamże.

18 Tamże.

19 Tamże, list podpisany „Boży Maj, rok 1997".

20 Tamże, list podpisany „Dzierżoniów Dom Kultury – Wydział Profilaktyczny".

21 Tamże, list podpisany „Dzierżoniów Dom Kultury – Wydział Profilaktyczny".

22 Tamże, list bez daty.

23 Tamże.

24 Tamże.

25 Mircea Eliade, *Święty obszar i sakralizacja świata*, tłum. Anna Tatarkiewicz, w: *Antropologia kultury*, oprac. Grzegorz Godlewski i in., wstęp i red. Andrzej Mencwel, wyd 4. zm., Warszawa: Wydawnictwa Uniwersytetu Warszawskiego, 2005, s. 148.

26 Tamże, s. 148.

27 Elżbieta Przybył, *Pałac Kultury i Nauki jako socjalistyczna sakralizacja przestrzeni*, w: *Pałac Kultury i Nauki. Między ideologią a masową wyobraźnią*, red. Zuzanna Grębecka, Jakub Sadowski, Kraków: Nomos, 2007, s. 91.

28 Konrad Rokicki, *Kłopotliwy dar: Pałac Kultury i Nauki*, w: *Zbudować Warszawę piękną... O nowy krajobraz stolicy (1944–1956)*, red. Jerzy Kochanowski, Warszawa: Trio, 2003, s. 176.

29 Elżbieta Przybył, *Pałac Kultury i Nauki jako socjalistyczna sakralizacja przestrzeni*, dz. cyt., s. 110.

30 Gustaw Morcinek, „Trybuna Robotnicza", 12 kwietnia 1972.

31 Marta Zielińska, *Warszawa – dziwne miasto*, Warszawa: Instytut Badań Literackich Polskiej Akademii Nauk, 1995, s. 124.

32 Jakub Sadowski, *Iglica mundi. Socrealistyczne wizualizacje idei neobabilońskiej*, w: *Pałac Kultury i Nauki. Między ideologią a masową wyobraźnią*, red. Zuzanna Grębecka, Jakub Sadowski, Kraków: Nomos, 2007, s. 85.

33 Tamże, s. 86.

34 Karol Małcużyński, *Nasza stolica*, „Trybuna Ludu", 17 stycznia 1953.

35 Józef Sigalin, *Warszawa 1944–1980. Z archiwum architekta*, Warszawa: PIW, 1986, t. 3, s. 146.

36 *Czego nie ma w Pałacu*, w: *Pałac Kultury i Nauki w Warszawie. Historia, teraźniejszość, przyszłość*, oprac. Agnieszka Wołk-Łaniewska, Andrzej Golimont, Warszawa: Zarząd Pałacu Kultury i Nauki w Warszawie sp. z o.o., Biuro Rozwoju i Promocji, 2001.
37 Kronika PKiN, 1952 rok.
38 Anna Bogusz i in., Stacja Naukowo-Badawcza PAN na terenie budowy PKiN, *Budowa PKiN*, Warszawa: PWN, 1957, s. 518.
39 Tamże, s. 548.
40 Tamże, s. 518.
41 Tamże, s. 557.
42 Jan Minorski, *O projekcie szkicowym Pałacu Kultury i Nauki w Warszawie*, „Architektura" 1952, nr 7–8.
43 Elżbieta Przybył, *Pałac Kultury i Nauki jako socjalistyczna sakralizacja przestrzeni*, dz. cyt., s. 107.
44 Dobrosława Grzybkowska-Lewicka, *Pałac Kultury i Nauki jako obiekt kultowy PRL-u*, „Renowacje i Zabytki" 2005, nr 3.
45 Joanna Królak, *Słowiańskie centra „mikrokosmosu komunistycznego"*, [w:] *Pałac Kultury i Nauki. Między ideologią a masową wyobraźnią*, dz. cyt., s. 169.
46 Cyt. za: Grażyna Stankiewicz, *Pałac Kultury i Nauki w Warszawie*, praca magisterska napisana pod kierunkiem prof. dr. hab. A. Ryszkiewicza, Instytut Historii Sztuki, KUL, 1989, s. 25–33.
47 Tamże.
48 Elżbieta Przybył, *Pałac Kultury i Nauki jako socjalistyczna sakralizacja przestrzeni*, dz. cyt., s. 118.
49 *Większego wyboru pozycji nie ma*, oprac. Jacek Królak, „Res Publica" 1990, nr 3.
50 Tamże.
51 *Pałac Kultury i Nauki im. Józefa Stalina*, oprac. Jan Jacoby, Zygmunt Wdowiński, Warszawa: Sport i Turystyka, 1955, s. 12.
52 Jerzy Janicki, *O Pałacu Kultury i Nauki im. Józefa Stalina*, Warszawa: TWP, 1955. s. 35–36.
53 Witold Degler, *Kryształowa kula Pałacu Kultury*, cyt. za: *Pałac Kultury i Nauki w Warszawie*, dz. cyt.
54 Mircea Eliade, *Święty obszar i sakralizacja świata*, dz. cyt., s. 148.
55 Wojciech Tomasik, *Inżynieria dusz. Literatura realizmu socjalistycznego w planie „propagandy monumentalnej"*, Wrocław: FNP, 1999, s. 105–106.
56 „Zbiór korespondencji nietypowej", dz. cyt., list datowany: 24 lipca 1974.
57 Tamże.
58 Tamże.
59 Tamże, pismo prezesa Polskiej Akademii Nauk Włodzimierza Trzebiatowskiego do obywatela S.S. datowane: 30 lipca 1974.
60 Olgierd Budrewicz, *Wieżowiec zwany Pałacem*, „Renowacje i Zabytki" 2005, nr 3.
61 „Zbiór korespondencji nietypowej", dz. cyt., list datowany: 9 czerwca 1978.

62 Tamże.
63 Tamże.
64 Tamże.
65 Tamże, list datowany: 1989.
66 Tamże, list bez daty.
67 Tamże, list bez daty.
68 Tamże.
69 Tamże.
70 Tamże, list datowany: 1996.
71 Tamże.
72 Tamże.
73 Tamże.
74 Tamże, list ze Stargardu Szczecińskiego, datowany: 1978.
75 Tamże.
76 Tamże, list bez daty.
77 Tamże.
78 Tamże.
79 Elżbieta Przybył, *Pałac Kultury i Nauki jako socjalistyczna sakralizacja przestrzeni*, dz. cyt., s. 113.
80 Jerzy Janicki, *O Pałacu Kultury i Nauki im. Józefa Stalina*, dz. cyt., s. 35–36.
81 Adam Leszczyński, *Psychoanaliza Pałacu Kultury*, [w:] *Pałac Kultury i Nauki. Między ideologią a masową wyobraźnią*, red. Zuzanna Grębecka, Jakub Sadowski, Kraków: Nomos, 2007, s. 73.
82 Tamże.
83 Hanna Krall, *Pałac*, „Polityka", 19 lipca 1975.
84 Jerzy Ciszewski, „Express Wieczorny", 28–29 lipca, 1954.
85 „Express Wieczorny", 1 stycznia 1954.
86 Tadeusz Kubiak, *Rozmowa na budowie Pałacu Kultury i Nauki w Warszawie wiosną 1953 roku*, z cyklu *Miłość prawdziwa*, cyt. za: *Pałac Kultury i Nauki w Warszawie*, dz. cyt.
87 *Pałac Kultury i Nauki im. Józefa Stalina*, dz. cyt., s. 27.
88 Józef Sigalin, *Inżynieria dusz*, dz. cyt., t. 2, s. 436.
89 Wojciech Tomasik, dz. cyt., s. 107.
90 *Minister budownictwa Francji u premiera Józefa Cyrankiewicza*, „Życie Warszawy", 25 września 1965.
91 *Warszawski czakram. Dyskusja panelowa*, w: *Pałac Kultury i Nauki. Między ideologią a masową wyobraźnią*, dz. cyt., s. 9.
92 Tamże, s. 10.
93 Wypowiedź użytkownika „Gość" na forum.gazeta pl z 14 marca 2005, *Pałac Kultury zabytkiem?*, cyt. za: Zuzanna Grębecka, *Axis mundi i ramy symboliczne*, w: *Pałac Kultury i Nauki. Między ideologią a masową wyobraźnią*, dz. cyt., s. 131.
94 Olgierd Budrewicz, dz. cyt.

95 Tadeusz Konwicki, *Mała apokalipsa*, „Zapis" 1979, nr 10.
96 Stefan Kisielewski (Tomasz Staliński), *Cienie w pieczarze*, Paryż: Instytut Literacki, 1971, s. 215.
97 Dariusz Maciak, *Dwie obręcze. Warszawa w wizualnym uścisku komunizmu*, w: *Pałac Kultury i Nauki. Między ideologią a masową wyobraźnią*, dz. cyt., s. 163.
98 *Pałac Kultury: primabalerina Warszawy*. Rozmowa Tadeusza Sobolewskiego z reżyserem, „Gazeta Wyborcza", 2 maja 2012.
99 *Dobiegła końca trzecia wizyta papieża w Polsce*, „Życie Warszawy", 15 czerwca 1987.
100 Mikołaj Madurowicz, *Strefa sacrum w przestrzeni miejskiej Warszawy*, Warszawa: Wydawnictwo Akademickie Dialog, 2002, s. 117.
101 Barbara Sułek-Kowalska, *A plac Defilad?*, „Idziemy", 29 czerwca 2014.
102 Tamże.
103 *Warszawski czakram*, dz. cyt., s. 24.
104 Tamże, s. 21.
105 Tamże.
106 „Express Wieczorny", 30–31 maja 1970.
107 Józef Sigalin, *Warszawa 1944–1980*, dz. cyt., t. 3, s. 147.
108 Adam Leszczyński, dz. cyt., s. 74.
109 *Mitologie nie tworzą się na zawołanie. Dyskusja*, w: *Pałac Kultury i Nauki. Między ideologią a masową wyobraźnią*, dz. cyt., s. 29.
110 „Zbiór korespondencji nietypowej"..., list ze Starogardu Gdańskiego, datowany: 21.08.2008.
111 Tamże, list z Warszawy, datowany: 4 kwietnia 1995.
112 Tamże.
113 Tamże, list z 2003 roku.
114 Tamże.
115 Tamże, list z 1993 roku.
116 Tamże.
117 Tamże, list z Szydłowa, datowany: 7 kwietnia 2011.
118 Tamże.
119 Tamże.
120 Tamże, list z Częstochowy, datowany: 8 maja 2006 (adres nadawcy w Seceminie).
121 Konrad Rokicki, *Kłopotliwy dar*, dz. cyt., s. 205.
122 *Mitologie nie tworzą się na zawołanie*, dz. cyt., s. 24.
123 *Pałac Kultury: primabalerina Warszawy*, dz. cyt.

8. Muzeum komunizmu

1 Marcin Wolski, *Kabaret Nadredaktora*, Warszawa: Nowy Świat, 2002.
2 Tamże.
3 Bartosz Marzec, *Polska jak rzodkiewka*, „Rzeczpospolita", 12 listopada 2003.

4 *SocLand: Muzeum Komunizmu (w budowie)*, red. Adam Borowski, katalog z wystawy, Warszawa: Volumen – SocLand-Museum of Communism Foundation, 2003, s. 4.
5 RJ, *SocLand w Nowej Hucie*, „Rzeczpospolita", 10 lipca 2001.
6 Tamże.
7 *Skansen socjalizmu*, „Newsweek", 10 września 2001.
8 Bartosz Marzec, *Dzieje wielkiej manipulacji*, „Rzeczpospolita", 15 października 2002.
9 Mateusz Fałkowski, *Biznes patriotyczny. Historia wydawnictwa CDN*, Gdańsk: Europejskie Centrum Solidarności, 2011, s. 169.
10 Aleksandra Pinkas, *Komunizm do Pałacu*, „Życie Warszawy", 4 grudnia 2008.
11 Taż, *Wałęsa „ochrzcił" muzeum komuny*, „Życie Warszawy", 16 grudnia 2008.
12 Iwona Szpala, Dominika Olszewska, *Ostry spór między Olejniczakiem a Bieleckim o SocLand*, „Gazeta Stołeczna", 17 listopada 2010.
13 Jacek Krzemiński, *Przedwyborczy prezent od prezydenta*, „Rzeczpospolita", 19 stycznia 2005.
14 Iwona Szpala, Dominika Olszewska, *Ostry spór między Olejniczakiem a Bieleckim o SocLand*, dz. cyt.
15 Aleksandra Pinkas, *Wałęsa „ochrzcił" muzeum komuny*, dz. cyt.
16 Witold Dudziński, *SocLand przegrywa z Euro*, „Niedziela", 19 listopada 2012.
17 Tamże.
18 Iwona Szpala, Dominika Olszewska, *Ostry spór między Olejniczakiem a Bieleckim o SocLand*, dz. cyt.
19 Tamże.
20 Karol Kobos, *Ratusz zrezygnował z Muzeum Komunizmu*, http://tvnwarszawa.tvn24.pl/print/informacje,news,ratusz-zrezygnowal-z-muzeum-komunizmu,30869.html (dostęp: 8 czerwca 2015).
21 Dariusz Bartoszewicz, *Muzeum Komunizmu do lamusa? Władze rezygnują*, „Gazeta Stołeczna", 11 sierpnia 2011.
22 *SocLand: Muzeum Komunizmu (w budowie)*, dz. cyt, s. 8

9. Kolekcjoner

1 Monika Chruścińska, *Pocztówki z Pałacem Kultury w tle*", „Dziennik Zachodni", 16 września 2009.
2 Edyta Lechwar, *Zakochać się w Pałacu Kultury i Nauki w Warszawie*", portal interetowy Netbird, 19 kwietnia 2010; przedruk na stronie internetowej kolekcjonera http://www.pkin.prv.pl/.

Podziękowania

Za pomoc podczas pracy nad książką autorka dziękuje Wojciechowi Bartelskiemu, Czesławowi Bieleckiemu, Łukaszowi Birecie, Pawłowi Dunin-Wąsowiczowi, Ewelinie Dudziak, Tomaszowi Dzierdze, Anicie Grocholi, Filipowi Grynkiewiczowi, Adamowi Jakóbczykowi, Markowi Kossakowskiemu, Ryszardowi Mączewskiemu, Elżbiecie Michalskiej, Monice Powalisz, Justynie Prus, Andrzejowi Skalimowskiemu, Marcinowi Zarembie.

Szczególne podziękowania dla Hanny Szczubełek.

Kalendarium

1845

- 14 czerwca – otwarcie Dworca Wiedeńskiego w Warszawie. Budynek przypomina dwa stykające się ze sobą parowozy. Pierwsi pasażerowie wyruszają w podróż trasą Kolei Warszawsko-Wiedeńskiej do Grodziska. Bliskość dworca ożywia okolicę.

1854

- Przy ulicy Wielkiej w Warszawie można naliczyć siedem kamienic. W roku 1930 będzie ich już około stu dwudziestu.

1931

- 15 grudnia – wysadzenie w powietrze soboru Chrystusa Zbawiciela w Moskwie. Świątynia ma ustąpić miejsca Pałacowi Rad, na który radzieckie władze ogłaszają konkurs.

1933

- Między ulicami Marszałkowską i Emilii Plater w Warszawie rozpoczyna się budowa nowoczesnego monumentalnego Dworca Głównego – wspólnego dla wszystkich linii kolejowych przebiegających przez Warszawę. Ma zastąpić Dworzec Wiedeński i dwie tymczasowe stacje.
- Rozstrzygnięcie konkursu na projekt Pałacu Rad w Moskwie – zwycięża neoklasyczny projekt Borysa Jofana, później zmieniony przez niego samego, Władymira Szczuko i Władymira Gelfreicha w drapacz chmur. Jedno z wyróżnień zyskuje projekt pod godłem „Trojka", sygnowany przez Grzegorza Sigalina, Henryka Bluma i Bertolda Lubetkina.

1935

- Grzegorz Sigalin wyjeżdża z Polski do Związku Radzieckiego, by wziąć udział w przebudowie Moskwy.

1936

- 15 grudnia – w Warszawie uruchomiona zostaje linia średnicowa wyposażona po raz pierwszy w trakcję elektryczną.

1937

- W Moskwie rusza budowa Pałacu Rad. Ma on być najwyższą budowlą na świecie (415 m). Prace przerwie niemiecka inwazja w 1941 roku.

1939

- 6 czerwca – niedokończony budynek Dworca Głównego w Warszawie zostaje częściowo zniszczony w wyniku pożaru wznieconego przez ekipę spawalniczą.

1941

- Październik – w Warszawie do kamienicy przy ulicy Siennej 16 znajdującej się na terenie getta przenoszą się Janusz Korczak, Stefania Wilczyńska i dzieci z sierocińca.

1942

- 5 lub 6 sierpnia – Janusz Korczak wyrusza z dziećmi na Umschlagplatz.

1944

- 15 września – Józef Sigalin zaczyna organizować w Lublinie dział odbudowy przy Resorcie Gospodarki Narodowej i Finansów (od roku 1945 Biuro Planowania i Odbudowy przy Prezydium Rady Ministrów), przygotowując kadry do odbudowy Warszawy.

1945

- Styczeń – W Warszawie hitlerowcy podkładają ładunki wybuchowe pod budynek Dworca Głównego, który po częściowej odbudowie służył im podczas okupacji jako Warschau Hauptbahnhof.
- 28 lipca – Teodor Gryglaszewski sprzedaje Alicji Grynkiewicz kamienicę przy ulicy Wielkiej 4.
- Październik – na mocy dekretu wydanego przez prezydenta Bolesława Bieruta wszystkie grunty w mieście przechodzą na własność państwa.

1946

- Biuro Odbudowy Stolicy rozpoczyna rozbiórkę i wyburzenia kamienic w kwartale Chmielna, Wielka, Złota, Sienna, Marszałkowska, gdzie później stanie Pałac Kultury i Nauki.

1947

- 30 maja – resztki Dworca Głównego zostają wysadzone w powietrze przez nowe polskie władze. Gruzy trafiają na Ochotę do parku Szczęśliwickiego.

1951

- Wrzesień – Józef Sigalin zostaje powołany na pełnomocnika polskiego rządu ds. budowy Pałacu Kultury i Nauki.
- Georgij Karawajew wyjeżdża w pierwszą zagraniczną podróż – do Warszawy. Przyjeżdża też grupa radzieckich architektów, by przygotować się do prac nad projektem Pałacu.

1952

- 1 maja – oficjalne rozpoczęcie budowy Pałacu, prace budowlane ruszają dzień później.

1953

- 7 listopada – kończy się montaż iglicy wieńczącej kopułę Pałacu.
- Wspólną uchwałą Rady Państwa i Rady Ministrów PRL nadano budynkowi nazwę „Pałac Kultury i Nauki imienia Józefa Stalina".

1955

- 31 stycznia – Prezes Rady Ministrów Józef Cyrankiewicz powołuje Stanisława Barszczewskiego na stanowisko Dyrektora Zarządu Pałacu Kultury i Nauki im. Józefa Stalina.
- 21 lipca – przekazanie Pałacu Kultury i Nauki im. Józefa Stalina społeczeństwu polskiemu.
- 22 lipca – w rocznicę Manifestu PKWN w Sali Kongresowej odbywa się uroczysta akademia. Uczestniczą w niej delegacje rządowe dziesięciu państw satelickich i samego ZSRR.
- 3 sierpnia – na placu Defilad do późna w nocy bawią się uczestnicy V Międzynarodowego Festiwalu Młodzieży i Studentów.
- Osiedle „Przyjaźń" na warszawskich Jelonkach, służące dotąd jako miejsce zamieszkania dla budowniczych Pałacu, zostaje przekazane na akademiki warszawskim uczelniom.

1956

- 30 kwietnia – na 5. i 27. piętrze Pałacu po kilku miesiącach prac zakończono montaż stałej stacji telewizyjnej, co pozwala na zwiększenie zasięgu odbioru programu z 30 km do 100 km.
- 24 października – na placu Defilad odbywa się wielki wiec ludności Warszawy, podczas którego Władysław Gomułka, I Sekretarz Komitetu Centralnego PZPR, uzyskuje poparcie dla tzw. „odwilży".
- 17 listopada – Prezydium Rządu podejmuje Uchwałę Nr 731/56, na mocy której Zarząd Pałacu Kultury i Nauki im. Józefa Stalina przekazany zostaje spod „opieki" Urzędu Rady Ministrów w gestię Prezydium Rady Narodowej miasta Warszawy. Od tej chwili z oficjalnych dokumentów znika nazwisko patrona Pałacu – Józefa Stalina.
- 19 listopada – umiera Lew Rudniew, główny projektant Pałacu.

1957

- 19 września – nad sceną Sali Kongresowej zawisa kurtyna z włókien szklanych. To pierwsza ognioodporna kurtyna w Europie.
- 7 listopada – na 17. piętro Pałacu wprowadzają się redakcja „Kobiety i Życia" oraz „Filipinki".

1958

- 31 maja – w salach pałacowych premier Józef Cyrankiewicz uroczyście otwiera III Międzynarodowe Targi Książki. Wystawionych zostaje 30 tys. książek z 20 państw. To pierwsze Targi Książki w Pałacu.
- Sierpień – do obiegu pocztowego w Związku Radzieckim wchodzi seria znaczków pocztowych, na jednym z nich widnieje Pałac Kultury i Nauki w Warszawie.
- W Moskwie fundamenty Pałacu Rad zostają zamienione w jeden z największych na świecie odkrytych basenów.
- 14 października – z 30. piętra Pałacu skacze mężczyzna. Jest to pierwszy skok samobójczy z tarasu widokowego.
- Grudzień – Prezydium Rady Narodowej podejmuje uchwałę pozwalającą zarządowi Pałacu przejąć z dniem 6 kwietnia 1959 w administrację i użytkowanie wszystkie obiekty parku Łazienkowskiego. Łazienki zostaną w administracji Zarządu Pałacu do 1964 roku włącznie.

1959

- 15 stycznia – otwarcie w tzw. „Okrąglaku" wystawy plakatu przeciwalkoholowego.
- 19 marca – w Sali Kongresowej kończy obrady Trzeci Zjazd PZPR, pierwszy, który odbywa się w Pałacu Kultury.
- 20 lipca – w Teatrze Klasycznym w godzinach popołudniowych na scenę i widownię spływają strugi wody, zalewając teatr. Okazuje się, że z powodu upałów uruchomiły się automatycznie urządzenia przeciwpożarowe.

1960

- 17 marca – w kinie Wiedza otwarte zostaje eksperymentalne „Kino Dobrych Filmów". Jako pierwszy wyświetlony jest radziecki film *Pancernik Potiomkin*.
- 22 kwietnia – w Sali Kongresowej odbywa się akademia poświęcona 90. rocznicy urodzin Włodzimierza Lenina.
- 9 maja – pracę w Pałacu zaczyna jego przyszła kronikarka Hanna Szczubełek.
- 16 lipca – z okazji jubileuszu 5-lecia Pałacu Kultury i Nauki sali konferencyjnej na 4. piętrze nadano imię prof. Lwa Rudniewa, głównego projektanta gmachu.
- 17 listopada – w basenie pływalni Pałacu Młodzieży tonie z powodu ataku serca studentka I roku Wydziału Chemii Uniwersytetu Warszawskiego.

1961

- 6 maja – Mieczysław Fogg obchodzi w Sali Kongresowej jubileusz 30-lecia pracy artystycznej.
- 21 lipca – Pałac gości Jurija Gagarina, pierwszego kosmonautę świata.

1962

- 30 września – salom wystawowym i konferencyjnym (dotychczas numerowanym) nadano imiona: Kopernika, Dzierżyńskiego, Skłodowskiej-Curie, Broniewskiego, Korczaka, Kruczkowskiego i Gagarina.

- 18 listopada – z tarasu widokowego 30. piętra Pałacu wyskakuje czterdziestosiedmioletni mężczyzna.
- 12 grudnia – Pałac gości radzieckiego przywódcę Leonida Breżniewa.

1963

- 31 marca – w restauracji Trojka odbywa się pokaz dań radzieckiej kuchni wiejskiej. Zaprezentowano kraby w galarecie, szczupaka faszerowanego, ikrę grzybową, solankę ze szczupaka, nerkę po rusku, okruszkę mięsną i łososia po moskiewsku.
- Grudzień – Sala Kongresowa zostaje wyposażona w filmowy ekran panoramiczny.

1964

- 19 stycznia – w Sali Kongresowej występuje Marlena Dietrich.
- 15 czerwca – w Sali Kongresowej rozpoczyna się Czwarty Zjazd PZPR, trwa do 20 czerwca.
- 1 lipca – Pałac gości prezydenta Jugosławii Josipa Broz-Tito z małżonką.
- 24 sierpnia – w Sali im. Dzierżyńskiego na 4. kondygnacji wybucha pożar. Sala zostaje całkowicie spalona mimo natychmiastowej akcji pałacowej straży pożarnej.

1965

- 6 marca – od samego rana w Pałacu ustawia się długa kolejka chętnych do obejrzenia wystawy współczesnej grafiki amerykańskiej otwartej w Sali Marmurowej.
- 4 kwietnia – na scenie Sali Kongresowej występuje pierwsza dama światowego jazzu Ella Fitzgerald z zespołem Oscara Petersona.
- 17 lipca – przez Warszawę przechodzi gwałtowna burza. Po raz pierwszy w historii Pałacu urządzenia kanalizacyjne nie zdołały odprowadzić wody deszczowej. Zalane zostały: restauracja Kongresowa, kanał energetyczny Pałacu, podziemia strefy „Ż", maszynownia wentylacyjna strefy „A", klatka schodowa na 6. kondygnacji strefy „A" i pomieszczenia na 14. kondygnacji.
- Październik – z tarasu 30. piętra wyskakuje obywatel francuski.
- 3 grudnia – odbywa się pokaz paryskiego domu mody Christiana Diora, kiedy to zaprezentowano polskiej publiczności francuskie kreacje zimowe. Pokaz jest pierwszą tego typu imprezą w Polsce.

1966

- 31 grudnia – w salach redutowych Pałacu odbywa się bal sylwestrowy dla 1800 osób.

1967

- W Pałacu Kultury przeprowadzono najwięcej Polsce i w Europie rozmów telefonicznych: 4 miliony połączeń rocznie.

- Marzec – do administrowanego przez siebie parku Łazienkowskiego Zarząd Pałacu Kultury sprowadza 40 bażantów złocistych i srebrzystych.
- 14 kwietnia – w Sali Kongresowej występuje zespół The Rolling Stones. Przed występem tłumy młodzieży szturmują wejścia. Porozbijano kandelabry i szklane gabloty. Stołeczna milicja używa armatki wodnej.

1968

- 11 listopada – w Sali Kongresowej rozpoczyna się Piąty Zjazd PZPR, trwa do 16 listopada.

1969

- 4 kwietnia – na scenie Sali Kongresowej występuje Mireille Mathieu.
- Maj – z recitalem występuje francuska piosenkarka i aktorka filmowa Juliette Gréco. W trakcie jej występu na scenę wmaszerowuje czarny kot z podniesionym ogonem, spokojnie przechodzi przez całą scenę i znika za kulisami.

1970

- 30 stycznia – dwa radzieckie dźwigi obsługujące turystów wjeżdżających na 30. piętro zostają wymienione na najszybsze w kraju (6 m/s) wyprodukowane przez szwedzką firmę Asea Graham.

1971

- Na 2. kondygnacji Pałacu w Muzeum Techniki rozpoczęto budowę planetarium. Kopuła, pod którą będzie można oglądać gwiazdozbiory, ma średnicę 8 m. Sala pomieści jednorazowo 60 osób.

1972

- Od 28 stycznia Teatr Klasyczny przestaje istnieć. Powołano nowy Teatr Studio, którego dyrektorem zostaje Józef Szajna.

1973

- Otwarcie wystawy prac artystów japońskich Ryuho Hasegawy i Ichiro Ihary w Sali im. Broniewskiego.

1974

- Maj – na placu Defilad przed Pałacem odbywa się jarmark „Cepeliada '74".
- 2 września – we wnętrzach Pałacu otwarta zostaje wielka wystawa „Warszawa XXX", ukazująca przemiany miasta od 1945 roku.
- Z tarasu widokowego usiłuje skoczyć młody mężczyzna, lecz udaje się go powstrzymać przed samobójstwem. Kilka tygodni później nad balustradami 30. piętra zawisa metalowa krata.

1975

- W Sali Marmurowej warszawski Polmozbyt organizuje wystawę akcesoriów samochodowych połączoną ze sprzedażą.
- 8 marca – na parterze Pałacu otwarta zostaje Klub Prasy i Książki.
- 8 grudnia – w Sali Kongresowej zaczyna się Siódmy Zjazd PZPR, trwa do 12 grudnia.

1976

- 30 kwietnia – po trzydniowych obradach w Sali Kongresowej powstaje Związek Socjalistycznej Młodzieży Polskiej.

1977

- 12 września – trzytysięczna grupa młodzieży zbiera się na wiecu w Sali Kongresowej, aby zaprotestować przeciwko amerykańskim planom produkcji bomby neutronowej.
- Wokół Pałacu Kultury odbywają się wieczorne biegi studentów dla uczczenia 60-lecia Wielkiej Rewolucji Październikowej.

1978

- W Sali im. Marii Skłodowskiej-Curie otwarta zostaje Krajowa Wystawa Filatelistyczna pt. „Na straży pokoju i socjalizmu".
- 14 grudnia – w przeddzień trzydziestej rocznicy powstania PZPR w Sali Kongresowej odbywa się uroczysty koncert pt. „To partii czyn – to partii myśl".

1979

- 15 października – w Sali Kongresowej występuje gwiazdor rocka i bluesa Eric Clapton.

1980

- W Pen Clubie odbywa się uroczyste zebranie literackie poświęcone Czesławowi Miłoszowi, laureatowi Literackiej Nagrody Nobla w 1980 roku.

1981

- 23 stycznia – do akcji strajkowej ogłoszonej przez Prezydium NSZZ „Solidarność" Region Mazowsze przystępują pracownicy Zarządu Pałacu i użytkownicy zrzeszeni w „Solidarności". Strajk ostrzegawczy trwa od 8.00 do 12.00. W tym czasie nie kursują pałacowe dźwigi. Kolejna akcja strajkowa odbywa się na terenie Pałacu 29 marca.
- Wrzesień – na tarasie 15. piętra (tzw. baszta narożna) od strony Alei Jerozolimskich zamieszkują pustułki.
- 13 grudnia – w Polsce zostaje ogłoszony stan wojenny. Życie Pałacu ogranicza się wyłącznie do działalności administracyjno-biurowej użytkowników gmachu.

1982

- 23 stycznia – mimo trwania stanu wojennego zdecydowano o wznowieniu działalności kulturalnej w Warszawie. W Pałacu odbywają się sporadyczne imprezy bez udziału najwybitniejszych artystów, którzy bojkotują wprowadzenie stanu wojennego.
- 1 czerwca – Pałac Kultury i Nauki zostaje przekazany Zarządowi Gospodarki Mieszkaniowej i Remontów w Warszawie. Dotąd znajdował się w gestii Urzędu Miasta Stołecznego Warszawy.

1983

- 13 stycznia – na terenie Pałacu Młodzieży wybucha pożar gaszony przez dziewięć sekcji Zawodowej Straży Pożarnej Warszawy.
- W Pałacu Młodzieży pierwszą „pałacową" wystawę kotów rasowych odwiedza ponad dziesięć tysięcy osób.
- 20 października – w Sali Kongresowej rozpoczyna się XXV Międzynarodowy Festiwal Jazzowy Jazz Jamboree '83.
- 23 grudnia – umiera Józef Sigalin, były naczelny architekt Warszawy i pełnomocnik polskiego rządu ds. budowy Pałacu.

1984

- Kwiecień – w Sali Kongresowej występuje angielski wokalista, pianista i kompozytor Elton John.

1985

- 1 czerwca – w Sali Kongresowej odbywają się wybory Miss Polonia '85.

1986

- 23 lutego – w Muzeum Techniki odbywa się odczyt „Polskie kręgi kamienne". Organizatorem spotkania jest Warszawskie Towarzystwo Badań Niezidentyfikowanych Obiektów Latających „Ufo-video".
- 20 marca – z okna 24. kondygnacji wyskakuje trzydziestopięcioletni doktor nauk matematycznych.

1987

- 14 czerwca – o godzinie dziesiątej na placu Defilad przy specjalnie wzniesionym ołtarzu odbywa się msza wieńcząca II Kongres Eucharystyczny. Mszę celebruje papież Jan Paweł II w otoczeniu kardynałów oraz biskupów polskich i przybyłych z wielu krajów świata.
- 25 lipca – odbywa się uroczysta inauguracja 72. Światowego Kongresu Esperanto. Wśród gości jest wnuk twórcy esperanto Ludwika Zamenhofa – Ludwik Zaleski-Zamenhof, mieszkający we Francji. Kongres jest jedną z największych imprez, jakie dotychczas odbyły się w Pałacu. Uczestniczy w nim 6 tys. osób z siedemdziesięciu krajów.

1988

- 1 czerwca – w Sali im. Marii Skłodowskiej-Curie zostaje otwarta wystawa-kiermasz zabawek LEGO.

1989

- Z okazji muzułmańskiego Święta Ofiarowania – Id al-Adha – w Sali im. L. Kruczkowskiego odbywa się uroczyste nabożeństwo wyznawców islamu.
- 29 listopada – Nadzwyczajny Kongres Zjednoczonego Stronnictwa Ludowego obradujący w Sali Kongresowej po 40 latach kończy jego działalność. Delegaci powołują do życia Polskie Stronnictwo Ludowe „Odrodzenie". Funkcję przewodniczącego powierzają Józefowi Zychowi.

1990

- 27 stycznia – w Pałacu obraduje ostatni, Jedenasty Zjazd Polskiej Zjednoczonej Partii Robotniczej, która przestaje istnieć. 1600 delegatów dzieli się na dwie nowo utworzone partie: Socjaldemokrację Rzeczypospolitej Polskiej, na której czele staje Aleksander Kwaśniewski, i Polską Unię Socjaldemokratyczną z Tadeuszem Fiszbachem na czele.
- Maj – do Warszawy przybywa John Kowalczyk, biznesmen polskiego pochodzenia mieszkający w Stanach Zjednoczonych. Planuje zainwestowanie 30 mln dolarów w przebudowę Pałacu.
- Niebywałym powodzeniem cieszy się cykl seansów hipnotyzera Anatolija Kaszpirowskiego, którego gościła Sala Kongresowa.
- 15 grudnia – w dawnych pomieszczeniach kin Przyjaźń i Młoda Gwardia zostaje otwarty nowoczesny dom handlowy należący do prywatnej firmy krajowej BAS Shopping Center.

1991

- 24 stycznia – na 35. piętrze Pałacu umieszczona zostaje pierwsza w historii budynku reklama – firmy Digital.
- 6 sierpnia – Fundacja Muzeum Umschlagplatz, Towarzystwo im. Edyty Stein i Zarząd Pałacu Kultury i Nauki organizują uroczystość poświęconą 49. rocznicy wyprowadzenia przez Janusza Korczaka dzieci z sierocińca na Umschlagplatz.
- Październik – na placu Defilad rusza budowa dwóch hal targowych: Marcpolu w czerwono-białe pasy oraz Universalu w biało-niebieskie. Warszawiacy nazywają hale „beczkami śmiechu".

1992

- Luty – po raz pierwszy od 37 lat iglica zostaje poddana generalnemu remontowi.
- 7 września – kończy się remont zegara słonecznego znajdującego się w parku pałacowym.

1993

- 11 listopada – otwarcie Trzecich Międzynarodowych Targów poświęconych urządzeniom biurowym, bankowym, sprzętowi telekomunikacyjnemu i oprogramowaniu komputerowemu.

1994

- 20 lipca – Komisja Papierów Wartościowych organizuje w Pałacu Kultury centralny egzamin maklerski, do którego przystępuje 1400 osób.
- Załoga śmigłowca Mi-17 należącego do Nadwiślańskich Jednostek Wojskowych MSW pomaga zainstalować nową antenę telewizyjną na iglicy Pałacu.
- Październik – na elewacji Pałacu umieszczono 15-metrową małpę, którą uszyto w Fabryce Balonów Reklamowych w Białymstoku.

1995

- W Moskwie umiera Georgij Karawajew, radziecki pełnomocnik ds. budowy Pałacu. Rusza odbudowa cerkwi Chrystusa Zbawiciela, która na skutek decyzji radzieckich władz musiała ustąpić miejsca pod planowany Pałac Rad.
- 4 października – Sala Kongresowa gości sławnego tenora Luciano Pavarottiego. Śpiewakowi towarzyszy Chór Teatru Wielkiego w Warszawie. Ceny biletów okazują się niedostępne dla przeciętnej kieszeni.

1996

- W ramach akcji promocyjnej firmy Warner Bros. Poland wprowadzającej na rynek kasetę z filmem *Batman Forever* z 30. piętra Pałacu opuszcza się na linie Batman odziany w tytanową zbroję i maskę nietoperza.
- 23 lipca – w Sali Kongresowej odbywa się spotkanie z kaznodzieją Morrisem Cerullo, który nazywa siebie apostołem czasów ostatecznych i uzdrowicielem. Przybywają tłumy.
- 7 października – wrocławianin Bartek Grochala rowerem górskim wjeżdża po schodach na 20. kondygnację Pałacu Kultury. Pokonuje 696 stopni.

1997

- 6 maja – warszawscy wielbiciele Piotra Skrzyneckiego, legendarnego twórcy krakowskiej Piwnicy pod Baranami, wymyślili niecodzienną formę uczczenia jego pogrzebu. O godzinie 12.00 znany muzyk jazzowy Tomasz Stańko gra czterokrotnie ze szczytu Pałacu Kultury hejnał mariacki.
- 13 sierpnia – na tarasie widokowym 30. piętra pojawia się sześć lunet, aby uatrakcyjnić turystom podziwianie stolicy na czetry strony świata.

1998

- Sierpień – Zarząd Pałacu Kultury i Nauki montuje urządzenia umożliwiające osobom niepełnosprawnym wygodny dostęp na każdy poziom Pałacu.

1999

- 9 maja – w Sali Kongresowej odbywa się siódma Noc Reklamożerców – sześciogodzinny pokaz ponad 400 tysięcy reklam z całego świata, zebranych przez Francuza Jeana Marie Bouriscat.

2000

- Botanicy z Polskiej Akademii Nauk badają roślinność na dachach, wieżyczkach i gzymsach Pałacu. W popękanych murach gromadzi się piasek i błoto, co sprzyja kiełkowaniu roznoszonych przez wiatr i ptaki nasion. Pałac porasta 117 gatunków roślin.
- 31 grudnia – na pięć minut przed północą prezydent miasta Paweł Piskorski odsłania zamontowany na wysokości 40. piętra zegar milenijny, największy tego typu zegar w Europie.

2001

- Firma NASK podpisuje umowę z Zarządem Pałacu Kultury i Nauki na podłączenie Pałacu do internetu łączem światłowodowym.
- 11 kwietnia – otwarty zostaje kompleks kinowy, dwupoziomowa Kinoteka z pięcioma klimatyzowanymi salami. Cztery z nich znajdują się na parterze, w miejscu dawnego domu handlowego BAS, a jeszcze wcześniej kin Przyjaźń i Młoda Gwardia.
- 30 października – w Sali Gotyckiej na 30. piętrze Pałacu odbywają się Zaduszki z Wielkimi. Przyjaciele i znajomi wspominają zasłużonych dla życia publicznego zmarłych.

2002

- 16 kwietnia – na najwyższym piętrze Pałacu gniazdujące sokoły wędrowne doczekują się potomstwa. Z jaj wykluwają się pisklęta, które następnie zostają zaobrączkowane.
- 11 września – dla uczczenia rocznicy ataków terrorystycznych z 11 września 2001 na Nowy Jork i Waszyngton wyłączona zostaje iluminacja Pałacu Kultury i Nauki. Na tarasie widokowym 30. kondygnacji zapalono symboliczną latarnię pamięci.

2003

- 22 lipca – w rocznicę Manifestu Lipcowego w podziemiach Pałacu otwarta zostaje wystawa inaugurująca Muzeum Pamięci Komunizmu – SocLand.
- 16 listopada – pierwsza randka kolekcjonera Tomasza D. i jego dziewczyny Ani w Pałacu.

2004

- 9 grudnia – w Sali Kongresowej występuje najsłynniejszy iluzjonista David Copperfield, który odwiedza Polskę po raz drugi.

2005

- 2 kwietnia – po ciężkiej chorobie umiera papież Jan Paweł II. W godzinach wieczornych na wygaszonych elewacjach Pałacu rozbłyska krzyż utworzony ze świateł w oknach.

2006

- Rada Warszawy przyjmuje miejscowy plan zagospodarowania przestrzennego otoczenia Pałacu.

2007

- 2 lutego – decyzją p.o. wojewódzkiego konserwatora zabytków w Warszawie Macieja Czeredysa Pałac Kultury i Nauki zostaje wpisany do rejestru zabytków.
- 30 marca – grupa 70 osób ze świata kultury, nauki i mediów wystosowuje do Prezydenta RP protest z prośbą o cofnięcie decyzji konserwatora. Negatywną opinię wobec uznania Pałacu za zabytek wyrażają eksperci i architekci z Komitetu Architektury i Urbanistyki PAN.

2008

- Tadeusz Kos jako pierwszy z byłych właścicieli objętych dekretem bierutowskim po wieloletnich procesach odzyskuje rodzinną działkę na placu Defilad, u zbiegu Świętokrzyskiej z Marszałkowską (dawny adres: Zielna 26).

2009

- 30 kwietnia – w Pałacu odbywa się konferencja „Polska i Unia Europejska. Pięć lat po rozszerzeniu".

2012

- 12–15 maja – ostatnie Międzynarodowe Targi Książki w Pałacu Kultury i Nauki. Po pół wieku przenoszą się na Stadion Narodowy.

2013

- Zburzono ostatni relikt kompleksu budynków Kolei Warszawsko-Wiedeńskiej w Warszawie – parterowy budynek przy ulicy Chmielnej 73.

2014

- O zwrot gruntów w rejonie placu Defilad ubiega się około czterdziestu byłych właścicieli.

Spis i źródła ilustracji zamieszczonych w książce

s. 91 – Budowa kolejowej linii średnicowej w Warszawie; fot. Jan Binek / NAC

s. 96 – Rejon dworca, około 1937 roku; NAC

s. 103 – Strażacy porządkują pogorzelisko Dworca Głównego; NAC

s. 105 – Niedokończony Dworzec Główny, podczas wojny przemianowany przez okupanta na Warschau Hauptbahnhof; NAC

s. 106 – Z przedwojennych marzeń o wzniesieniu symbolu potęgi II Rzeczpospolitej została tylko ruina; PAP

s. 112 – Obchody 1 maja 1946; fot. Karol Szczeciński / EAST NEWS

s. 117 – Architekci z Biura Odbudowy Stolicy; NAC / PAP

s. 120 – Cafe Fogg, otwarta przez Mieczysława Fogga; PAP

s. 130 – Pałac Kultury i Nauki podczas budowy, ozdobiony przez radzieckich robotników neonem „36 let oktiabria" w 36. rocznicę rewolucji październikowej, listopad 1953; Karol Szczeciński / EAST NEWS

s. 135 – Wykopy pod fundamenty Pałacu; reprodukcja FoKa / FORUM

s. 137 – Przepustka uprawniająca do wejścia na teren budowy; reprodukcja FoKa / FORUM

s. 141 – Radzieccy mistrzowie szykują się do bicia rekordów wydajności; archiwum FORUM

s. 144 – Tygodnik „Świat", okładka z 5 kwietnia 1953; reprodukcja Jan Morek / FORUM

s. 150 – Osiedle „Przyjaźń" na Jelonkach; archiwum FORUM

s. 155 – Osiedle na Jelonkach, widok z lotu ptaka, 1961; fot. Zbyszko Siemaszko / NAC

s. 162 – Tablice ostrzegawcze; archiwum FORUM

s. 167 – Groby radzieckich budowniczych Pałacu; fot. Jakub Ostałowski / Fotorzepa

s. 170 – Dzieci na podwórku, w tle Pałac Kultury i Nauki; fot. Irena Jarosińska / zbiory Ośrodka KARTA

s. 175 – Dwudziestoletnia Hanna Szczubełek przed wejściem do Pałacu; archiwum Hanny Szczubełek

s. 181 – Przekazanie daru od narodu radzieckiego dla Polski; Kronika Pałacu Kultury i Nauki / reprodukcja: Dorota Gruszka

s. 188 – Kronika Pałacu Kultury i Nauki / reprodukcja: Dorota Gruszka

s. 191 – Luksusowa restauracja Kongresowa kategorii S; fot. Grażyna Rutowska / NAC

s. 209 – „Sztandar wyprowadzić! "; fot. Damazy Kwiatkowski / PAP

s. 213 – Mick Jagger z zespołem The Rolling Stones podczas koncertu w Kongresowej; fot. Marek Langda / PAP / CAF

s. 214 – Hanna Szczubełek z łopatą zamurowaną w ścianie Sali Kongresowej przez radzieckich budowniczych i odnalezioną podczas remontu; fot. Dorota Gruszka

s. 218 – Pałac Kultury i Nauki nocą, lata 60.; fot. Mirosław Stankiewicz / FORUM

s. 220 – Turystki oglądające panoramę Warszawy z tarasu widokowego na 30. piętrze, 1962; fot. Mirosław Stankiewicz / FORUM

s. 229 – Zabytkowa kamienica przy Alejach Jerozolimskich 31 trafiła pod kilof dopiero w 1971 roku; fot. Roman Kotowicz / FORUM

s. 230 – Trybuna honorowa podczas Defilady Tysiąclecia; fot. Jan Morek / Forum

s. 232 – Dla tych nowych obywateli, urodzonych w latach 60., Pałac Kultury będzie jak święty słup, który stał w tym miejscu od zawsze; fot. Sławek Biegański / FORUM

s. 235 – Pomnik Stalina dłuta Xawerego Dunikowskiego; fot. Jakub Ostałowski / FOTORZEPA

s. 237 – Montaż lustrzanych elementów kopuły szczytowej PKIN; reprodukcja za Kroniką Pałacu Kultury i Nauki

s. 247 – Pałac widziany z praskiego brzegu (na pierwszym planie Stadion X-lecia); fot. Jerzy Makowski / FORUM

s. 250 – Księża podczas uroczystej mszy na placu Defilad, maj 1987; fot. Wojciech Kryński / FORUM

s. 254 – Targowisko na placu Defilad; fot. Roman Kotowicz / FORUM

s. 260 – Ulica Złota, widok na Pałac Kultury, 1963; fot. Bogdan Łopieński / FORUM

s. 262 – Pałacowe podziemia; fot. Joanna Borowska / FORUM

s. 269 – Elżbieta Michalska, opiekująca się od wielu lat kotami w Palacu Kultury i Nauki, w kocim królestwie; fot. Piotr Małecki / Forum

s. 276 – występy akrobatów, w tle Pałac Kultury i Nauki, wrzesień 1976 r.; fot. Jarosław Tarań / KARTA

s. 278 – Wizualizacja przebudowy placu Defilad i Pałacu Kultury i Nauki pod Muzeum Komunizmu; projekt Czesława Bieleckiego

s. 282 – Wystawa w Pałacu, zalążek nowej koncepcji Muzeum Komunizmu; fot. Krzysztof Kuczyk / FORUM

s. 287 – Lech Wałęsa, honorowy patron planowanego muzeum, oraz autor projektu Czesław Bielecki wznoszą toast na otwarcie wystawy; fot. Jerzy Dudek / Forum

s. 289 – Pomysłodawcy Muzeum Komunizmu podczas uroczystości podpisania porozumienia pomiędzy Miastem Stołecznym Warszawą a Fundacją SocLand – Muzeum Komunizmu; fot. Radek Pietruszka / PAP

s. 295 – Ceremonia przybycia pierwszego pociągu na nowo wybudowaną stację kolejową w Salechard na rzece Ob; zbiory Ośrodka KARTA

s. 298 – lekkoatletka Ewa Kłobukowska z Pałacem Kultury w tle, 1964; fot. Tomasz Prazmowski / MsiT

s. 301 – Kolekcja pocztówek związanych z Pałacem; fot. Tomasz Dzierga

s. 304 – Medale i odznaki związane z Pałacem; fot. Tomasz Dzierga

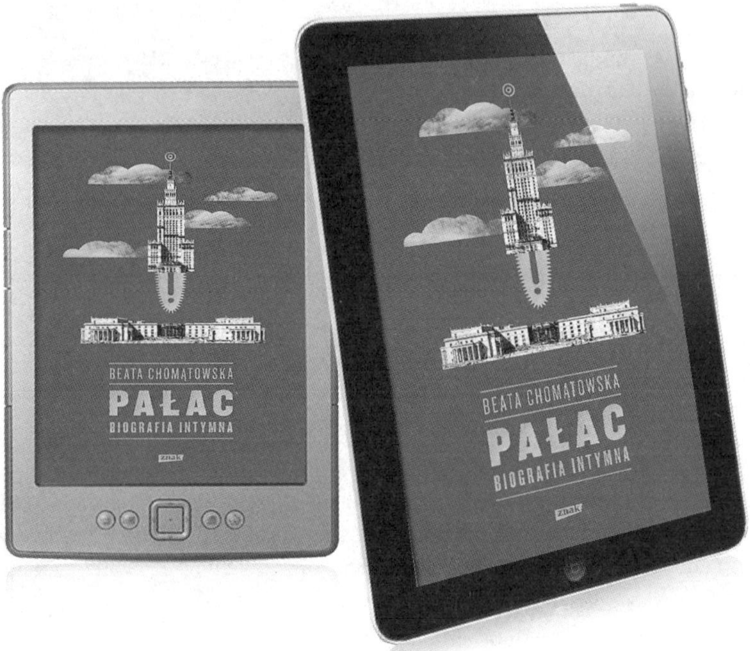

BEATA CHOMĄTOWSKA
PAŁAC
BIOGRAFIA INTYMNA
znak
BEATA CHOMĄTOWSKA
PAŁAC
BIOGRAFIA INTYMNA
znak